外文学术期刊
评价方法的演进
及其对采选工作的
影响

◎ 齐东峰　著

THE HISTORY OF FOREIGN ACADEMIC
JOURNALS EVALUATION AND ITS INFLUENCE
ON LIBRARY'S ACQUISITION

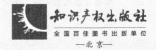

知识产权出版社
全国百佳图书出版单位
—北京—

图书在版编目（CIP）数据

外文学术期刊评价方法的演进及其对采选工作的影响/齐东峰著. —北京：知识产权出版社，2021.7

ISBN 978-7-5130-7565-7

Ⅰ.①外… Ⅱ.①齐… Ⅲ.①外文期刊-学术期刊-研究 Ⅳ.①G255.2

中国版本图书馆 CIP 数据核字（2021）第 119199 号

内容简介

外文学术期刊是具有较高学术价值和利用价值的文献资源，其出版数量庞大，订购价格相对较高。国内外文献情报机构需要制定科学合理的采选政策，才能在有限的经费条件下，采选最适合本机构需求的外文学术期刊。本书以外文学术期刊的发展历程、外文学术期刊评价的演进过程为脉络，分析了外文学术期刊各发展时期的评价方法及其应用的特点与局限性、外文学术期刊评价与图书馆馆藏发展的关系，并在此基础上提出了多维度馆藏核心期刊评价与采选的建议与操作方法，为图书馆相关采选工作提供一定的参考。

责任编辑：曹靖凯　　　　　　　　　**责任印制**：孙婷婷

外文学术期刊评价方法的演进及其对采选工作的影响

WAIWEN XUESHU QIKAN PINGJIA FANGFA DE YANJIN JI QI DUI CAIXUAN
GONGZUO DE YINGXIANG

齐东峰　著

出版发行：知识产权出版社有限责任公司	网　　址：http://www.ipph.cn
电　　话：010-82004826	http://www.laichushu.com
社　　址：北京市海淀区气象路 50 号院	邮　　编：100081
责编电话：010-82000860 转 8763	责编邮箱：caojingkai@cnipr.com
发行电话：010-82000860 转 8101	发行传真：010-82000893
印　　刷：北京中献拓方科技发展有限公司	经　　销：各大网上书店、新华书店及相关专业书店
开　　本：787mm×1092mm　1/16	印　　张：13.25
版　　次：2021 年 7 月第 1 版	印　　次：2021 年 7 月第 1 次印刷
字　　数：220 千字	定　　价：68.00 元

ISBN 978-7-5130-7565-7

前　言

　　学术期刊作为学术信息的载体，是图书馆馆藏中最重要的文献类型之一。它甚至可以被称为图书馆馆藏的物质基础。由于内容具有新颖性、涉及学科领域广泛、学术成果报道及时迅速、出版数量大，学术期刊在社会活动、科学研究、学术交流、信息知识传递等方面起到了非常重要的作用。学术期刊作为各种文献类型中最活跃的载体形式，无论在其起源、形成，还是发展阶段，都与社会的发展息息相关。在自身不断发展和演变过程中，学术期刊也反映了社会各方面活动的连续性变化。

　　本书广泛搜集了学术期刊发展历史相关资料，并沿着学术期刊发展历史展开了对外文学术期刊评价及其对图书馆采选工作的影响的研究。一方面，本书厘清了学术期刊发展的历史脉络，并在此基础上总结出学术期刊评价历史发展的四个阶段，即前学术期刊评价时期、学术期刊评价萌芽期、学术期刊评价基础理论诞生期和学术期刊评价的深化发展期；对外文学术期刊评价自有评价指标以来又按单一指标时期、多元指标时期与替代计量学指标时期三个阶段进行了梳理；对于各个时期产生的外文学术期刊评价方法及其在核心期刊遴选中的应用，以及它们在期刊采选过程中所起到的作用进行分析，总结了各种方法的优点及局限性。另一方面，在上述研究和分析的基础上，本书综合各种外文学术期刊评价方法，提出了在外文学术期刊采选工作中采用多维指标评价学术期刊的方法与建议，以期能够在外文学术期刊采选工作中尽量使外文学术期刊的馆藏建设达到最优化配置。

　　全书共分为五章。第 1 章为绪论，概述了本书的选题背景、目前的国内外相关研究现状以及本书的研究范畴与研究方法。第 2 章以外文学术期刊的产生与发展为脉络，从学术期刊的萌芽、产生到深入发展、现状进行了梳理，同时对于未来学术期刊的走向进行了预测。图书馆的馆藏建设，在学术期刊出版模式与理念转变的过程中，除了要明晰媒体与技术多元化时代学术出版的发展趋势与路径，还要身体力行地学习新技术、新方法、新理念，充分利用其优势，化解其不利影响，将它们应用于图书馆馆藏建设的转型与新时代图书馆的服务之中，提升图书馆自身的核心竞争力。第 3 章以学术期刊发展历程为对应切入点，分析了学术期刊评价诞生的原因，并将学术期刊评价的历史演进过程分为前学术期刊评价时期、学术期刊评价萌芽期、学术期刊评价基础理论诞生期和学术期刊评价的深化发展期。这种评价阶段的划分，与学术期刊发展的历程紧密相关，随着学术期刊的发展而不断变化。第 4 章以学术期刊评价的历史演进过程为脉络，分析了各评价时期图书馆学术期刊采选所采用的基于学术期刊评价的核心期刊遴选方法，分为前评价时期的采选、单指标评价时期的采选、多元指标评价时期的采选以及替代计量学时期的采选。第 5 章通过分析学术期刊在图书馆馆藏中的作用，学术期刊评价、核心期刊遴选与馆藏建设的矛盾统一，综合了各时期学术期刊评价的优点与局限性，给出多维度馆藏核心期刊评价与采选的建议和操作方法，试图通过这种综合性的馆藏学术期刊评价方法，为图书馆的学术期刊采选工作提供一定的参考。

国家图书馆外文采编部主任顾犇先生、副主任宋仁霞女士对本书的成稿给予了大力的支持。苗璐珺、杨士丽、贺燕、周晨、朱硕峰、赵悦等老师对书中的部分细节也提出了自己的看法，他们的建议对本书的完成起到了非常重要的作用。宋萍、刘立群两位老师在搜集学术期刊与学术期刊评价发展历史原始资料方面提供了很大的帮助。在此，笔者对以上专家和同仁的支持与帮助表示衷心的感谢。

受笔者专业知识和学术能力的限制，本书在内容上难免有各种疏漏和错误，在结构上也存在一定的不足和欠缺，欢迎各位读者批评指正。

齐东峰

2021 年 5 月

目　录

第 1 章　绪论

第 2 章　外文学术期刊的产生与发展

第 3 章　外文学术期刊评价的历史演进与发展趋势

第 4 章　外文学术期刊评价方法与核心期刊遴选

第 5 章　外文学术期刊评价方法在采选工作中的应用分析

第1章 绪 论

1.1 研究背景

学术期刊是非常重要的一种连续出版物。由于其内容新颖、涉及领域广、学术成果报道迅速及时、出版数量大，所以在社会活动、科学研究、学术交流、信息知识传递等方面起着非常重要的作用。也正因其刊载的信息在政治、经济、文化、科学、技术等领域中都发挥着重要的作用，因此它们才成为各图书馆，尤其是国家图书馆、高校图书馆、专业图书馆等机构，不得不入藏的文献资源。然而，外文学术期刊市场存在类型复杂、品种多、价格高、载体形态不一、质量参差不齐等情况，这给各图书馆的外文学术期刊馆藏建设带来了很多困难，所以外文学术期刊的评价就成了图书馆进行外文学术期刊采选的重要参考因素之一。

早在19世纪初期，检索工具诞生之后，国外的学术期刊的评价便有了雏形。自此学术期刊的评价方法就一直在不断地发展变化，从期刊索引到单一指标的评价再到综合指标的评价。如今，在互联网环境下，替代计量学（altmetrics）评价体系的出现对学术期刊的评价更是起到了有效补充。外文学术期刊评价方法的不断演变给图书馆的外文期刊采选工作提供了指导，但也带来了一些困扰。怎样合理地使用这些评价方法和评价指标，一直以来都是图书馆采访馆员需要面对的一个难题。因此，厘清外文学术期刊评价方法的发展脉络，研究它们在各阶段对于图书馆外文学术期刊采选工作的影响，对于当前网络环境下外文学术期刊的采选工作以及相关的研究工作有所裨益。

1.2　文献综述

国内外研究期刊评价的文献有很多，以"期刊评价"（journal evaluation）作为关键词在中国知网（China National Knowledge Infrastructure，CNKI）、图书馆和信息科学文摘数据库（Library，Information Science & Technology Abstracts with Full Text，LISTA）等与图书馆学、情报学相关的数据库中进行检索，可获取数千篇相关文献。然而，笔者制定了两个检索策略，检索策略 A 为"期刊评价"（"journal evaluation" or "periodical evaluation"）+"历史" or "演进" or "变化"（"history" or "evolution" or "change"），检索策略 B 为"期刊评价"（"journal evaluation" or "periodical evaluation"）+"馆藏建设" or "资源建设" or "采访" or "采选"（"collection development" or "acquisition" or "selection"），并分别用检索策略 A 与检索策略 B 在 CNKI、LISTA 中进行检索，结果发现以上检索策略在 CNKI 中获取的紧密相关文献仅有 55 篇，在 LISTA 中获取的紧密相关文献仅有 41 篇。以上检索结果均去掉了不相关文献和新闻、消息等非研究性文献条目。

图 1-1 为 2008—2020 年 CNKI 与 LISTA 数据库中相关文献的年代分布情况。根据统计可以看出，对于学术期刊评价方法的历史演进及其对图书馆采选工作影响方面的研究虽然较少，但近十年来却有一定的上升趋势。这说明两个问题，一是相关历史文献整理与研究尚不充分，二是近年已有相关研究人员开始注意到学术期刊评价历史的梳理与图书馆采选工作之间有着十分重要的关系。

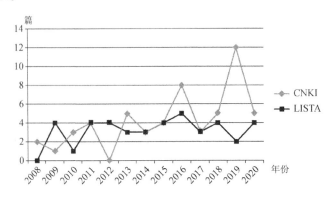

图 1-1　2008—2020 年国内外"期刊评价"相关文献年代分布情况

　　对于学术期刊评价方法对图书馆馆藏建设的影响，现有研究文献也提出了一些不同的观点。有研究者主要突出了期刊评价对于图书馆馆藏建设所带来的益处，如邱均平等在《中国学生期刊评价研究报告（武大版）（2017—2018）》中曾提出，采访馆员可以根据期刊评价结果有选择地订阅期刊，利用有限的经费选订最有价值的期刊。但也有研究者认为，学术期刊评价对图书馆的期刊采选工作存在着许多负面影响，如丁明刚曾在《高校学术期刊评价对图书馆期刊工作的影响与对策》一文中提出了学术期刊评价在一定程度上影响了图书馆期刊馆藏的种类和布局、制约了图书馆馆员（研究人员）对于期刊的选择，甚至破坏了期刊的连续性。但无论是期刊评价方法的正面影响，还是负面影响，笔者目前所查阅的文献均未深入地进行分析，也未详细地指出应如何有所取舍地加以利用。这一方面仍需要相关从业人员进一步深入探讨。

　　此外，学术期刊评价方法和评价指标的发展十分迅速。19 世纪形成了期刊索引以及文摘与索引类期刊，20 世纪初出现了各种单一评价指标（如文献半衰期、载文量、文摘量、引文量等），20 世纪中后期则出现了综合指标评价体系和工具，如《期刊引证报告》（*Journal Citation Reports*）、《国外科学技术核心期刊总览》、《国外人文社会科学核心期刊总览》等，进入 21 世纪后，学术期刊的评价不仅增加了 H 指数、G 指数等新的评价指标，还增加了替代计量学辅助评价体系以及针对电子期刊的数据驱动采选（data-driven acquisition）等。这些日新月异的变化要求采访馆员必须对学术期刊评价方法给予持续的关注和研究。

1.3　研究范畴

　　本研究的价值与意义有三：

　　1）厘清外文学术期刊评价方法的历史发展脉络。

　　2）分析各种外文学术期刊评价方法对于期刊采选工作的正负面影响。

　　3）研究如何综合利用各种外文学术期刊的评价方法，使之更好地服务于外文学术期刊采选工作。

　　本研究的主要内容包括以下三个方面：

1）厘清外文学术期刊评价方法的历史发展脉络，将外文学术期刊评价方法的历史分为四个阶段进行研究，即前学术期刊评价时期、学术期刊评价萌芽期、学术期刊评价基础理论诞生期和学术期刊评价的深化发展期。学术期刊评价指标的发展则按照单一指标时期、多元指标时期与替代计量学指标时期三个阶段进行梳理。

2）对于各个时期产生的外文学术期刊评价方法及其在期刊采选过程中所起到的作用进行分析，同时对于它们于图书馆外文学术期刊馆藏建设、用户使用等方面的影响也展开一定的研究。

3）在上述研究和分析的基础上，综合各种学术期刊评价方法，提出了在外文学术期刊采选工作中采用多维指标评价学术期刊的方法与建议，以期能在外文学术期刊采选工作中尽量趋利避害，使外文学术期刊的馆藏建设达到最优化配置。

1.4 研究方法

本研究对从期刊索引的萌芽期开始至如今的替代计量学辅助评价体系等诸多学术期刊评价方法的演进历史进行了梳理。利用文献法，广泛搜集和分析各种现存的有关文献资料，厘清学术期刊评价方法的发展脉络；利用实证分析法，通过事例和经验等归纳期刊评价方法在期刊采选过程中起到的正负两方面的作用；利用综合分析法，通过统计指标、因素分析、相关分析等剖析各种学术期刊评价方法的利弊；并综合各种学术期刊的评价方法，提出了采用多维指标评价学术期刊的方法与建议，以期使外文学术期刊的馆藏建设达到最优化配置。

第2章 外文学术期刊的
产生与发展

学术期刊作为一种连续出版物，源于学术活动信息发布与信息需求相一致的连续属性。换言之，正是学术信息交流的需求促使了学术期刊的产生。作为各类文献资源中最具活跃性的一种学术载体，学术期刊是在社会文明的进步和科技发展的推动下产生的。无论在其萌芽期、发展期，还是在其兴盛期，学术期刊均与社会和科技的发展息息相关，并在其自身不断发展和变化过程中，反映了社会和科学技术各方面活动的发展与变化。

马克思曾在《政治经济学批判大纲》中指出："社会劳动生产力，首先是科学的力量。"[1] 1988年9月，根据当代科学技术发展的趋势和现状，邓小平提出了 "科学技术是第一生产力"[2] 的著名论断。作为科研人员讨论科学问题、交流科研成果的重要平台，学术期刊刊载的多是政治、经济、文化、科学技术等领域最前沿的学术成果或发现，因此它们不仅对于科技的发展与传播起着举足轻重的作用，甚至间接地影响着社会生产力的发展。

2.1 学术期刊概述

当今时代，文献信息资源的类型多种多样，而图书馆的馆藏正是这些不同类型文献信息资源的汇集地。这些种类繁多、数量庞大的文献信息资源汇集在图书馆后，满足了社会各界、不同层次用户的多方面需求。从传统图书馆的馆藏结构看，图书、期刊、报纸是馆藏文献的重要组成部分。随着互联

---

[1] 马克思. 政治经济学批判大纲：第三分册 [M]. 刘潇然，译. 北京：人民出版社，1963：369.

[2] 邓小平. 邓小平文选：第三卷 [M]. 北京：人民出版社，1993：274.

网技术的应用和发展，数字化文献不断增加，电子资源大量产生，图书馆馆藏的载体类型也在不断发生着变化。电子书、电子期刊、电子报纸也逐渐成为图书馆馆藏的重要组成部分。期刊作为图书馆文献信息资源体系的重要组成部分，它既有相同于图书文献的部分特征，又有知识新颖性、出版连续性、出版周期短、情报价值高、流通范围广等自身特点。外文学术期刊作为图书馆用户了解国外最新科研成果和科研进展的重要渠道，作为科研人员从事学术研究活动的重要文献获取途径和各行业研究进展及科研发展动态交流的平台，有着其他文献信息资源无法替代的作用，是各图书馆馆藏中最重要的文献类型之一。

2.1.1 学术期刊的特点

学术期刊作为学术信息的载体，可以把它称为图书馆馆藏的物质基础。

（1）连续性

作为连续出版物，学术期刊的连续性是其重要的特征之一。通常，在创刊时，各学术期刊均是计划无限期出版下去的。例如，创刊于 1665 年的《哲学汇刊》（*Philosophical Transactions*，由英国皇家学会出版。因为学科研究的扩大和细化，1886 年它被分为 *Philosophical Transactions* A 和 *Philosophical Transactions* B）至今已出版了 350 多年，是目前世界上出版年限最长的科技期刊；著名的医学期刊《柳叶刀》（*Lancet*）创刊于 1823 年，至今也已有 190 余年。

（2）规律性

所谓规律性，是指学术期刊大多都有固定的出版周期，即出版频率。根据频率的不同，期刊可分为周刊、旬刊、月刊、双月刊、季刊、年刊等。当然，也有一部分学术期刊的出版周期受稿源、人力、行业等各种因素的影响而无法固定（Irregular）。

（3）专业性

学术期刊通常都围绕一个或几个领域、主题或学科展开，具有较强的专业和学科特色，因此学术期刊的受众群体是相对明确的。当某一学科领域的研究人员需要了解行业最新动态或查找所需资料时，通常都会以本专业内最著名的期刊作为目标，例如化学相关领域的研究人员通常认为《化学文摘》（*Chemical Abstract*，CA）、美国化学学会（American Chemical Society，ACS）出版的期刊等是行业内十分重要的参考源，医学相应领域研究人员则通常认为《柳叶刀》、《新英格兰医学杂志》（*The New England Journal of Medicine*）等是行业内十分重要的参考源。

（4）内容新颖性、前沿性

学术期刊所刊载的内容大多是其所涉猎领域最新的情报、研究成果、研究进展等，是科学研究、生产、生活等各方面的重要信息源。它们的稿件录用标准通常将论文的创新性放在首位，学术期刊也因此成为各领域科研人员了解最新科技发展动态的重要窗口资源。例如著名的《科学》（*Science*）杂志，以帮助世界各地的科技工作者更多地了解今后最重要的科技发展趋势、最新的科学仪器和技术为己任，稿件录用时优先考虑内容新颖、具有跨学科意义的文章。❶

（5）时效性

学术期刊通常都能够快速而及时地将最新的学术信息与学术成果传递给用户，这不仅是因为其内容具有新颖性和先进性，同时还因为它在选材、报道和出版等各环节上具有较高的效率。通常，学术期刊的出版周期要比学术专著等出版物的出版周期短很多，因此它能够迅速地发表最新的社会问题研究报道、最新的科研成果，甚至允许用户在这一平台上讨论各种不成熟的、非结论性的科学探索和发现。

2.1.2　学术期刊的分类

根据《乌利希全球连续出版物指南》（*Ulrichsweb Global Serials Directory*）统计，全世界共有 80 多万种连续出版物，其中在发行中的（Active）学术期刊有 20 多万种。❷ 由于不同类型的期刊具有不同的特点，因此掌握期刊

❶　About Science & AAAS[EB/OL].[2020-03-05].http://www.sciencemag.org/site/help/about/about.xhtml.

❷　Ulrichsweb Global Serials Directory[EB/OL].[2020-12-14].http://ulrichsweb.serialssolutions.com/.

的类型及其特点有助于图书馆对学术期刊的评价、采选、加工及利用等工作。面对如此大量的学术期刊，我们可以根据不同的标准进行划分。

2.1.2.1 按出版机构分类

（1）学术团体出版的学术期刊

学术团体出版的学术期刊又被通俗地称为学协会刊物，即学会、协会、研究院所编辑出版的期刊。这类刊物通常以刊载学协会成员、同行业科研人员的最新研究成果为主，它在一定程度上既能够体现出该学术团体的科研和学术水平，又能够反映出该领域的研究和发展方向。因此，这些学会、协会的刊物通常都会受到同领域科研人员的关注。

有些学术团体出版的期刊数量很大，例如美国电气电子工程师学会（Institute of Electrical and Electronics Engineers，IEEE）出版有 200 余种期刊、英国工程技术学会（Institution of Engineering and Technology，IET）出版有 80 余种期刊、美国化学学会出版有 50 余种期刊。

（2）大学出版社出版的学术期刊

大学出版社的学术期刊在内容、水平和形式上与学术团体的期刊十分相似。目前，国内外许多大学除了必须完成培养人才的任务外，还承担着大量的科研任务，因此它们出版的学术刊物一般也具有较高的水平。随着时代的发展，大学出版社的经营模式逐渐开始向商业出版社靠拢，甚至开始并购其他机构的学术期刊，有些大学出版社学术期刊的数量十分可观。例如，剑桥大学出版社（Cambridge University Press）的学术期刊有 412 种❶，牛津大学出版社（Oxford University Press）的学术期刊有 300 余种❷。

（3）商业出版社出版的学术期刊

20 世纪 40 年代以来，伴随着全球教育科研规模的扩大，学术期刊的出版数量迅猛增长。由于增量大、成本低，它相对一般出版物而言具有较大的

---

❶ Cambridge Journals［EB/OL］．［2020 - 03 - 05］. https：//www. cambridge. org/core/what-we-publish/journals.

❷ Oxford Journals［EB/OL］．［2020 - 03 - 05］. https：//academic. oup. com/journals/pages/about_us.

利润空间。另外，学术期刊作为交流学术经验和成果的最佳途径，各学科领域对学术期刊的需求量逐年增加，加之其不可替代性和非弹性需求的特点，众多商业出版社开始不断参与学术期刊出版的市场争夺中。大型商业出版社凭借雄厚的资金实力、先进的出版水平和技术，在提升其原有商业学术期刊的权威性与质量的基础上，还兼并和收购了其他出版机构的学术期刊资源。

2.1.2.2　按载体类型分类

早期的学术期刊主要以印刷形式为主，随着社会的发展和科技的进步，其媒介和载体类型逐渐走向多元化。除印刷形式外，目前学术期刊的载体还有缩微胶片、磁盘、光盘、在线等形式，其中缩微胶片、磁盘、光盘等形式已逐渐淡出了历史的舞台，在线形式却在日新月异地发展。

（1）印刷形式

印刷形式曾经是学术期刊出版中最重要的形式。自学术期刊诞生以来至20 世纪末期，各图书馆所收藏的刊物绝大部分是印刷版。甚至在所有印刷形式的文献中，学术期刊也占有很大的比重。但随着出版业的迅猛发展，学术期刊的出版形式逐渐从纸本向电子转移。目前，有些出版社已经宣布放弃出版印刷形式学术期刊的计划和日程，这一变化甚至造成了全球首屈一指的期刊代理及信息服务公司 Swets Information Services 的破产。

（2）缩微形式

缩微形式是继印刷形式之后出现的载体形式。它的优点是容量大、体积小、易于长期保存。缺点是在阅读时需要使用专门的缩微品阅读设备，也不如印刷形式的文献方便、舒适。因此缩微形式的文献普及程度不高，一般多用于翻拍古旧文献和部分需要长期保存的文献。

（3）实体电子形式

实体电子形式的学术期刊主要指利用磁盘、光盘等数字形式存储的、通过计算机设备在本地读取并使用的刊物。

实体电子学术期刊的产生是伴随着电子计算机技术的诞生而出现的。1946 年世界上第一台大型电子计算机在美国的问世成为实现信息数字化的开端，也为随之而来的电子资源的诞生奠定了基础。20 世纪 80 年代，磁盘

(diskettes) 的出现令电子资源进入了新的发展期。随后，光盘（CD-ROM）也成为图书馆获取软件和数据的热点载体。人们开始用它们装载学术期刊的全文。20 世纪 90 年代初，许多著名学术期刊的光盘版诞生，如《科学引文索引》（*Science Citation Index*，SCI）的光盘版、《化学文摘》的光盘版 CA on CD、《工程索引》（*The Engineering Index*，EI）的光盘版、IEEE 的光盘全文数据库等。

（4）在线形式

互联网的出现与流行是学术期刊载体发展的另一个转折点，因为它使远程访问电子资源变得容易起来，学术期刊的互联网在线形式也应运而生。与印刷形式相比，它具有传播速度快、检索平台功能强、存取灵活、交流方便等优势。因此，在线形式的学术期刊如今已经与印刷形式的学术期刊一并成为图书馆重要的馆藏文献资源，并有逐渐取代印刷形式的趋势。

2.1.2.3　按文献级别分类

根据文献的加工层次，学术期刊也可以分为一次文献、二次文献、三次文献。

（1）一次文献

一次文献是人们直接以自己的生产、科研、社会活动等实践经验为依据生产出来的文献，也常被称为原始文献（或称一级文献），其所记载的知识、信息比较新颖、具体、详尽；一次资源是所有文献信息资源中数量最大、种类最多、包括的内容最多、使用最广、影响最大的资源。就学术期刊而言，大多数都属于一次文献，刊载的均为文章原文。

（2）二次文献

二次文献又称二级文献，是一次文献被加工整理后形成的产物，即对无序的一次文献的外部特征如题名、作者、出处等进行著录，或将其内容压缩成简介、提要或文摘，并按照一定的学科或专业加以有序化而形成的文献形式，如目录、文摘杂志（包括简介式检索刊物）等。它们都可用作文献检索工具，能比较全面、系统地反映某个学科、专业或专题在一定时空范围内的文献线索，是积累、报道和检索文献资料的有效手段。对于学术期刊而言，二次文献主要包括文摘刊物、索引类刊物、目录类刊物等，例如《化学文摘》《工程索引》《科学技术文献速报》（*Current Bulletin on Science Technology*）等。

（3）三次文献

三次文献也称三级文献，是选用大量有关的文献，经过综合、分析、研究而编写出来的文献。它通常是围绕某个专题，利用二次文献检索搜集大量相关文献，对其内容进行深度加工而成。它是对现有成果评论、综述并预测其发展趋势的文献。这类文献主要有综述、述评、进展、动态等。在文献调研中，人们可以充分利用这类文献，在短时间内了解所研究课题的研究历史、发展动态、水平等，以便能更准确地掌握课题的技术背景。对于学术期刊而言，三次文献可以是期刊中刊载的综述、评论、进展、调研报告等，也可以是专门刊载此类文章的刊物，如《政府雇员关系报告》（*Government Employee Relations Report*）、《伦敦书评》（*London Review of Books*）等。

以上介绍的几种分类形式均为常见的学术期刊类型。学术期刊的不同分类标准是以其自身的不同特点为依据而形成的，而这些特点都是相对而言的，我们既不能完全按照同一个标准将所有的学术期刊都一一区分开来，又不能将所有的分类形式一一列举出来。

2.2 外文学术期刊产生的社会背景

学术期刊的产生并不是偶然的，而是社会文明的进步和科技发展的必然结果。它的产生背景既有社会经济发展提供的必要物质条件，又有思想文化发展提供的智力支持，还有科学知识交流与传播需求提供的重要动力。❶

2.2.1 社会经济发展提供的必要物质条件

虽然有学者认为世界期刊的诞生地在欧洲❷，但为期刊的广泛传播提供可能性的必要物质条件却来自中国。这是因为，期刊能够得以广泛传播，离不开造纸术和印刷术。造纸术和印刷术是中国古代四大发明中的两项，它们

---

❶ 张勇刚. 中西科学期刊比较研究 [D]. 合肥：中国科学技术大学，2018.
❷ 罗建雄. 西方期刊的形成和发展 [J]. 图书馆工作与研究，1992（4）：48-50.

不仅是古代科技发展的重要创举，也是后世应用和改良最为广泛的两种技术，对人类文明的发展有着不可磨灭的贡献。

我国先秦时期，人们用于书写和记载知识的材料主要是甲骨、简牍和绢帛。受材料自身特点所限，这些载体均无法用来记载大量的文字内容。然而随着社会的发展与进步，人们需要书写与记载的文字内容越来越多，甲骨、简牍和绢帛等材料已无法满足社会需求，用纸张书写和记载的方式应运而生。早在西汉，甚至更早的时候，中国人就发明了用棉麻丝絮造纸的技术。❶ 后来，造纸术经东汉蔡伦的技术改良得以推广。4 世纪末，造纸术先后传入朝鲜、日本，8 世纪时传入阿拉伯，12 世纪经阿拉伯传入欧洲。❷ 造纸术传入欧洲并在欧洲社会被广泛使用，为期刊的产生创造了必要的载体条件。

印刷术被称为"文明之母"，其重要性显而易见。我国发明雕版与活字印刷术，早已是举世公认的事实。我国发明的印刷术，先后传入朝鲜、日本、越南等国。法国汉学家阿尔伯·雷缪萨（Abel Remusat）与英国历史学家亨利·霍华斯（Henry Howorth）均认为，中国的活字印刷术在 14 至 15 世纪期间经远东地区输入欧洲。活字印刷术的传入，恰逢欧洲生产大发展时期，从而促使欧洲科学迎来了突飞猛进的发展。❸ 15 世纪中叶，德国发明家约翰内斯·古登堡（Johannes Gutenberg）在中国活字印刷术的基础上发明了金属活字印刷技术，同时发明了印刷机。❹ 与此同时，德国的印刷商不断把这项新技术传到其他国家，如法国和瑞士（1470 年）、西班牙和比利时（1473 年）、匈牙利（1474 年）、捷克斯洛伐克（1476 年）、奥地利（1482 年）等。❺ 至 15 世纪末，欧洲已有不少于 110 座城镇开始了印刷活动，其中意大利约 50 座、德国约 30 座、法国 9 座、荷兰和西班牙各 8 座、瑞士和

---

❶ 张玉亮. 造纸术的发明——源流、外传、影响 [M]. 贵阳：贵州科技出版社，2008：47-48.

❷ 万安伦，王剑飞，杜建君. 中国造纸术在"一带一路"上的传播节点、路径及逻辑探源 [J]. 现代出版，2018 (6)：72-77.

❸ 张秀民. 中国印刷术的发明及其影响 [M]. 上海：上海人民出版社，2009：137.

❹ 程常现，何远裕. 约翰·谷登堡及欧洲印刷发展史简介 [J]. 印刷杂志，2002 (7)：61-63.

❺ MACIOTI M，陈喜利. 从印刷业的发展看技术的创新和扩散 [J]. 科学对社会的影响，1990 (2)：39-46.

比利时各 5 座、英国 4 座、波希米亚 2 座、波兰 1 座。❶ 15 世纪下半叶至 16 世纪，德国科隆、瑞士巴塞尔、意大利罗马和威尼斯、法国巴黎和里昂等先后成为欧洲的印刷中心。❷ 16 世纪早期，英国印刷商迁入伦敦商业区。16 世纪中叶，英国印刷商在许多城市确立了自己的地位，并在当地的修道院或大学等机构的庇护下建立了自己的印刷所。❸ 印刷术的西传、改良以及印刷产业的形成，让批量印刷成为可能，满足了知识传播和交流的需求，这不仅推动了整个欧洲学术研究的巨大进步，同时也为学术期刊的产生创造了另一个必要的物质条件。

2.2.2　思想文化发展提供的智力支持

14 至 16 世纪，在欧洲商业繁荣与发展的推动下，资本主义开始萌芽，资本主义生产关系和新的生活方式逐渐形成，社会经济与政治发生着巨大的变化。在这种社会状态下，欧洲文化也产生了巨大的变革。欧洲新兴的资产阶级开始发掘和整理古希腊和古罗马的文献，研究古典文化。由于古典文化是在当时政治上最民主、经济上最繁荣的古代城市中产生的，因此人们又将这种对古典文化的"再生"与"复兴"称为"文艺复兴"。

文艺复兴运动首发于意大利，并在意大利各城市兴起，随后扩大到西欧诸国，在英国、法国、德国、西班牙等国家兴盛起来。该运动倡导人文主义思想，反对中世纪宗教的蒙昧主义、神秘主义和神权主义，对当时的政治、哲学、文学、艺术、教育、经济、历史、科学、神学等领域都产生极大影响。它带来了欧洲社会思想文化的革命风暴，在文学、美术、天文学、数学、物理学、生理学、医学、建筑学、地理学等学科领域造就了一批资产阶级文化与科学的巨人，例如伊拉斯谟（Erasmus）、薄伽丘（Boccaccio）、莎士比亚（Shakespeare）、达·芬奇（da Vinci）、米开朗基罗（Michelangelo）、哥白尼（Copernicus）、雷格蒙塔努斯（Regiomontanus）、伽利略（Galileo）、哥伦布

---

❶ FEBVRE L. The coming of the book：the impact of printing，1450-1800［M］. London：Verso，2010：178-179.

❷ 杨威理. 西方图书馆史［M］. 北京：国家图书馆出版社，2013：117.

❸ 约翰·费瑟. 英国出版业的创立Ⅲ［J］. 编辑之友，1990（3）：73-77.

（Columbus）、麦哲伦（Magellan）等。

文艺复兴运动作为资产阶级的第一次思想解放运动，打破了宗教对人们的束缚，让人们慢慢地开始探索人的价值，促使人们追求科学、知识与真理，探索自然世界，从而带动了文化科学的空前繁荣和发展，促进了欧洲社会知识的积累和文化的进步。

文艺复兴所带来的思想解放和文化的发展，对学术期刊的产生与发展起到了举足轻重的促进作用，并提供了极其重要的智力支持。文艺复兴时期的思想巨人们不仅产生了丰富多彩的思想和文化知识，也为学术期刊的产生与发展及内容建设做出了不可磨灭的贡献。

2.2.3　科学技术的发展与学术研究成果交流的需求

自 16 世纪开始，欧洲大量的科学研究者致力于数学、天文学、物理学、化学、生理学、医学、建筑学等各学科领域的研究和探索，并逐步取得了丰硕的成果，有的甚至有了突破性的进展，如哥白尼的天体运行论、伽利略的自由落体定律、牛顿的万有引力定律、开普勒的行星运动三大定律等。16世纪至 18 世纪，欧洲的科学发明引起了知识、思维和社会的巨大变革。因此这一时期被人们称作科学革命时期。❶ 科学革命用科学方法和科学精神战胜了神学，建立了一套完全异于历史的新的知识体系、新的思维模式以及新的研究方法。正是这种科学的创新与知识体系的相互融合，既促进了新的科学发现的产生，又将科学发现再次转换为新的技术、知识和方法，同时提高了人类的生产效率和生活水平。科学技术的发展以及大量科技文献的出现，在推动社会文化进步的同时，也促使人们对文化的需求逐步增长，对信息交流和知识获取的欲望不断增强。因此，科学技术的发展对学术期刊的产生起到了极大的推动作用。

随着科学技术的逐步发展，科学家们越来越感到当时研究体制的陈旧与保守。为了更好地推动科学技术的新发现，促进研究成果及信息的深入交流，科学家们开始意识到建立科学学术组织的必要性和迫切性。基于此，意

---

❶ REDONDI P，范华. 17 世纪的科学革命：新的透视 [J]. 科学对社会的影响，1991（4）：64-73.

大利、英国、法国、德国等国家逐渐创立科学组织，以此支持并鼓励科学家们进行各种科学技术的研究和探索。

1560 年，意大利自然哲学家、数学家波尔塔（Porta）创立了近代历史上第一个自然科学的学术组织——自然秘密研究会。1657 年，意大利物理学家、数学家托里拆利（Torricelli）建立了以重复科学实验作为活动重点的西芒托学院。更值得一提的是，在西芒托学院成立之前，科学家们建立联合关系的主要动力是基于个人研究成果的满足感，而该学院的科学家联合则是为了验证新的科学发现是否客观实用，从而进一步明确科学探索的新目标。因此，西芒托学院建立的科学研究制度，在近代科学史上有着空前的地位。它为后来的伦敦皇家学会（英国皇家学会）、巴黎皇家科学院、柏林学院等学术团体提供了范本。❶

在各学术团体成立之前，科学家们已经开始通过一些非正式的聚会和信函相互了解并交流科学研究成果。随着各个学术团体的成立，科学家们对科学观点和研究成果的互通与交流需求增加。然而，有限的聚会和个人与个人之间的信函逐渐难以满足科学家之间的交流。因此，迫切需要有一种新的文献类型来报道科学研究成果，交流科学研究经验，反映科学研究的最新动态。于是，在这一背景下，学术期刊应时代要求而诞生了。因此可以说，科学技术的发展与学术研究成果交流的需求是学术期刊产生的重要动力。

2.3　外文学术期刊的萌芽与产生

2.3.1　手书新闻

目前学术界公认的外文报刊的雏形，是公元前 59 年创立于罗马的《每日纪闻》（*Acta Diurna*）。❷❸ 它是古罗马也是世界上最早的公告式官方公报，延续到公元 330 年。公元前 59 年，尤利乌斯·恺撒（Julius Caesar）执政古罗

---

❶　杨庆余. 西芒托学院——欧洲近代科学建制的开端［J］. 自然辩证法研究，2007（12）：96-99.

❷　杨华青.《每日纪闻》文化史述略［J］. 新闻研究导刊，2015（11）：181-182.

❸　姚福申. 最古老的报纸［J］. 新闻大学，1985（10）：125.

马，为争取舆论支持，扩大政治影响，下令创设《每日纪闻》。当时，《每日纪闻》被称为"阿库塔·迪乌鲁那"或"阿库塔·塞纳托斯"，是一种手抄布告，公布于罗马及其各省公共场所。最早的《每日纪闻》，主要记录政令军情、元老院的会议和决策等，后来内容不断增加，除了军政信息，还收录如司法、税收、宗教祭祀、贵族婚丧嫁娶、娱乐消息等社会新闻和经济新闻类消息。起初《每日纪闻》是用尖笔写在一种涂了石膏的特制木牌上，由两个人抬着放置在公共场所，成为公众的阅报栏。随着古罗马版图扩张和交通设施的完善，有人开始专门从事《每日纪闻》的抄录，将内容写在布匹上，通过各种交通工具，将抄件带到各个行省的首府，并在那里翻译成各种语言，再通过公告栏的形式发布给民众。公元 330 年，古罗马迁都君士坦丁堡，《每日纪闻》也随之消亡。

早期报刊以《每日纪闻》为主要代表，多是公告式的政府公报，靠手抄方式传播。因为当时的交通条件受限，所以信息传播速度缓慢，受众范围很小。

报刊发展到 15、16 世纪，手抄小报和新闻书陆续出现。15 世纪，手抄小报最早出现在意大利的威尼斯。这是报刊发展的重要阶段，这种手抄小报产生于资本主义萌芽时期，为资产阶级提供市场信息，内容主要以商品行情、船期和交通信息为主，间或也报道政局变化、战争消息和灾祸事件。16 世纪，威尼斯的手抄小报已相当兴盛，后来这种小报流传到罗马以及欧洲各国，被称为《威尼斯小报》（*Venice Gazette*）。而"小报"（gazette）一词也就成为欧洲各国早期报刊的名称。此外，意大利的其他城市以及英、法、德等国也都相继发行手抄小报。有些大的商行或银行，在总行与分支机构之间常有互通消息的信件，主要供业务参考，有时也会有选择地摘抄一些信息销售给大众阅读。英国的《新闻信》，法国的《手抄新闻》，还有德国的富格尔贸易所手抄小报《富格尔商业通讯》都很有代表性。

2.3.2 印刷刊物

15 世纪，手抄小报流行的同时，铅字印刷技术开始在欧洲传播，因此西欧等地陆续出现一些不定期的新闻印刷品，内容常为对某些重大事件的报道。随着印刷术的改良，这些报刊不仅大部分改为印刷品传播，其出版频率也逐渐稳定。原来的手抄小报逐步开始通过印刷的方式定期出版。随着欧洲各城市印刷所的开办，欧洲各地区先后推出了不同地域版本的新闻报道，例如法国的《招贴新闻》（Placard）、意大利的《通报》（Avviso）、德国的《报纸》（Zeitung）等。

16 世纪时，印刷刊物得到了持续发展。欧洲各国之间的战事成了各国报刊争相报道的主题。此外，印刷商们开始对异地报刊进行翻译或再版。例如，1548 年，一份在比利时安特卫普的法文刊物记述了一场飓风，内容被译成了意大利文，并在罗马发行；1578 年，科隆出版了一份译自法文的刊物，编为三期，记述了胡格诺派教徒反对法国国王亨利三世（Henri Ⅲ）的作战内容。❶

进入 17 世纪后，印刷技术被广泛应用于报纸业，特别是印刷机的使用。"印刷机最有意义的贡献莫过于生产了报纸……至少可以说，报纸是印刷机最新奇的产品。"❷ 这个时期的报纸与期刊，形式、内容和功能都没有明显的区分。在当时，报刊是宣传资产阶级民主思想、推动革命的重要宣传方式。17 世纪至 19 世纪中叶，相当多的报纸都从属于各个政党或派别，为各自的利益做宣传。资本主义报刊也自此成为西方近代报刊的主体。

2.3.3　期刊的雏形

15 世纪，欧洲国家在政治、经济、科学、文化等方面经历了一系列彼此联结的历史运动。它们相互交织作用，使人们追求知识、新闻、信息的欲望增强。尤其是 15 世纪末的地理大发现和 16 世纪的宗教改革，开阔了欧洲人的视野，同时也导致了代表资产阶级主张与理论的一大批活页印刷品问世，并广泛传播。这些不定期的刊物，既具有宗教论战性质，又带有政治论战色彩。这类不定期刊物当时在整个欧洲均遭到了法律的严厉制裁。因此，印刷业由此受到了严格审查，这些不定期出版的新闻小册子销量很有限。

---

❶ 乔治·维尔. 世界报刊史——报刊的起源、发展与作用 [M]. 康志洪，王梅，译. 北京：科学出版社，2018：12.

❷ 埃默里. 美国新闻史：报业与政治、经济和社会潮流的关系 [M]. 苏金琥，译. 北京：新华出版社，1982：5.

报刊在从手抄逐渐向印刷转变的同时，它的另外一个特征也逐渐地明显起来，这就是连续性出版。1448—1470 年，德国美因茨印刷出版了多种日历，或许这称得上是较早的连续出版物。欧洲其他地方也有类似的定期印刷品，例如巴黎的《牧羊人的堆肥》（*Compost des bergiers*）（1491 年）与日内瓦的《牧羊人的大日历》（*Le grand calendrier des bergiers*）（1497 年）。1549 年，英国人创办了一种叫作《特利腾大公会议》（*Council of Trent*）的不定期连续性新闻小册子。1588 年，德国法兰克福印刷商米夏埃尔·冯·艾庆（Michael von Echinger）开始印刷出版一年两期的刊物《书市大事记》，在法兰克福博览会上出售。该刊物主要提供政治及军事方面的资讯，同时也提供社会杂闻。这是世界上第一种有固定刊名的定期连续出版物。❶ 1611 年，一种刊载法国政府法令、官方文件的政府连续出版物正式以《法兰西信使》（*Mercure Francais*）的刊名出版，每年一期，该刊物最终连续出版至 1948 年。❷ 17 世纪初，欧洲各国的定期刊物越来越多，但这一时期的连续出版物，多以新闻类刊物为主，如《报道与新闻》（*Aviso—Reletion oder zeitung*，德国，1609 年创刊）、《法兰克福新闻》（*Frankfurter Journal*，德国，1615 年创刊）、《议会逐日纪事周刊》（*Diurnal I Occurrences in Parliament*，英国，1641 年创刊）等。这些定期或不定期的连续出版物，就是期刊文献的雏形。

2.3.4　外文学术期刊的产生

17 世纪中叶，随着科技的进步，欧洲各种学术团体开始创建以传播和交流科学知识、科学观点、研究成果为重要目的的学术期刊。如前所述，学术期刊产生的背景之一即科学技术的发展与学术研究成果交流的需求。学者们希望自己的学术成果能够广泛传播，同时也希望能够对相同领域内其他学者的研究成果进行了解和评论。1663 年，德国汉堡神学家与诗人约翰·理斯特（Johann Rest）创立了《启发讨论月刊》（*Erbauliche Monaths Unterre-*

---

❶ 姚远，陈浩元. 泛期刊学的概念与定义 [J]. 编辑学报，2005（1）：1-3.
❷ 乔治·维尔. 世界报刊史——报刊的起源、发展与作用 [M]. 康志洪，王梅，译. 北京：科学出版社，2018：12.

dungen)，讨论文学与哲学问题，读者对象为当时的知识分子。❶ 此后，相似主题的学术期刊逐渐出现。1665 年 1 月 5 日，在法国大臣、法国政治家、国务活动家科让-巴普蒂斯特·柯尔贝尔（Jean-Baptiste Colbert）的大力支持下，法国议院参事戴·萨罗（Denys de Sallo）在法国巴黎创办了《学者杂志》（*Journal des Scavans*）。该期刊是迄今发现的世界上最早的综合性的期刊，也是最早使用"journal"一词作为刊名的期刊。因此，学术界通常将《学者杂志》视为世界上第一种学术期刊。1665 年 3 月 6 日，英国皇家学会首任秘书长亨利·奥尔登伯格（Henry Oldenburg）在英国伦敦创办了《哲学汇刊》（*Philosophical Transactions*），主要刊载英国皇家学会会员论文或论文摘要、会员的科学实验报告、会员与国外科学家的学术通信和学术争论、新出版的科学书籍的介绍等，其涉及的学科领域包括物理学、天文学、动物学等，至今仍在继续出版。它被学术界一致认为是近代以来世界第一种且连续出版时间最长的科技学术期刊。❷

此后，意大利、丹麦、荷兰、美国等国家相继出版了各种学术期刊。例如，意大利的科学期刊《文献杂志》（1668 年创刊）、德国的医学与生物学期刊《利奥波尔迪纳新学报》（1670 年创刊）、丹麦哥本哈根皇家医学会的《医学与哲学学报》（1671 年创刊）、荷兰的《荷兰医用物理汇编》（1680年创刊）等。❸❹

2.4　外文学术期刊的发展与现状

自 17 世纪中叶世界上第一种学术期刊文献《学者杂志》产生之后，学术期刊很快在欧美各国发展起来，并表现出了强劲的影响力与生命力，出色地起到了传递科学技术信息与科研成果以及交流科研经验的作用。

---

❶ 甘正芳. 中西学术考释 [J]. 江苏理工学院学报，2016（1）：75-81.

❷ 宋轶文，姚远. 《哲学汇刊》的创办及其前期出版状况 [J]. 中国科技期刊研究，2014（5）：632-636.

❸ 王汉熙，等. 面向科学发现优先权竞争的科学期刊发蒙之考略 [J]. 华中农业大学学报（社会科学版），2009（2）：118-123.

❹ 王英雪，陈月婷. 荷兰科技期刊运行机制和发展环境 [J]. 图书情报工作，2006（3）：70-74.

2.4.1 近代时期外文学术期刊的发展

进入 18 世纪后，尤其是在 18 世纪中后期，英、荷、法、西、德、美、意等国，在已创立的综合性学会的基础上，相继成立了各学科领域的学术团体，从而创立了对应专业的学术期刊。据统计，全世界科技期刊的数量在 17 世纪末时不足 10 种，但至 18 世纪末时，出版量已多达 755 种，其中欧洲各国为 627 种，其他国家和地区为 128 种。❶ 这一时期具有代表性的学术期刊主要有意大利的《医学杂志》（Giorn de Medicine，1763 年创刊）、美国的《美国哲学会汇刊》（Transactions of the American Philosophical Society，1769 年创刊）、英国的《爱丁堡皇家学会会刊》（Transactions of the Royal Society of Edinburgh，1783 年创刊）等。

19 世纪，西方国家经历了几百年的工业革命、思想革命、政治革命和科学革命，在推动了物质文明和精神文明进步的同时，也进一步推动了学术期刊文献的快速发展。期刊文献也开始广泛地介入人类社会，涉及政治、经济、文化、科技等各个领域。单种学术期刊刊载的内容，也从最初几乎包含所有自然哲学等学科领域，逐渐地越分越细，越来越专。这既是学科分化、衍生的结果，也是更多学术团体纷纷创建期刊所带来的新需求的结果。从学术期刊的数量来看，19 世纪中叶，欧美各国的科技期刊仅有 1000 余种，19 世纪末时已达 10000 种。❷ 从学科领域来看，当时出版的期刊已经细化到数学、物理、化学、生物、医学、动物学、人类学、工程、地质学、考古学、语言学、经济学、政治学等方方面面（表 2-1）。

表 2-1　19 世纪欧美各国部分重要学术期刊创刊年

序号	刊　名	创刊年	国别
1	新英格兰医学杂志（The New England Journal of Medicine）	1811 年	美国
2	柳叶刀（The Lancet）	1823 年	英国
3	欧洲有机化学杂志（European Journal of Organic Chemistry）	1832 年	德国

---

❶ 杜云祥，等. 科技期刊的起源和发展 [J]. 中华医学图书情报杂志，2010 (9)：19-24.

❷ 张厚生，吉士云. 报刊管理与利用 [M]. 北京：国家图书馆出版社，2013：32.

续表

序号	刊　名	创刊年	国别
4	采矿周刊（*Mining Journal*）	1835 年	英国
5	美国哲学会会报（*Proceedings of the American Philosophical Society*）	1838 年	美国
6	英国医学杂志（*British Medical Journal*）	1840 年	英国
7	费城自然科学院院报（*Proceedings of the Academy of Natural Sciences of Philadelphia*）	1842 年	美国
8	美国东方学会志（*Journal of the American Oriental Society*）	1842 年	美国
9	经济学人（*The Economist*）	1843 年	英国
10	考古学杂志（*Revue Archeologique*）	1844 年	法国
11	考古杂志（*Archaeological Journal*）	1844 年	英国
12	地质学会志（*Journal of the Geological Society*）	1845 年	英国
13	科学美国人（*Scientific American*）	1845 年	美国
14	英格兰皇家农业学会杂志（*RASE Journal*）	1846 年	英国
15	语言和文学研究文献（*Archiv fuer das Studium der neueren Sprachen und Literaturen*）	1846 年	德国
16	摩拉维亚历史杂志（*Journal of Moravian History*）	1858 年	美国
17	巴黎人类学会通报与纪事（*Bulletins et Memoires de la Societe D'Anthropologie de Paris*）	1859 年	法国
18	瑞士法律杂志（*Zeitschrift fuer Schweizerisches Recht*）	1860 年	瑞士
19	国民经济与统计杂志（*Jahrbuecher fuer Nationaloekonomie und Statistik*）	1863 年	德国
20	伦敦数学会会报（*Proceedings of the London Mathematical Society*）	1865 年	英国
21	思辨哲学杂志（*Journal of Speculative Philosophy*）	1867 年	美国
22	数学纪事（*Mathematische Annalen*）	1868 年	德国
23	欧洲无机化学杂志（*European Journal of Inorganic Chemistry*）	1868 年	德国
24	自然（*Nature*）	1869 年	英国
25	人种学杂志（*Zeitschrift fuer Ethnologie*）	1869 年	德国
26	美国语言学协会汇刊（*Transactions of the American Philological Association*）	1870 年	美国
27	大众科学（*Popular Science*）	1872 年	美国
28	欧洲物理学杂志（*European Physical Journal*）	1872 年	德国
29	图书馆杂志（*Library Journal*）	1876 年	美国

序号	刊　名	创刊年	国别
30	美国化学会志（*Journal of the American Chemical Society*）	1879 年	美国
31	科学（*Science*）	1880 年	美国
32	生物学理论（*Theory in Biosciences*）	1881 年	德国
33	工程索引年刊（*Engineering Index Annual*）	1884 年	美国
34	政治学季刊（*Political Science Quarterly*）	1886 年	美国
35	国际语音学会志（*Journal of the International Phonetic Association*）	1886 年	英国
36	哈佛法律评论（*Harvard Law Review*）	1887 年	美国
37	国家地理（*National Geographic*）	1888 年	美国
38	伦理学（*Ethics*）	1890 年	美国
39	通报（*T'oung Pao*）	1890 年	荷兰
40	哲学评论（*The Philosophical Review*）	1892 年	美国

从学科领域看，这一时期，外文学术期刊已经从诞生初期以人文社会学期刊为主，逐渐转向以科技期刊为主。从文献的重要性看，这一时期创立的一批学术期刊，许多持续出版至今，仍旧发挥着极其重要的学术交流、引领科技发展的作用，如《新英格兰医学杂志》《自然》《科学》等。从文献加工程度上看，检索类期刊已经开始随着文献数量的成倍增长而于 19 世纪下半叶诞生。1830 年，世界上第一种化学摘要类期刊《药学要览》（*Pharmaceutisches Central-Blatt*）在德国创刊，1850 年更名为《化学-药学文摘》（*Chemisch-Pharmaceutisches Central-Blatt*），1856 年又更名为《化学文摘》（*Chemisch Central-Blatt*），比美国化学学会化学文摘社创刊于 1907 年的《化学文摘》（*Chemical Abstracts*，CA）早了近 80 年。1864 年，伦敦动物学会和英国博物馆联合出版了专门报道有关动物学文献的题录式检索刊物《动物学文献记录》（*Record of Zoological Literature*）。1878 年，历史学检索性期刊《历史科学年度报告》（*Jahresberichte der Geschichtswissenschaft*）在德国柏林创刊。1884 年，美国工程师学会联合会创办了工程技术领域文献的综合性情报检索刊物《工程索引》。

总体来看，学术期刊在 18、19 世纪的发展速度很快，且出版量已初具规模。它们不仅在传播学术信息、提高学术交流效率等方面起着不可或缺的作用，并且在推动科技发展、经济繁荣、社会进步等方面也发挥着重要的积极作用。

2.4.2　现代时期外文学术期刊的发展

2.4.2.1　出版数量的迅猛增长

20 世纪初，全球的国民教育，尤其是欧美国家，逐步开始普及。社会的文明程度逐步提高，交通运输、通信技术迅速发展。受此影响，具有时效性强这一特点的报刊文献，越来越容易从一个地方运输到另一个地方，也越来越受到读者的青睐。因此，期刊与报纸出版业迎来了前所未有的发展。进入 20 世纪后，科学技术进入快速发展期，科学所依据的事实及依据这些事实建立法则和理论的方法，越来越不依靠科学工作者对大自然的直接观察，而是依靠先前科学工作者的观察和他们发现的解释方法。因此，科学研究中极重要的一件事就是，科学家们在他工作的每一个阶段，都要迅速而方便地接触到一切有关的最新科学成果。❶ 而学术期刊正是满足科学家们这一需求的重要工具。因此，进入 20 世纪后，期刊品种的数量也出现了井喷的现象。19 世纪末，全世界仅有 10000 种期刊，到 20 世纪中叶，该数字已猛增到 35000 种，至 1990 年年底更是达到了 530000 种。❷❸ 在学术期刊方面，西方各国的发展同样迅速，不仅数量增长快，涉及的学科领域越来越广，期刊的品质也越来越高。据文献统计，1921 年时全球科技期刊仅有 24028 种，1960 年时科技期刊则达到了 59961 种，1990 年时更是高达 100000 种。❹

2.4.2.2　出版体系的建立与完善

（1）刊载内容精细化

进入 20 世纪后，由于不同学科领域之间的联系越来越紧密，各学科对

❶　贝尔纳. 科学的社会功能 [M]. 陈体芳，译. 北京：商务印书馆，1982：184.
❷　蔡莉静，陈晓毅. 图书馆期刊管理与服务 [M]. 北京：海洋出版社，2009：25.
❸　姚远. 标准书号和标准刊号的国际组织 [J]. 西北大学学报（自然科学版），1997（1）：12.
❹　马武仙. 期刊文献新概念 [M]. 昆明：云南科技出版社，2003：61-63.

领域与领域之间"边缘地带"的研究更加深入，现代科学研究方向在不断分化、越来越精细的同时，也越来越高度综合发展，从而产生了大量的边缘性、交叉性、横断性和综合性的学科。这使整个科学体系在高度分化的同时又出现了交叉化、综合化的趋势，逐渐形成了立体化的网络结构。❶ 现代科学的高度分化与综合，促使学术期刊也出现分化与综合的趋势，不同学术期刊刊载的内容也愈加专业化、精细化。一方面，一些小学科领域的新期刊越来越多，甚至某一种期刊还会分化出很多辑或分册，例如 1880 年创刊的《美国机械工程师学会学报》（*Transactions of the American Society of Mechanical Engineers*）自 1959 年开始分辑出版，至 1974 年时已经分化成了 9 种期刊。另一方面，大量边缘性、交叉性、横断性和综合性学科的产生，导致原学科向大学科方向综合发展，很多原本从属于不同学科的学术期刊相互吸收、合并，或直接产生了交叉学科新期刊。从交叉学科学术期刊刊载的学术成果内容看，这一类期刊主要分为两种情况：一是边缘学科学术期刊，刊载文献的内容是在几个学科交叉处通过二交叉、三交叉或四交叉等形成的边缘科学研究成果，如生物化学、物理化学等二交叉学科期刊，电子生物化学等三交叉学科期刊，生物心理社会医学等四交叉学科期刊等；二是由多个学科综合后形成的新学科期刊，如能源科学期刊、环境科学期刊等。❷

（2）加工深度层次化

随着科学技术的迅猛发展，学术期刊的数量日益增多，学科领域日趋复杂，学术文章发表的数量呈几何倍数增加。然而，学术文献的发表却越来越分散在不同的期刊之中，且彼此之间存在交叉和重复。自 20 世纪以来，学术期刊的出版量已逐渐变得十分庞大，以至于许多人都认识到，研究人员在开展科研工作时，无法阅读当前出版的所有相关论文，只能阅读涉及某一学科领域中的一小部分论文。为适应研究人员及其他用户多方面的不同需求，学术期刊文献在加工深度上形成了不同的层次，以跟踪揭示、报道、检索、述评、总结文献为目的二次文献与三次文献应运而生。

---

❶ 姜振寰. 科学分类的历史沿革及当代交叉科学体系 [J]. 科学学研究，1988（3）：14-25.

❷ 刘瑞兴. 科技期刊学科发展的分析 [J]. 中国科技期刊研究，1992（2）：3-7.

（3）出版发行国际化

有学者认为，20 世纪以来人类所面临的国际化问题已经超过了以往所有历史时期全球国际化问题的总和。❶ 尤其是第二次世界大战以后，全球的跨国行为已出现在经济、政治、文化等各个领域，学术期刊也是如此。

19 世纪，英国取得了海上霸主地位，疯狂地在世界各地掠夺并建立殖民地。20 世纪初，英国在全球开拓的殖民地面积比其本国领土大 100 多倍，英语因而在各殖民地广泛传播和应用。第二次世界大战后，各殖民地的解放运动陆续兴起，殖民地人民与新老殖民者进行武装斗争的同时，也以英语作为工具，在政治、经济、文化等领域与之开展斗争。所有这一切，使英语继续广泛传播。英语因此开始取代德语和法语，成为一种国际性语言。❷ 这为英语成为国际性科技交流合作及学术文献出版的语种，打下了语言基础。

20 世纪三四十年代，德国、荷兰、瑞士等欧洲国家的出版精英开始向美国汇聚，为美国的出版产业做出了重大的贡献，开辟了美国学术期刊出版的市场。第二次世界大战以后，全球的科技研究中心也开始从欧洲转移到美国。美国政府不仅借机收罗了大量自欧洲移居而来的科学家，同时还在科研经费的投入方面也加大了力度。随着大批欧洲科学家的移民，美国作为全球科技研究中心的地位逐步得到确立，科研成果成倍增长，可发表在学术期刊上的稿源也因此源源不断。这使美国的学术期刊出版业产生了一种世界性的"核心效应"，使美国成为世界学术期刊出版业的中心。而这种"核心效益"最大限度地吸引了世界各国的科研人员将自己高水平的科研成果发表在美国的权威期刊上，从而为学术期刊的国际化发展打下了稿源基础。❸

20 世纪 60 年代，随着国际贸易与各国海外投资的发展，美国的学术期刊出版社开始在英国、加拿大、澳大利亚、日本等国开设分公司，欧洲各国的出版社也在美国、日本、加拿大、澳大利亚等国开设分公司。他们采用跨

❶ 胡素萍. 全球化进程与 20 世纪世界历史整体研究 [J]. 新东方，2004（9）：30–34.

❷ 杨玉林，孙德玉. 英语的世界性的由来与发展 [J]. 山东外语教学，1993（1）：22–25.

❸ 曹明. 国外科技期刊国际化发展的现状与趋势 [J]. 中国科技期刊研究，1994（4）：11–15.

国组稿、组织国际性编委会的方式，来确保学术期刊的世界领先水平，使学术期刊更具价值和权威性。此外，跨国性出版社利用本社高水平的权威期刊，充分发挥自身的商业优势，最大限度地将本社的学术期刊销向世界各国和地区的学术市场。这为学术期刊的国际化发展打下了编辑和市场的基础。

截至 20 世纪末，被《科学引文索引》收录的学术期刊中，美国期刊占比高达 40%、英国期刊占比 22%。加上其他英语国家的《科学引文索引》来源期刊，英文期刊占比估计达 90% 以上。❶ 受此影响，世界各国许多其他语种中具有影响力的学术期刊纷纷被转译为英文或直接出版英文版，例如日本出版的 4000 多种科技期刊中，已有近 500 种为英文刊❷，中国出版的英文学术期刊数量也已从最初的个位数增加到了如今的 556 种❸。

（4）商业出版集团化

如前所述，自 20 世纪 40 年代以来，由于学术期刊的经营具有较大的利润空间，因此许多商业出版社开始不断参与到学术期刊出版的市场竞争之中。此外，学术界一味追求顶级刊物的投稿标准也在很大程度上对期刊出版的垄断起到了推波助澜的作用。学术成果的作者不论是出于对学术科研的热情，还是出于晋升、报酬等需求，均希望在高影响力、学术权威的期刊上发表学术论文。这反映在商业化学术出版市场中就形成了"越难发表的刊物，稿源越多；稿源越多，刊物质量越易提高；刊物质量越高，期刊提价的砝码则越重"的连锁效应，无形中构成了学术期刊商业出版集团化的另一个诱因。

大型商业期刊出版商凭借雄厚的资金实力、先进的出版水平和技术，在提升其原有商业学术期刊的权威性与质量的基础上，还兼并和收购其他出版社或编辑部的学术期刊资源，逐步垄断了学术期刊的出版市场，形成了学术期刊商业出版集团。据统计，在《科学引文索引》《社会科学引文索引》（*Social Science Citation Index*，SSCI）和《艺术与人文引文索引》（*Arts and Humanities Citation Index*，A&HCI）三大引文索引所收录的期刊中，近 50%

---

❶ 谢友宁. 国外连续出版物发展态势与国内对策研究 [J]. 情报科学，2002（8）：878-881.

❷ 马武仙. 期刊文献新概念 [M]. 昆明：云南科技出版社，2003：66.

❸ 陆建平. 新中国成立以来我国英文学术期刊的发展和展望 [J]. 出版发行研究，2019（9）：68-73，7.

的品种属于爱思唯尔（Elsevier）、约翰威立（John Wiley & Sons）、施普林格·自然（Springer Nature）、泰勒-弗朗西斯（Taylor & Francis）和世哲（SAGE）五大出版商。

（5）载体类型多样化

早期的期刊主要以印刷形式为主，随着社会的发展和科技的进步，期刊的媒介和载体类型逐渐走向多元化，除印刷形式外，还有缩微胶片、磁带、光盘等形式。

20世纪下半叶，国际互联网登上了历史的舞台。互联网的出现与流行是期刊载体发展的另一个转折点，因为它使远程访问变得容易起来，期刊的互联网在线形式也应运而生。与印刷形式相比，它具有传播速度快、检索平台功能强、存取灵活、交流方便等优势，因此，目前它与纸本期刊一并成为图书馆重要的文献资源，并有逐渐取代其他载体形式文献的趋势。

2.4.3 外文学术期刊的出版现状

学术期刊既是用户市场最大的出版物，也是最早提供在线版的出版物。20世纪末，信息技术飞速发展，学术期刊作为报道、传播科研成果的重要载体，正在进行一场更加深刻的变革。缩微、光盘等作为学术期刊的出版载体，逐渐淡出了历史的舞台，在线期刊、多媒体期刊、数据期刊等伴随着互联网技术的不断更新而产生并发展壮大。

2.4.3.1 在线期刊普及化

随着国际互联网的逐渐普及，欧美的出版产业逐步从纸质出版向在线出版转移。进入21世纪后，在线期刊已经成为国际学术期刊出版与传播的主要载体形态。在传统的印刷型学术期刊逐步推出在线版的同时，原生在线学术期刊也越来越多。传统的印刷型期刊或原生在线期刊开始根据不同用户的需求提供按需印刷服务。随着学术期刊的载体从印刷的纸面上转移到电脑、平板、手机等屏幕上，学术期刊的出版与平台服务也进一步走向集群化、规模化。

（1）印刷期刊的数字化出版与回溯

早在20世纪60年代，美国就开始对一系列基础科学的文摘索引期刊进行信息技术开发，先后建成了机读二次文献数据库与联机情报检索系统，为美国乃至全世界提供服务，如《化学文摘》《工程索引》《生物文摘》（*Biological Abstracts*）等。❶ 虽然全文型学术期刊很早已经开始应用计算机进行排版，但其早期的排版文件尚不能直接在计算机上浏览。20 世纪 80 年代，美国卡内基梅隆大学（Carnegie Mellon University）与联机计算机图书馆中心（Online Computer Library Center，OCLC）共同创建的"水星"数字图书馆计划对学术期刊进行了数字化试验。他们与学术期刊出版机构联合，将已出版的印刷版期刊扫描并建立了可供用户通过互联网阅读的图像数据库。❷ 20 世纪 90 年代中后期，学术期刊的数字化扩大到了印刷型全文期刊，欧美出版机构开始实行学术期刊的双轨制出版，即为同一学术期刊同时制作印刷版和电子版，甚至电子版比印刷版发布得更早。❸ 在线学术期刊的便捷性和实效性使其在科研交流中发挥了更加重要的作用。在线学术期刊也日益成为广大科研人员和公众获取学术成果与信息的重要渠道。据统计，2003 年 11 月时，全球在线学术期刊为 11000 种;❹ 2008 年 11 月与 2010 年 1 月分别为 29405 种与 32401 种;❺ 截至 2020 年 3 月，为 78879 种。❻

进入 21 世纪后，网络的快速发展助推了在线学术期刊的出版和传播。用户信息需求行为的变化进一步催生了国际学术期刊的回溯数据库市场，越来越多的出版机构将旗下学术期刊的过刊进行数字化，很多学术期刊均可以从创刊号开始在线访问全文。甚至，各出版机构纷纷建立了专门的期刊全文

❶ 陈源蒸. 学术期刊的双轨出版体制 [J]. 数字图书馆论坛，2006（5）：1-4.

❷ 陈亚维. 卡内基·梅隆大学计划建立一个电子图书馆 [J]. 世界研究与开发报导，1989（6）：96-97.

❸ 王云娣. 全球在线学术期刊分布状态[EB/OL]. [2020-01-27]. http://www.paper.edu.cn/releasepaper/content/200902-350.

❹ KURATA K,et al. Electronic journals and their unbundled functions in scholarly communication:Views and utilization by scientific,technological and medical researchers in Japan [J]. Information Processing & Management,2007,43(5):1402-1415.

❺ 王云娣. 全球在线学术期刊的出版现状及发展趋势 [J]. 浙江师范大学学报（社会科学版），2011（1）：108-114.

❻ Ulrichs web Global Serials Directory[EB/OL]. [2020-03-05]. http://ulrichsweb.serialssolutions.com/.

回溯数据库,如爱思唯尔的 Elsevier Backfiles、施普林格的 Springer Online Archives Collection、JSTOR 的过刊数据等。❶

（2）原生在线学术期刊的诞生

原生在线学术期刊是在互联网广泛普及、网络带宽不断提高、多媒体技术深入发展的背景下产生的。它是以互联网为唯一的发行和传播渠道,以图像、文字、视频、音频等多媒体形式传播,融合了组稿、审稿、网络编辑、存储、下载、复制、打印、检索、链接或索引其刊载全文等多项在线功能的连续性出版物。原生数字期刊的起源可以追溯到 20 世纪 70 年代末,世界上最早出现的原生数字期刊是《心理工作负荷》（*Mental Workload*）与《计算机人因杂志》（*Computer Human Factors Journal*）。❷ 据统计,1991 年国际互联网原生在线期刊和时事通讯的数量约为 110 种,1995 年为 675 种,1997 年为 3414 种,1998 年达到了上万种,截至 2020 年 3 月,更是超过了 3.3 万种。❸

最初,原生在线学术期刊只是少数研究者自我创建的一种自由学术交流的媒介。早期纯原生在线学术期刊主要是由高校、专业的学协会或研究机构在某些基金会的资助下创办的,主要特点表现为出版速度快、易获取且多为免费期刊。虽然很多原生在线学术期刊的内容质量参差不齐,但大多数期刊刊载的论文都是经过同行评议的。原生在线学术期刊作为一种新的学术传播渠道有着深远的意义,其最大的特点是学术交流的互动性因此而增强,交流规模也因此而扩大。在线学术期刊通过融合传统非正式交流渠道与正式交流渠道,既提高了学术研究成果的传播速度,又加强了跨学科的研究机制,同时也加强了跨国界的学术交流。这不仅有利于国际学术研究水平与质量的提高,也有利于学术语言风格的多样性。❹

---

❶　李莉,郑建程. 国际学术期刊回溯数据库市场概览 [J]. 图书情报工作,2008 (6)：134-137.

❷　郭刚. Web2.0 环境下学术原生数字期刊导航系统构建研究 [D]. 重庆：西南大学,2011：2.

❸　Ulrichs web Global Serials Directory [EB/OL]. [2020-03-05]. http://ulrichsweb. serialssolutions. com/.

❹　师曾志,王建杭. 纯电子期刊及大学图书馆读者对它的态度和利用 [J]. 中国图书馆学报,2002 (3)：57-59.

（3）在线期刊高度集约化

20世纪末至21世纪初，在线学术期刊的数量呈现出"爆炸式"增长，并以涵盖学科领域多、信息容量庞大、更新及时迅速、学术信息交流便捷等优点逐步得到了用户的青睐。为进一步满足用户简便、快捷、系统、全面地获取其所需要的学术论文，在线学术期刊的市场逐渐由学术刊物独自进行网络出版的局面转向大型学术出版机构深度在线平台统一发布的局面。凝聚了众多在线学术期刊的大型出版机构，通过对资源的二度整合，利用不断研发出来的先进快捷的网络检索技术，进一步促进了学术资源传播的广度与深度。❶

通过市场竞争与资源重新组合，大型出版社在电子期刊市场占据的份额越来越多。国外的大型出版机构，可以分为商业性期刊出版社、非营利性期刊出版社和期刊集成商三种类型。

国外出版市场竞争机制成熟，出版产业的资本流动不受限制，出版机构之间可以通过资产重组、并购等多种手段来实现资源的整合。通过资本层面的整合，大型商业出版机构可以快速地实现资源内容按学科领域、市场等方面的整合与集中。而且，他们还可以利用上述手段实现内容公司与技术公司等产业链中不同主体的整合，将内容与技术等各自的优势发挥到极致，从而实现在线学术期刊资源的最优配置。❷典型的商业出版机构及其在线学术期刊产品见表2-2。

表2-2　部分大型商业出版机构及其在线学术期刊

商业期刊社名称	电子期刊产品	品种数
爱思唯尔（Elsevier）	*Science Derect Journals*	4184
施普林格·自然（Springer Nature）	*Springer LINK Journals*	3653
约翰威立（John Wiley & Sons）	*Wiley Online Library Journals*	2625
泰勒弗朗西斯（Taylor & Francis）	*Taylor & Francis Online Journals*	2600以上
世哲（Sage）	*SAGE Journals*	1000以上
爱默瑞得（Emerald）	*Emerald Journals*	300以上

注：表中电子期刊品种数据（含过刊）来源于各出版社网站，统计日期为2020年3月5日。

---

❶ 袁满. 关于构建国内学术期刊集成化网络出版平台的思考 [J]. 中国科学院院刊，2008（1）：50-55.

❷ 秦绪军. 国外出版商发展数字出版的特点及给我们的启示 [J]. 科技与出版，2007（12）：11-12.

所谓非营利性期刊出版机构，主要指由大学、学术团体等非营利性组织创立的期刊出版社。目前很多大学出版社、学会、协会都有自己电子期刊产品平台，电子期刊品种也有较大的规模。典型的非营利期刊出版机构及其在线学术期刊产品见表 2-3。

表 2-3　部分非营利期刊出版机构及其在线学术期刊

非营利期刊出版机构	电子期刊产品	品种数
剑桥大学出版社（CUP）	*Cambridge Journals Online*	412
美国电气电子工程师学会（IEEE）/英国工程技术学会（IET）	IEEE *Xplore Digital Library*	358
牛津大学出版社（OUP）	*Oxford Journals*	300 以上
英国皇家物理学会（IOP）	IOP *Science Journals*	98
英国皇家化学学会电子期刊（RSC）	RSC *journals*	45

注：表中电子期刊品种数据（含过刊）来源于各机构网站，统计日期为 2020 年 3 月 5 日。

一些小型出版社或编辑部通常只出版一种或几种期刊，受各种条件的限制，他们自己并不发行在线版电子期刊，而是委托资源集成商代为发行。这样，小型出版社或编辑部不用建立和维护自己的系统，可以节约一定的软硬件费用。同时，资源集成商将不同出版社的多种期刊在同一个平台上展示，可以实现多种资源的统一检索，方便用户使用。此外，还有一些资源集成商通过与多家出版社谈判，获取他们旗下过刊的回溯权，并将这些过刊集中在同一平台，从而形成新的数据库产品。典型的资源集成商及其电子期刊产品见表 2-4。

表 2-4　部分资源集成商及其在线学术期刊

集成商名称	电子期刊产品	品种数
爱博思科（EBSCO）	*Academic Search Complete*	8000 以上
爱博思科（EBSCO）	*Business Source Complete*	4000 以上
普若凯斯特（ProQuest）	*ABI/INFORM Complete*	5000 以上
普若凯斯特（ProQuest）	ProQuest *Research Library*	5000 以上
伊萨卡（ITHAKA）	JSTOR 过刊数据库	3000 以上
约翰霍普金斯大学出版社与米尔顿·艾森豪威尔图书馆（JHU Press and Milton S. Eisenhower Library）	*Project Muse Journals*	600 以上
William S. Hein & Co., Inc.	HeinOnline 法律数据库	1700

注：表中电子期刊品种数据（含过刊）来源于各机构网站，统计日期为 2020 年 3 月 5 日。

2.4.3.2 多媒体化与数据期刊

一直以来，学术期刊出版形式较为单一，主要通过语言文字、表格、图片等来论述自己的科研发现或学术观点。21 世纪初，互联网开始普遍应用于全球各国，开启了它全方位改变人类生活的历程。在这种大环境的影响下，学术期刊的出版也不再囿于文字、表格和图片，而是往多媒体化、数据化方向转变。

（1）多媒体化

多媒体技术是指利用计算机对文本、图形、图像、声音、动画、视频等多种不同媒体信息进行综合处理、建立逻辑关系，使电脑具有交互展示不同媒体形态的信息的技术，主要应用于多媒体信息管理系统、多媒体通信、多媒体电子出版物等领域。●

随着多媒体技术的快速发展，传统的印刷型学术期刊及其数字化既无法适应各种新媒体载体的需要，也越来越无法满足作者与读者的需求。近年来，运用多媒体技术对学术期刊进行编辑、加工、出版和发行，也成为一种显著的趋势，给学术期刊产业带来了全新的变化。著名的国际顶级期刊《科学》和《自然》就是多媒体化应用的先行者。《科学》杂志在多媒体技术的辅助下，通过其在线版 Science Online 的"多媒体中心"（multimedia）展现了学术研究的更多魅力，如该平台的博客（science podcast）、图像和幻灯片（images and slide shows）、影像（video portal）版块等。❷《自然》也非常重视音频与视频在展示学术成果中的应用，不仅在官网上设有独立的"音频与视频"（Audio&Video）栏目，并且每周出版免费的音频节目，通过采访著名科学家、世界各地的记者等方式概述当期的核心文章、对文章进行深入评论和分析。❸

● 史元春，徐光祐，高原. 中国多媒体技术研究：2011 ［J］. 中国图象图形学报，2012（7）：4-10.

❷ 应笑妍，安珊珊. Science Online：学术期刊的数字化先行者 ［J］. 新闻知识，2016（1）：50-52.

❸ 张新玲，谢永生. 国外顶级学术期刊《Nature》新媒体应用研究 ［J］. 中国传媒科技，2017（4）：75-76.

（2）数据期刊

在大数据时代的背景下，科学研究范式逐步向数据密集型研究转变，即科学研究"第四范式"。❶ 科学数据已经成为科技创新与发展的中心资源，数据的共享也变得越来越重要。一直以来，高质量学术刊物都将科学成果的再现作为自身对于科学界所应担负的责任。很多学术期刊，如《生物多样性数据杂志》（*Biodiversity Data Journal*）❷、《地球系统科学数据》（*Earth System Science Data*）❸、《生态学杂志》（*Journal of Ecology*）❹ 等，都因此制定了科学数据共享的政策，要求作者在投稿的同时应向期刊编辑、同行评议专家等提供相关的科研数据，也可提供获取该项科学研究所涉及数据的第三方存储库的提取号❺。随着科技数据共享的进一步发展，数据论文和数据期刊相继出现。以施普林格·自然出版集团旗下期刊为例，该出版集团针对科学数据的共享，专门设置了科研数据帮助（research data helpdesk）、科研数据支援（research data support service）和科研数据发布（research data publishing）等服务。❻ 2012 年，英国皇家学会（The Royal Society）也认为"未来真正能够被利用的科学数据是以智能化开放数据为表现形式"，同时"敦促科研人员应该在合适的数据知识库里存储数据，让人使用和验证数据"❼。

虽然数据期刊是近 20 年才开始发展起来的，不同的科研机构、学术团体、数据期刊出版机构颁布了许多不同的数据管理政策，但它作为一种新兴

---

❶ 黄如花，李楠. 基于数据生命周期模型的国外数据期刊政策研究 ［J］. 图书与情报，2017（3）：36-42，108.

❷ Biodiversity Data Journal［EB/OL］.［2020-02-02］. https://bdj. pensoft. net/.

❸ Earth System Science Data［EB/OL］.［2020-02-02］. https://www. earth-system-science-data. net/.

❹ Journal of Ecology［EB/OL］.［2020-02-02］. https://besjournals. onlinelibrary. wiley. com/journal/13652745.

❺ 刘凤红，等. 数据论文：大数据时代新兴学术论文出版类型探讨 ［J］. 中国科技期刊研究，2014（12）：1451-1456.

❻ Springer Nature. What are research data and why is sharing important? ［EB/OL］.［2020-02-02］. https://www. springernature. com/gp/authors/research-data.

❼ 刘灿，王玲，任胜利. 数据期刊的发展现状及趋势分析 ［J］. 编辑学报，2018（4）：18-23.

的学术期刊出版形式，有着较好的发展势头。

2.4.3.3 开放获取期刊的发展

开放获取（open access）是一种学术信息共享的自由理念和出版机制，是近20年来国际科技界、学术界、出版界、信息传播界为推动科研成果通过互联网免费地、自由地利用而兴起的运动。❶ 近20年来，开放获取运动的发展速度十分迅速，究其原因，主要有两个方面。一方面是由于其本身的优势所在，即投稿方便、出版快捷、出版费用低廉、便于传送或刊载大量的数据信息、检索方便、具有广泛的读者群和显示度等。另一方面是由于出版的商业化带来的期刊危机和信息交流与获取的危机情况越来越严重。基于订阅的纸本期刊越来越少，而商业性学术电子期刊的订购价格却逐年提高，给读者和图书馆等科研机构的订阅设置了很大的障碍。同时，出版界知识产权保护等法律意识日益增强，信息的发布渠道和流程更加严格，这使读者得不到想要的信息，不能及时有效地进行交流研讨。因此，人们对开放获取的态度从最初的反对、不理解、观望，快速地发展为理解、支持、主动参与。正是在这样的条件下，开放获取作为一种新型的学术交流机制，被越来越多的个人和机构接受并参与其中。随着开放获取的迅速发展，开放获取的对象已经包含了学术期刊的论文、学位论文、科学数据、科研报告、专利、标准、多媒体以及各种教育资源、系统、过程的开放共享。目前，开放获取的出版模式，就其实现途径而言，可分为两种，即著者自费出版的开放获取和著者或机构自建档向外界免费开放。❷ 著者自费出版途径主要是开放获取期刊，著者或机构自建档主要有开放获取仓储（包括机构知识库、学科知识库）和个人网页。❸

开放获取期刊作为开放获取的主要实现途径之一，是在线学术期刊的一

---

❶ VELTEROP J. Open access publishing[J]. Information Services and Use,2003(23)：113-115.

❷ Read the Budapest Open Access Initiative[EB/OL]. [2020-01-31]. https：//www. budapestopenaccessinitiative. org/read.

❸ BJÖRK B. Open access to scientific publications-an analysis of the barriers to change？[J]. Information Research,2004,9(2)：170.

种重要出版形式。它为读者提供了免费的访问服务，任何用户都可以通过互联网免费阅读、下载、复制、传播、打印和检索作品，并实现对期刊全文的链接、为作品建立索引和将作品作为数据传递给相应软件，或者进行任何其他出于合法目的的使用，不受经济、法律和技术的任何限制。期刊的开放获取出版模式将传统的出版者、服务提供者、研究人员之间的固有关系实现了分离，直接实现了研究人员与出版传播的结合，加速了科研成果出版的速度、扩大了受众面，有利于研究人员学术地位的确立。

著名学者莎莉·莫里斯（Sally Morris）将开放获取期刊分为三类[1]：延迟开放获取期刊（delayed open access journals）、半开放获取期刊（partial open access journals）和完全开放获取期刊（open access journals）。

延迟开放获取期刊指出版一段时间（数月或一年不等）以后可以免费获取电子版的期刊。延迟开放获取期刊实际上是将开放获取的思想引入到期刊传播过程的后期，它的经营模式仍然是传统期刊的"用户订阅"模式。延迟开放获取期刊只是在形式上对传统期刊进行了改革，并没有进行根本性的革新。

半开放获取期刊指对期刊中部分文章提供开放获取形式的期刊。半开放获取期刊主要是对两类内容进行开放获取：一是特别重要或者有报道价值的文章，这类内容开放获取的目的是吸引更多的用户；二是作者支付出版费用的文章。与延迟开放获取期刊相比，半开放获取期刊在期刊的出版阶段就引入了开放获取思想。但由于它们只是对部分内容进行开放获取，并没有完全摆脱传统期刊的经营模式，是一种期刊两种经营模式的期刊类型。

完全开放获取期刊指不将用户（读者）付费作为其商业模式的期刊。完全开放获取期刊的资金来源主要有：①专门的投资机构进行投资；②期刊所属机构隐性投资，即开放获取期刊所属机构负责承担该期刊相关工作人员的工资、提供期刊经营相关的基础设施等投资；③作者付费方式，期刊通过向作者收费来弥补出版费用，这些费用一般都包含在作者的研究经费中或者由作者所在机构支付；④期刊的广告收入等。

---

[1]　MORRIS S. Open Access：how are publishers reacting? ［J］. Serials Review，2004(4)：304-307.

2.5 外文学术期刊的未来

21世纪以来，在网络化、信息化、大数据、多媒体等多元技术的推动下，整个学术出版界已经产生了巨大的变化。在学术期刊方面，不仅在线期刊走向普及，其所刊载文章也不限于文字、表格和图片，而是更加趋向多媒体化，甚至很多学科领域出现了数据期刊。对于出版社而言，旗下学术期刊不仅印刷版发行量大幅下降，其在线版的订阅份额也有所减少，而开放获取期刊、科研社交网络、预印本等学术成果的新兴传播方式却在蓬勃发展。❶与此同时，虽然各国的科研经费均有显著增长，但各国各类型图书馆的文献资源建设经费却在不断缩减。为了应对网络化、信息化、大数据、多媒体等多元技术给学术期刊出版业带来的新挑战，国外许多学术期刊出版商正在积极地进行自我调整，改变传统的营利理念，筹备自身的战略转型。在以上诸多因素的综合影响下，未来学术期刊发展的一些趋势已初现端倪。

2.5.1 出版角色的转变

学术期刊作为科研系统的一个组成部分，是科研人员交流学术成果和最新科研成果的平台。多年来，学术期刊在科研系统中所起的作用主要为科研成果的展示和传播。科学研究进入"第四范式"，传统学术出版已无法适应多元技术背景下科学交流和学术研究学的需求。这对学术期刊的出版提出了更高的要求，使学术期刊出版不得不考虑一些必须要兼顾的角色转变。

（1）从内容出版者到兼顾科学研究的连接中心的角色转变

未来，学术期刊不再仅仅是科研成果的展示媒介，它将更多地作为科研系统不同主体之间的连接中心，为科研创新体系的紧密联系提供平台。从科研人员的现实需求来看，有些科研项目如果仅限于与本课题组、本单位或本地区研究人员的合作，研究水平肯定会受到限制，因此很多科研项目确实需要跨越国家、地区，甚至跨学科进行研究。学术期刊，尤其是具有高影响力的国际顶级期刊，恰好可以利用自身拥有的业内顶尖学者型主编与编辑、专

---

❶ 丁筠. 新媒体、新技术影响下的科技期刊发展趋势 [J]. 科技与出版，2018（7）：116-120.

业的期刊管理团队、优质的作者群等优势，为科研人员与基金项目搭建桥梁，从科研力量到科研需求等诸多方面积极引导，提升科学交流效率，主动策划研究的选题、参与科研过程、引领相关领域的研究方向。❶

（2）从内容提供者到兼顾知识服务提供者的角色转变

未来，在多元技术背景下，学术期刊将通过市场调研和科学分析，利用知识重组、人脉聚合、社会影响等方式，把学术期刊所承载的知识重新整合包装，达到学术知识的二次、三次整合与挖掘，从而实现知识价值的最大化。❷ 同时，越来越多的科研人员也希望学术期刊利用自身所拥有的知识资源和服务，参与到他们的科研过程中。因此，未来的学术期刊不仅起到科研系统连接中心的作用，而且还将能够在科研立项、文献检索、科研和教学指导、论文撰写与编辑、学术评价、科研成果分享、影响力评估和学术交流等环节进行定制化、个性化服务，利用学术期刊自身拥有的主编、编辑、作者群优势，辅以决策分析工具将学术期刊的内容、数据与其他信息以知识服务的模式提供服务，为科研过程中产生的问题提供最佳解决方案。❸ 此外，学术期刊也可能会与相关学术领域的社交平台紧密合作，从原来作为内容提供者的"我说你听"的单向传播形式，转变为作为知识服务提供者"你问我答"的双向甚至多向互动形式。❹

2.5.2 出版模式的转变

学术期刊出版是典型的技术驱动型产业。在网络化、信息化、大数据、多媒体等多元技术的推动下，学术期刊的出版，无论从刊载论文的形式上，还是从内容生产和用户服务上，均十分迅速地融入了新技术，例如数字出版、多媒体出版、智慧服务等。这些多元化的技术，将进一步地推进学术期

❶ 姚长青，田瑞强. 新科学研究范式下的学术期刊出版趋势研究［J］. 科技与出版，2018（5）：31-36.

❷ 初景利，韩丽. 学术期刊的学术运营［J］. 科技与出版，2018（5）：13-19.

❸ 向飒. 国外学术出版集团数字化和智能化发展现状及我国对策建议［J］. 中国科技期刊研究，2019（7）：740-744.

❹ 沈丹，张福颖. 学术期刊与学术社交平台的融合发展——以学术传播产业链优化整合为视角［J］. 科技与出版，2018（5）：118-123.

刊出版模式的创新与发展。

（1）内容拓维，学术期刊刊载论文形式多样化

目前，学术期刊印刷版的发行量大幅下降，国际上在线期刊论文发布的主流格式也是以 HTML 和 PDF 两种格式为主。然而，无论是印刷版还是 HTML 或 PDF 格式的电子板，学术论文的内容都需要以语言文字的形式进行表述。而多元技术的发展，使学术期刊在内容和形式上拓维，刊载的论文越来越多样化。未来，科研人员会利用各种技术形成更多不同类型的学术论文，例如视频论文、数据论文等。❶ ①所谓视频论文，即利用影像动画、实时图表，以 2D 或 3D 的方式对科研成果进行呈现。随着人们生活节奏的逐步加快，相比阅读大段文字的论文，更直观、简洁的科研成果的呈现方式愈加受到人们的青睐。用户的阅读习惯将使更加直观、便捷的可视化呈现方式成为重要的学术出版方向。目前，国外一些医学类期刊已经将某些具有前沿性、指导性的手术视频进行分享和传播，它们同样拥有数字对象唯一标识符（digital object unique identifier，DOI），可以被其他科研论文引用。②所谓数据论文，即描述关于一个或一组数据的元数据文档，通过描述创建和处理数据方法的细节、数据的结构和格式、数据再利用的潜力等促进数据库开发和利用的文章。❷ 数据论文既可以在传统的学术期刊上发表，也可以在专门数据期刊上发表，其主要目的是对数据的描述。❸ 数据论文同样可以拥有数字对象唯一标识符，可以被其他科研论文引用。

（2）智能驱动，人工智能参与构建学术期刊的智慧出版

回望 21 世纪的第一个 10 年，数字出版方兴未艾，多媒体出版已然兴起，人工智能技术参与出版开始起步。人工智能技术进入出版业，在出版产业链中，无论是从内容角度还是从服务角度，都将会产生颠覆性的影响。

在内容生产上，人工智能技术不仅可以有助于科研人员的速记与文字录

---

❶ 丁筠. 新媒体、新技术影响下的科技期刊发展趋势 [J]. 科技与出版，2018 (7)：116-120.

❷ 屈宝强，王凯. 数据论文的出现与发展 [J]. 图书与情报，2015 (5)：7-14.

❸ CHAVAN V，PENEV L. The data paper：a mechanism to incentivize data publishing in biodiversity science[J/OL]. [2021-01-04]. https：//bmcbioinformatics. biomedcentral. com/articles/10. 1186/1471-2105-12-S15-S2.

入，还能够对于各种专业的写作技巧与方式进行归纳总结，甚至实现内容创新。[1] 例如，施普林格·自然出版集团与德国法兰克福大学（Goethe University Frankfurt）共同开发了"Bata Writer"算法，并用它出版了第一本由机器学习（machine learning）产生的书籍——《锂离子电池：机器生成的目前研究摘要》（Lithium-Ion Batteries：A Machine-Generated Summary of Current Research）。[2] 由此可见，未来，人工智能技术通过有效解构模块化撰稿的各种写作特征和风格，协助作者进行文献资料的整理、分析、研究甚至创作是可期的。

在智能化服务上，一方面，对于科研人员而言，人工智能技术的发展大大提高了文本分析、语义分析、模式识别、智能搜索、数据挖掘、智能算法、机器学习等方面的分析和处理，从而实现学术内容的精准抓取与推送，为科研人员提供细粒度的个性化服务，协助科研人员科研创新与科研成果的撰写。[3] 另一方面，对于阅读用户而言，人工智能技术的发展对于大数据的处理效率和洞察深度均有很大提高，能够实现对用户的阅读记录、阅读时空状况和人机交互数据等进行充分的分析，从而对用户的阅读需求进行深层次的挖掘，进一步为用户提供更加适合且更具前沿性、新颖性的文献素材。

2.5.3　出版理念的转变

互联网、多媒体等技术的迅猛发展、世界各国科研队伍的迅速增长，让传统的学术期刊尤其是科技期刊的出版，越来越无法适应。一方面，科研成果发表速度的需求越来越高、数量需求越来越大，学术期刊的数量随之增长，在海量的文献中既准确又无遗漏地找到科研人员所需要的文献的难度也越来越大。另一方面，学术期刊当前的盈利模式越来越无法适应新时代的发展，不仅缩微、光盘等期刊的载体形式已逐渐淡出学术期刊出版历史的舞

---

[1]　刘平，杨志辉. 人工智能构建科技期刊智慧出版模式［J］. 中国科技期刊研究，2019（5）：24-30.

[2]　BATTERIES L：A Machine-Generated Summary of Current Research［M/OL］.［2020-02-04］. https://www. springer. com/gp/book/9783030167998.

[3]　向飒. 国外学术出版集团数字化和智能化发展现状及我国对策建议［J］. 中国科技期刊研究，2019（7）：740-744.

台，甚至印刷型、在线型期刊也均面临着生产成本逐年上涨而订户越来越少的困境。此外，各国图书馆作为学术期刊最大的用户群体，资源建设经费预算却逆势下降，造成其相对购买力更加大打折扣，从而给学术期刊的运营带来更大的困难。在这种情况下，大多数学术期刊出版机构只有抱着更加开放的出版理念，转换盈利模式，打造适应新时代的、更好地服务于科研人员的学术期刊产品，才能跟上时代的步伐。

（1）要"内容为王"，更要"服务为王"

自学术期刊诞生以来，内容一直都是其赖以生存的硬核。最初，学术期刊要树立成熟、高质量的品牌，归根结底取决于其所提供内容的质量。随着时代的变迁与科技的发展，内容的质量这一要素虽然仍是其赖以生存的硬核，但却不再是唯一的因素。19世纪末，为更好地揭示学术期刊的内容，文摘型期刊应运而生。20世纪60年代，学术期刊出版界利用计算机技术创建了二次文献数据库与联机情报检索系统。20世纪末，随着互联网技术的普及，学术期刊在线全文数据库迅速发展起来。进入21世纪后，在数字技术推动下，大型的学术期刊出版机构更加重视学术内容资源的可发现性，开始利用元数据，通过图书馆系统和各知名搜索引擎的学术平台展示旗下学术期刊的内容，为学术研究者提供精细化检索服务。未来，大数据与人工智能技术将继续在各行各业产生深刻的影响，学术期刊出版机构，尤其是大型出版集团，将会进一步利用大数据和人工智能技术，深度挖掘学术成果内容，辅助科技创新，为用户提供更加快速便捷、专业化、多样化的服务。

（2）转换盈利模式，拥抱开放获取

一般而言，传统商业学术期刊出版机构的收入来源主要依靠用户付费。有的期刊会向作者收取论文发表相关费用，还有部分学术刊物会有广告商投放广告，有一定的广告费收入。对于非营利性学术期刊出版机构而言，他们还有另一种资金来源，即相关基金或社会团体的支持。但目前来看，即使采用商业模式运行的学术期刊出版机构，其论文发表相关费用和广告费收入均无法维持期刊出版的正常运转，用户付费才是其最主要的收入来源。学术期刊的用户主要分为两部分，一是机构订户（主要包括各类型图书馆与科研机构），二是个人订户（主要为相关科研人员）。用户付费的收益，主要来自机构订户，即全球各图书馆与科研机构。然而，缩微型、光盘型期刊逐渐消失，印刷型、在线型期刊生产成本逐年上涨，图书馆资源建设经费预算无法保持稳定增长甚至逐年下降，在这些困境下，如果出版机构不转换盈利模式，即使逐年提高刊物价格，未来只会导致机构订户学术期刊订单的逐年锐减，并不能继续维持其目前的盈利水平，甚至终将无法维持期刊出版的正常运转。

开放获取期刊作为 21 世纪初兴起的期刊出版模式，尽管发展时间很短，但其势头却很迅猛。据开放获取期刊目录（directory of open access journals，DOAJ）统计，2005 年 8 月时开放获取期刊数量仅为 1712 种[1]，2012 年 4 月时已增加至 7600 余种[2]，2020 年 2 月则更是多达 14200 余种[3]。

近年来，商业出版机构已经意识到学术期刊传统盈利模式的问题以及新兴的开放获取期刊的盈利模式的巨大潜力。各大型学术期刊出版机构开始试水开放获取期刊，为自身未来的发展铺路。例如，牛津大学出版社早在 2003 年就宣布启动了期刊出版的 "Oxford Open 计划"，并于 2013 年 4 月宣布旗下所有期刊均可实现开放获取。[4] 施普林格出版集团在 2008 年收购了全球领先的最大的开放获取出版商英国生物医学中心（BioMed Central），至 2020 年 2 月，其开放获取期刊已遍及社会科学、商业、经济、法学、天文、物理、化学、生物、医学、农业等诸多学科，全开放获取期刊达 626 种，混合开放获取期刊 2000 余种。[5] 2008 年，爱思唯尔全文期刊平台 25 个学科的期刊中，可选择开放存取的期刊品种数已达 2116 种。[6] 经过几年的发展，

[1]　李麟，初景利. 开放获取出版模式研究 [J]. 图书馆论坛，2005（6）：88-93.

[2]　齐东峰，宋仁霞. 浅析价格高企下的学术期刊危机 [C] //. 国家图书馆外文采编部，数字时代的文献资源建设——第四届全国文献采访工作研讨会论文集. 北京：国家图书馆出版社，2012：16-21.

[3]　Directory of Open Access Journals [EB/OL]. [2020-02-05]. https://doaj.org/.

[4]　中国新闻出版报. 牛津大学出版社所有期刊实现开放获取 [J]. 青年记者，2013（16）：92.

[5]　Springer Nature. Journal Price List [EB/OL]. [2020-02-05]. https://www.springer-nature.com/gp/librarians/licensing/journals-price-list.

[6]　黄如花，张静. Elsevier 收录期刊可开放存取情况的调查与分析 [J]. 中国图书馆学报，2009（3）：35-42.

该社已经成为开放获取期刊巨头。2019 年 10 月，爱思唯尔微博官方账号宣称，其旗下超过 85% 的期刊都可选择开放获取模式出版。❶ 由此可见，对于学术期刊出版商而言，开放获取与传统学术期刊出版并非是不可调和的一对矛盾。那些具有洞察力的顶级学术期刊出版商为探索未来的盈利模式，反而在主动拥抱并实践这种新兴的、大势所趋的出版方式。

当然，也有学者对于商业出版社拥抱开放获取表示担忧，认为国际期刊产业原本就存在大型商业期刊出版社吞并小型期刊出版社或编辑部的发展趋势，商业出版社拥抱开放获取，将会造成进一步的垄断，自身缺乏开放获取出版条件的学术期刊将失去生存与发展的空间，那些无力缴费的科研人员也会失去出版自由。开放获取如果成为学术期刊出版的普遍商业模式，将会产生一些负面效果，甚至破坏知识生态。❷

---

❶ Elsevier 爱思唯尔［EB/OL］.［2020－02－05］. https://weibo. com/3213294213/IbK7F1f3N？type＝comment#_rnd1580883352369.

❷ 袁阳，肖洪. 学术期刊二次数字化转型出版新模式分析——以"协创场"为例［J］. 科技与出版，2019（7）：31-37.

第3章 外文学术期刊评价的
历史演进与发展趋势

自 17 世纪中叶第一种学术期刊《学者杂志》问世以来，学术期刊作为报道、传播科研成果的重要载体，就成了文献信息资源的重要组成部分。学术期刊诞生初期，期刊的种类少、刊载的文章数量小，它所承载的文献信息很容易获取。然而，随着社会的进步、科学技术的不断发展，学术期刊的种类快速增长，其所刊载的文献信息数量也随之成倍增长。如今，科学技术更是突飞猛进，社会的进步日新月异，全球每年出版的学术论文数以百万篇计。据《乌利希全球连续出版物指南》统计，至 2020 年 12 月，全世界在发行中的学术期刊共 20 余万种。另据国际科学技术和医学出版商协会（International Association of Scientific, Technical and Medical Publishers）统计，全球同行评议的英文学术期刊约 33100 种，每年发表的论文多达 300 万篇以上。❶

学术期刊数量及其刊载文章从无到有、由少至多。对于学术期刊的使用者而言，面对逐渐增加且浩如烟海的学术文献，如何更快速有效地获取自己所需的信息？对于图书馆而言，如何在期刊数量庞大与资源建设经费有限的矛盾下合理配置资源？这逐渐成为一种复杂的、艰深的问题，需要科学地、系统地加以解决。因此，随着图书馆学、情报学、文献计量学等学科的逐步发展，学者们对学术期刊的性质、特点、功能及人们利用文献规律等诸多方面进行研究，逐步发现并建立了适合学术期刊发展的不同历史阶段的方法、体系和工具。

---

❶ JOHNSON R, WATKINSON A, MABE M. The STM Report: An overview of scientific and scholarly publishing[EB/OL]. [2020-03-16]. https://www.stm-assoc.org/2018_10_04_STM_Report_2018.pdf.

3.1 外文学术期刊评价概述

学术期刊评价是学术期刊研究机构、收藏机构、使用机构、出版机构等通过定性和定量的方法对学术期刊在学术界、社会实践、教育界、社会读者等诸多目标范围内形成的影响力、价值和作用的一种评定。学术期刊的评价建立在学术期刊传播与利用的基础之上,因此它属于一种实践性评价。换言之,学术期刊评价通常是一种使用后评价。学术期刊在使用方面的评价因素主要包括学术期刊所刊载文章的被引用情况、被文摘索引类期刊或工具的摘编索引情况、学术电子期刊的下载情况、被新兴媒体提及与评价情况等。全球范围内或地区范围内的学术期刊使用数据,能够反映出学术界、社会实践、教育界、社会读者等对学术期刊及其刊载文章的取舍和价值判断。由此形成的学术期刊评价工具,如学术期刊指南、学术期刊排名、文摘索引期刊与数据库、学术期刊评价指标值等,能够在一定程度上反映出期刊的学术水平与质量,从而对学术界、教育界、社会读者等利用和收藏期刊起到非常重要的参考作用。❶ 此外,机构范围内的部分使用数据,还可以反映本机构相关人员对学术期刊及其刊载文章的取舍和价值判断。由此形成的学术期刊评价方法,可以为本机构的学术期刊收藏、阅读等工作提供更有效的、有针对性的参考依据。

3.1.1 评价的目的和意义

合理的科学评价可以使科研工作者更加客观地了解自身的学术水平,帮助科学管理部门、科学文献收藏机构正确评价科学活动和收藏适宜本机构的文献,是促进科学进步和社会发展的重要保障。对于学术期刊评价的探讨一直是学术界、教育界、文献收藏机构、出版界等诸多领域共同关注的热点和焦点。学术期刊评价的主要目的及意义主要包括以下几个方面:

(1)为优化图书馆馆藏和指导读者重点阅读服务

学术期刊是反映学术成果的重要文献和重要情报参考源,具有无可替代

---

❶ 丁明刚. 学术期刊评价研究 [M]. 济南:黄河出版社,2010:22.

的参考与收藏价值。作为图书馆文献信息资源体系的重要组成部分，它既有相同于图书文献的部分特征，又有知识新颖性、出版连续性、出版周期短、情报价值高、流通范围广等自身特点。随着科学技术的发展，学术论文以及刊载学术论文的期刊也随之增加，学术期刊的质量也存在较大的差异。这不仅给查找文献的用户和机构带来了难度，也给图书馆等文献收藏机构对学术期刊的选择与收藏带来了很大的挑战。图书馆员、学术期刊研究者等文献工作者编制期刊论文摘要、期刊索引、对学术期刊进行评价的目的也正是要解决以上问题。换言之，学术期刊评价的初衷正是通过对在版期刊的梳理、对期刊质量的评价，为图书馆等文献收藏机构选择与收藏学术期刊提供参考，为用户的重点阅读提供更好的服务。实践中，学术期刊评价随着学术期刊的发展而形成的逐步演化，也均在为文献收藏机构选择与收藏学术期刊提供着重要的依据，使其所提供的学术期刊服务更具有针对性和有效性，为相应的科学研究与发现提供了有力的保障。

（2）加快科学发现的进程，帮助科研工作者充分了解与利用学术期刊

学术期刊的评价既可以通过揭示各学科领域文献的数量、质量、学术影响力等方面的分布规律来筛选和确定社会、教育、科学、出版的发展需求，也可以通过客观的数据分析、严格的编辑选刊标准，评选出各学科领域最为重要的学术期刊。一方面，评价指标、引文数据库、期刊排名工具等评价成果，能够向科研工作者提供高质量的学术文献信息，满足全球科学研究共同体的文献需求，帮助科研工作者分析科学发展的规律、科学发展的方向，为科研工作者的研究方向决策提供更多、更全面的信息，让科研工作者在科研道路上做出更加明智的选择；另一方面，科学合理的学术期刊评价，既可以辅助科研工作者熟悉自己研究领域内的学术期刊，优化科研用刊，也能够帮助科研工作者有效地判断自身学术成果的水平，帮助他们了解和选择更加适合自己学术成果发表的刊物。

（3）通过区分学术期刊质量优劣，提高学术期刊编辑出版管理水平

学术期刊评价是通过各种指标体系，对期刊的质量进行分析，将各学科领域的期刊进行分区，形成不同的等级，用以表示期刊的质量优劣，供学术期刊订购、管理、科研成果评价等不同的目标用户参考使用。学术期刊的分

区通常是以一定的频率进行动态调整的，因此它不仅能够在一定程度上反映学术期刊的质量高低，也可以使学术期刊出版机构对照分区结果，认识到自己在同类学术期刊中的层次和地位，找出自身不足，提高学术期刊编辑出版的管理水平，从而更加合理地确定其战略发展目标，以期在后来的评价中更上一层楼，形成良性循环。

（4）改进科学评价，促进科学评价理论与方法的发展与完善

每一种学术期刊的评价方法都是从从无到有、从小到大、从单一到多元逐步发展起来的。学术期刊评价方法在其演化进程中，不断去伪存真、去粗取精，不断充实完善。不同的学术期刊评价工具与体系之间，相互借鉴评价指标和方法，相互促进和发展。随着评价理论的不断创新、评价指标的多元化及评价体系的日趋成熟，学术期刊评价将更加完善。

3.1.2　评价的层次

人们依据文献信息加工次层次的不同，将文献分为一次文献、二次文献、三次文献等，实现了文献从无序到有序、由分散到集中、由博而精的加工过程。同样地，从学术期刊的生命周期来看，学术期刊在其产生、收藏、流通、利用等过程中包含了编辑审阅、二次文献收录、学术期刊评价工具的评价等不同层次的评价方法与过程。这些评价方法与过程可以划分为三个层次。

（1）一次评价

学术期刊的一次评价，是指学术期刊在编辑出版的过程中，编辑、编委、主编、同行专家等与学术期刊出版相关的人员对稿件的把关以及对出版形式的确定。❶ 这是学术期刊在其生命周期的第一个环节中，由出版者对刊载内容的第一次评价。这一过程是出版相关人员评议拟刊载论文的学术、文字质量的过程，是控制期刊出版质量的重要先决条件，也是学术期刊办刊水平的重要保障。

---

❶　丁明刚. 学术期刊评价研究［M］. 济南：黄河出版社，2010：22-23.

（2）二次评价

学术期刊的二次评价，是指文摘索引类期刊、非评价型数据库对学术期刊及其刊载文章的收录与索引等。这种收录与索引，虽然没有形成评价成果，但它是对学术期刊的一种间接性肯定。尤其是在学术期刊的数量有了一定规模后，文摘索引类期刊与数据库的功能不仅仅停留在文献的发现与揭示层面，更具有了一种文献的筛选功能。大型的、权威的、专业的二次文献期刊及数据库都有着严格的学术期刊收录标准。因此，作为学术期刊二次评价的重要主体，文摘索引类期刊、非评价型二次文献数据库成了学术期刊后续评价的重要依据，为学术期刊评价体系的建立提供了重要的数据源。

（3）三次评价

学术期刊的三次评价，是指专业性、权威性的机构（或机构联合）利用定性与定量指标，对学术期刊进行分析，形成的较为科学的综合性评价。通常，三次评价会依据从期刊载文规律、引文规律、生命周期、使用规律等方面发现的期刊评价基础理论，利用文献计量的方法，通过载文、引文、文献传播与流通等不同角度，对学术期刊进行评价，形成学术期刊评价指标或体系。

一方面，不同层次的学术期刊评价分别在学术期刊生命周期的不同阶段起着重要的作用，另一方面，学术期刊文献贡献者、文献收藏机构、学术期刊文献使用者等社会组织和个人也可以对不同层次评价结果的利用形成相应的评价反馈，以满足自身需求为准绳，选择适合自己的学术期刊、文摘索引产品、评价工具等，促使各层次评价的实施者重新审视自身问题，寻求更加合理、科学的评价方式，促进学术期刊自身质量及其评价的发展与进步。

3.1.3　评价的特点

学术期刊评价是一种十分复杂的、系统的科学工作，并随着科学的发展、人们对学术需求的发展以及学术期刊本身的发展而不断发展演化。在其不断发展演化的过程中，它的许多特点也逐渐凸显，主要表现在以下四个方面。

（1）长期性

学术期刊评价的长期性主要表现在两个方面。一方面，从学术期刊的发展历程来看，学术期刊评价在学术期刊产生后不久即出现，并伴随着学术期刊的发展而逐步演化发展。另一方面，从学术期刊所刊载文献的价值来看，很多学术期刊所刊载的学术成果具有"长效"与"保值"的特点，❶ 对未来具有长期的指导作用，这也是学术期刊评价具有长期性特点的重要因素。

（2）滞后性

从评价的层次来看，学术期刊的评价可分为一次评价、二次评价与三次评价。除一次评价几乎是在科研工作者科研成果成稿的同时即被编辑、编委、主编、同行专家等期刊出版相关人员进行评价外，二次评价、三次评价以及不同机构对评价工具的应用均发生在科研成果发表之后，甚至是在其发表之后的相当一段时间后才得以评价。这是因为，学术期刊所刊载的学术成果需要通过用户的阅读、研究和利用之后，才能够充分体现或证明其所具备的价值。同样的，在学术期刊评价中，许多评价指标、引文数据库等所使用的定量评价数据，均是学术期刊前两年或前几年所刊载文献的被引、使用、转载等数据。这个滞后过程，正是学术期刊评价滞后性的重要特征。

（3）导向性

由于不同的学术期刊评价方法通常都有着自己的价值取向，因此其评价结果往往都会对不同的领域产生一定的导向性作用。

对于科学研究而言，学术期刊评价作为分析科学发展的历史和未来发展方向，反映文献之间的相互关系、科学研究之间的内在联系等问题和规律的重要工具，能够向科研工作者提供更多、更全面的用于决策的信息，对科研工作者的立项研究具有引导作用。同时，学术期刊评价的结果对于科研工作者的投稿取向也会产生很大的影响，科研工作者会根据自身科研成果的预期质量选择最适合的学术期刊作为投稿对象，以此获得学术成果的最大传播范围和影响力。对于期刊出版而言，许多学术期刊评价的成果都明确了期刊的评价标准、评价指标、不同指标所占的权重等，期刊出版机构可以根据学术期刊评价成果的相关标准严格出版流程、提高办刊质量，使学术期刊朝着高水平、高质量的办刊方向发展。对于文献收藏机构而言，受经费、机构文献

---

❶ 邱丽．冯春明，陈曦．学术期刊评价的特点［J］．中国科技期刊研究，2004（4）：374-377.

收藏政策等诸多因素的限制，它们不可能将在版的所有学术期刊收全，而是需要制订学术期刊资源建设的计划和详细且严格的学术期刊采购与收藏细则，保证本机构所收藏的学术期刊既是高质量、高水平的刊物，又是本机构用户所需的资源。通常，各种学术期刊评价成果都对期刊的质量作了定量和定性的评价，甚至确定了每种期刊的档次、级别和所在学科领域的地位，以此作为文献收藏机构采选和收藏期刊的重要参考，在一定程度上引导了文献收藏机构的学术期刊建设。

（4）差异性

学术期刊评价的差异性主要表现在两个方面，一是同一学术期刊评价体系对不同区域出版的学术期刊的收录和评价存在区域差异性，二是不同国家和地区建立的学术期刊评价体系存在一定的差异性。

对于某一学术期刊评价体系而言，其所评价的学术期刊对象往往会以某种语言文字或某一地域出版的期刊为主。以国际较为著名的 Web of Science 为例，它是以英文学术期刊为主的引文索引数据库及学术期刊评价工具，虽然该数据库中也有俄文、法文、德文、中文、日文等多种语言出版的期刊，但英文期刊仍占有非常大的入选优势。此外，该数据库所收录期刊的地域分布也存在明显的不平衡，同样以英语出版的学术期刊，它往往更偏重于美国及母语为英语的国家和地区，从而导致它所收录的各地域的期刊数量与各地域的科技发展水平和综合实力并不完全成正比，一些高水平的学术期刊会因为出版语言或出版地域的原因未被收录。

对于不同国家和地区所建立的不同的学术期刊评价体系而言，各国家和地区所建立的学术期刊评价体系因有着各自学术评价的文化土壤，往往会受本国或地区的学术传统特点的影响，具有一定的本土化学术活动取向❶，甚至有的国家和地区的学术期刊评价体系只针对该国和该地区出版的学术期刊进行评价，而未走向国际化。

---

❶　张美红. 中韩学术期刊评价比较研究［M］. 北京：中国人民大学出版社，2019：163-164.

3.2　二次文献期刊的诞生与发展

从 1665 年第一种学术期刊产生后，学术期刊很快在欧美各国成长起来，并表现出了强劲的影响力与生命力，至 19 世纪末，其数量已有 10000 种。虽然这一时期的学术期刊也已经细化到数学、物理、化学、生物、医学、动物学、人类学、工程、地质学、考古学、语言学、经济学、政治学等方面，但由于出版规模尚不算宏大，并且各种期刊分散在不同的国家，在当时能够获取相关的期刊信息已实属不易，更无从谈及对世界上的学术期刊进行系统性的评价。因此，在这 200 多年中，图书馆界与学术界最重要的任务是如何发现存世的学术期刊并让更多的需求者获取相关信息。这一时期，期刊的文摘与索引等二次文献加工工作起到了举足轻重的作用。可以说，二次文献的诞生与发展，为后来出现的各种期刊评价方法提供了非常重要的参考与借鉴。

3.2.1　文摘与索引

3.2.1.1　文摘的历史与发展

"文摘"（abstract）一词，用现代的定义来解释，是"一份未加入解释或评价的对文献内容的缩短的精确描述"❶。然而，这一定义是随着人类文化知识的不断积累与发展而形成的。最初，"文摘"这种文献形式曾经有许多不同的说法，如假说（hypothesis）、概略（abridgement）、摘录（extract）、概要（precis）、梗概（resume）、提要（summary）等。❷ 进入 19 世纪后，随着科技文献的大量增加，使用者需要以最少的时间去了解本专业最多的、最新的研究文献与研究进展，它才逐渐地以"文摘"的形式与名称固定下来，形成一种主要与期刊相关的文献描述与检索形式。

早在公元前 3600 年的苏美尔文明时期，文摘的形式已经萌芽。当时的

---

❶　ISO214: 1976 (en) Documentation—Abstracts for publications and documentation [EB/OL]. [2020-03-16]. https://www.iso.org/obp/ui/#iso:std:iso:214:ed-1:v1:en.

❷　姚志礼. 文摘的历史发展 [J]. 陕西情报工作, 1982 (3): 85-87.

苏美尔人，将简略记事的文字刻写在泥板上，晾干或烧干，长期保存，这便形成文摘的雏形。❶❷ 公元前 3000 年，古埃及人开始采用莎草纸书写，并形成大量的文献。考古人员研究发现，这个跨越数千年的文明古国所遗留下的支离破碎的莎草纸片所记载的内容是相当丰富的。例如，藏有 50 多万卷莎草纸文献的亚历山大图书馆，就有 120 卷用莎草纸书写的、对所藏文献内容的摘录。当时手写文献的复本几乎没有，因此这无形中就成为文摘产生的一个客观条件，文摘的编写工作自此开始发展起来。❸

公元 2 世纪，罗马帝国盛极一时。随着罗马帝国的扩张，拉丁语逐渐在并存的诸多方言中取得了优势，并扩展为欧洲的通用语言。从 7 世纪至 15 世纪，拉丁语曾作为宗教仪式和官方文件的书写语言，在今意大利、西班牙、德国、法国、英国以及北欧诸国等地区使用。当时的僧侣们在抄写经文时，习惯在每页纸的空白处概述该页的内容，并用 "abstractus"（"抽取"之意）一词泛指所书写的概括性内容。"文摘"作为专有名词正式诞生。❹

14—16 世纪，在欧洲商业繁荣与发展的推动下，资本主义开始萌芽，资本主义生产关系和新的生活方式逐渐形成，社会经济与政治发生巨大变化。欧洲新兴的资产阶级开始发掘和整理古希腊和古罗马的文献，研究古典文化，这被称作"文艺复兴"运动。文艺复兴从意大利起源，随后扩大到西欧诸国，并在英国、法国、德国、西班牙等国家兴盛起来。这场运动促进了新科学思想的形成，使西方文明进入一个新的时期。其间，哲学、历史、语言、文学、医学、物理、天文、地理等人文与自然科学取得了突飞猛进的发展。这一时期，德国发明家约翰内斯·古登堡发明了金属活字印刷技术与印刷机。这些均为学术期刊的产生与大量印刷创造了条件。

1665 年，第一种学术期刊《学者杂志》中就包含有向读者介绍论文重要内容的文摘。同年，英国皇家学会创办了《哲学汇刊》，其中除刊载英国皇家学会会员论文外，还摘录了其他出版物的论文摘要。自此，文摘作为介

---

❶ 姚志礼. 文摘的历史发展 [J]. 陕西情报工作，1982 (3)：85-87.

❷ 曹秀英，焦芝兰. 文摘杂志的类别与功能 [J]. 图书情报知识，1994 (1)：25-26.

❸ 喻跃良. 文摘的编写及其质量评价——兼论 Mathis 评价法的缺陷 [J]. 图书馆，1987 (4)：13-17.

❹ 徐荣生. 文摘新议 [J]. 江苏图书馆学报，2000 (5)：35-36.

绍学术论文内容的一种文献形式，登上了学术期刊历史的舞台。

3.2.1.2 索引的历史与发展

索引（index）意为指点、指向、标志，是一种指引读者在文献中顺利查找某一特定内容的检索工具。国内的研究者们大多数认为"索引"一词是林语堂由日文引进而来的❶❷❸，但也有学者认为"索引"一词是王国维从英文译出❹。"索引"一词由谁最早译出，是引自日文，还是译自英文，抑或是王国维也同样参考了日文汉字"索引"，这里并不做考究。重要的是，学者们对于索引作为检索工具的作用是有共识的。

索引的历史与文摘的历史一样，是早于学术期刊诞生的。在我国，索引工作的历史可以追溯到先秦两汉时期，那时已有了萌芽。❺ 但对于真正具有现代功能意义的索引，有人认为是《汉书·古今人表》，有人认为是曹魏建安年间刘劭等编纂的《皇览》，有人认为是南朝梁元帝的《古今同姓名录》，还有人认为是 1575 年明代司礼监刊行的洪武《正韵玉键》和 1642 年傅山编撰的《西汉书姓名韵》等。❻❼❽ 关于现代索引技术，学者们则普遍认为它是随着西方文化学术思潮的传入而传入。

在欧洲，人们认为索引最早是为《圣经》编制的，即中世纪的《圣经语词索引》（*Bible Concordances*）。❾ 15 世纪 60 年代，由德国圣·奥古斯丁（St. Augustine）撰写的含有主题索引的《布道的艺术》（*The Art Of Preaching*）

---

❶ 徐瑞洁. 林语堂索引思想述评 [J]. 江苏图书馆学报，1997（2）：15-17.

❷ 王余光. 索引运动的发生 [J]. 出版发行研究，2003（6）：74-76.

❸ 王彦祥. 索引概说——术语、特性、功能 [J]. 上海高校图书情报工作研究，2018（3）：49-50.

❹ 平保兴. 最先将"索引"一词从英文引入中国的人——论王国维先生在二十世纪中国索引发展中的历史. 地位 [J]. 中国索引，2010（1）：58-60.

❺ 潘树广. 古籍索引概论 [M]. 北京：书目文献出版社，1985：14.

❻ 侯汉清. 我国古代索引探源 [J]. 图书馆理论与实践，1986（2）：7-14.

❼ 戴维民. 索引的历史发展与未来趋向 [J]. 图书馆理论与实践，1993（3）：38-43.

❽ 张翠霞. 谈索引的产生、发展及社会功能 [J]. 昭乌达蒙族师专学报（汉文哲学社会科学版），2001（3）：95-96.

❾ 贾玉文. 《圣经》语词索引及其编制 [A]. 中国索引学会秘书处. 2004 年度中国索引学会年会暨学术讨论会论文集 [C]. 厦门，2004：48-52.

一书印刷出版，自此索引的编制逐渐普及，书后带有索引也逐渐成为出版惯例。❶ 1830 年，德国出版了化学摘要类期刊《药学要览》，其目录分正文和索引两大部分。自此，索引首次与学术期刊结合，并成为期刊内容揭示的重要组成部分。1848 年，图书馆学家威廉·弗雷德里克·普尔（William Frederick Poole）发明了现代期刊论文索引，并编制了世界上第一部期刊论文索引《普尔期刊文献索引》（*Pooles' Index to Periodical Literature*）。威廉·弗雷德里克·普尔给索引开辟了一个新领域，从此索引由附录的形式发展成为一种独立的检索工具。❷

3.2.2　检索类期刊的出现与发展

3.2.2.1　文摘类期刊的萌芽与发展

自第一种学术期刊诞生至 18 世纪初，西欧各国出版的学术期刊达 300 余种，其中《哲学汇刊》出版发行的时间最长，经历短暂的休刊后，迄今仍在出版，已有 365 年的历史。在这些期刊中，大多数都包含有文摘，因此，有研究者认为，这些出现在学术期刊产生初期的文摘内容，对真正检索类期刊的产生起到了极为重要的启发作用。❸

1747 年，《知识与娱乐环球杂志》（*The Universal Magazine of Knowledge and Pleasure*）创刊。1749 年，《每月评论》（*Monthly Review*）创刊。这些刊物的重要特征就是已经开始大量收录各国出版论著的摘要，只是它们所形成的文摘形式尚没有用于检索的排序、分类等特征，没有形成体系，但可以被视为文摘类期刊的雏形。

进入 19 世纪后，学术期刊文献快速发展，并广泛地涉猎人类社会各个领域，如政治、经济、文化、科技等。学术期刊单种期刊所刊载的内容，也从期刊最初产生之时几乎包含所有自然哲学等学科领域，逐渐地越分越细，

---

❶　董乃强. 对索引的哲学思考 [J]. 中国索引, 2005（3）: 49-52.

❷　江文玉. 谈谈索引的产生与发展 [J]. 赣南医学院学报, 1990（3）: 68.

❸　任毅军. 国外检索期刊出版的历史演进与发展趋势 [J]. 国家图书馆学刊, 2001（1）: 31-37.

越来越专。从数量上看，19 世纪中叶欧美各国的科技期刊已经有 1000 余种，19 世纪末时更是多达上万种。学术期刊的一个重要属性就是它的世界通用性，这是因为，科学是不受国界限制的，所有的科研成果都不会因地域、人种、政治、文化和语言的不同而不同。❶ 因此，科研成果一旦在某种学术期刊上发表出来，它就成了全人类共享的资源。人们要想了解和应用这些科研成果，就必须阅读大量学术期刊中的文章。然而，学术期刊的数量越来越多，读者想要找到自己所需的文章已经变得越来越困难，需要耗费大量的时间和精力。在这种情况下，文摘类期刊开始出现。

真正以揭示、报道、检索文献为目的，且单独成册出版的文摘类期刊是从 19 世纪初开始出现的。19 世纪的文摘类期刊的发展有几个较为明显的特征。第一，真正以检索为目的的文摘期刊起源于德国，如《地质和古生物学文摘》《矿物学文摘》《药学概览》等。第二，此时不仅有专人从事文摘刊物的编辑出版工作，而且也有专门的出版机构正式发行文摘类刊物。第三，专业性文摘期刊的数量增长较快，据统计，截至 1900 年时已达到平均每 46 种学术期刊中就有一种文摘类刊物。❷

进入 20 世纪后，随着科学技术的发展，文摘类期刊的出版进入了一个新的发展时期。自然科学领域，尤其是数学、物理、化学、冶金、机械、交通运输、采矿和电子电器等学科领域的兴起，促使发达国家出版的期刊品种以几何倍数增长，一大批文摘刊物也因此问世。截至 20 世纪 60 年代，全球的文摘类刊物已到达了 1500 多种。❸ 由美国化学学会化学文摘社编辑出版的《化学文摘》（1907 年创刊）、美国生物科学信息服务社创办的《生物学文摘》（*Biological Abstracts*，1926 年创刊）、国际农业与生物科学研究中心出版的《卫生学与传染病文摘》（*Abstracts on Hygiene and Communicable Diseases*，1926 年创刊）、美国心理学会编辑出版的《心理学文摘》（*Psychological Abstracts*，1927 年创刊）、荷兰医学文摘服务社编辑出版的《医学文摘》

---

❶ 周汝忠. 科技期刊发展的四个历史时期 [J]. 编辑学报，1992（2）：17-23.
❷ 王先林. 文摘索引服务的历史发展与展望 [J]. 图书情报工作，1983（5）：42-44.
❸ 任毅军. 国外检索期刊出版的历史演进与发展趋势 [J]. 国家图书馆学刊，2001（1）：31-37.

（*Excerpta Medica*，1947 年创刊）等著名的文摘类刊物均始于这一时期。

此外，20 世纪上半叶的文摘类期刊开始出现一个重要的特征，即许多期刊开始分辑出版，从每种出版一辑增至多辑，有的文摘期刊甚至出版几十至上百辑。例如 1939 年创刊于法国的《文摘通报》（*Bulletin Signaletique*）自 1942 年始分两辑出版，到 1970 年则分为 36 辑出版。再如由苏联全苏科技情报研究所创办的《文摘杂志》（*Реферативный Журнал/Abstract Journal*，1953 年创刊），创刊时就已经有 4 个大类 18 个分册，后来逐渐增加到了 60 多个大类，近 250 个分册。❶

3.2.2.2　索引在期刊中的应用与发展

1823 年，德国的《技术期刊报道》（*Repertorium der Technischen Literatur*）创刊并开了建立索引的先河，同时单独出版期刊的简单索引❷。这标志着索引作为文献检索的重要工具，开始走上学术期刊检索的舞台。1848 年，世界上最早的期刊论文索引《普尔期刊文献索引》出版。该索引深受读者青睐，并且渐成为各大型图书馆必备的期刊检索工具。在其诞生后的一百多年中，《普尔期刊文献索引》共出版了 12000 多卷，收录欧美学术期刊共计450 种，文献数量多达 59 万篇。❸ 它不仅开启了期刊索引工具单独印制发行的先河，并且助推了各种类型的学术期刊文献检索工具的不断诞生。甚至，它被学者们称为世界上最早的具有期刊评估性质的活动，开辟了人类用文献计量学评价学术期刊的先河。❹ 1853 年，《普尔期刊文献索引》第二版面世。1876 年，威廉·弗雷德里克·普尔在美国费城馆员大会上提出了英美两国合作编制期刊索引的提议，得到了与会英美馆长的响应。❺ 1882 年，长达 1469 页的《普尔期刊文献索引》第三版出版。此外，1862 年，美国出版

---

❶ 陈蕊. 俄罗斯《文摘杂志》浅析 [J]. 国家图书馆学刊，2002（3）：90-92.

❷ 刘晓玲. 论二次文献的历史与未来 [J]. 晋图学刊，1990（1）：50-53.

❸ 尹玉吉. 西方学术期刊出版机制启示录 [J]. 编辑之友，2016（10）：30-37.

❹ 李玉军，王春，尹玉吉. 中西学刊评价体系比较研究论纲 [J]. 编辑之友，2019（6）：37-41.

❺ 郑永田，莫振轩. 美国图书馆学家普尔思想探析 [J]. 图书馆建设，2010（3）：116-119.

了第一部日报索引《纽约时报索引》（*New York Times Index*）。1884年，美国工程师学会联合会创办了工程技术领域文献的综合性情报检索刊物《工程索引》。

随着科技文摘杂志的产生和发展，索引作为学术期刊检索的辅助工具开始充分地发挥作用。文摘类期刊在每一期或每一卷的末尾附有索引逐渐成为常态。有些期刊还编写了多年多卷的累积索引，甚至按不同的索引方法建立了不同的索引形式。例如，美国化学学会化学文摘社编辑出版的《化学文摘》不仅在每期的末尾附有著者索引（author index）、专利索引（patent index）与关键词索引（keywords index），还在每年卷出版完成时单独出版该年卷索引，多年卷后（约每10年卷）出版累积索引。

进入20世纪后，文献学家们在《普尔期刊文献索引》的基础上，开始对文献引用规律与引文索引进行研究。1955年，美国情报学家尤金·加菲尔德（Eugene Garfield）在《科学》杂志上发表了《引文索引应用于科学：文献学中贯穿观念联系的一个新维度》（*Citation indexes for science：a new dimension in documentation through association of ideas*）一文，提出用论文之间引用文献所构成的关联来检索文献的方案。1964年，尤金·加菲尔德创立的美国科学信息研究所（Institute for Scientific Information，ISI）正式推出《科学引文索引》。1973年与1978年，他们又分别推出了《社会科学引文索引》和《艺术与人文引文索引》。尤金·加菲尔德发明引文索引的初衷是让文献检索更加高效与准确，后来逐渐挖掘了其深层揭示科学活动本身的功能，如文献作者之间的联系、科学的结构及其随时间的变迁、学术期刊的评价等。●

3.2.2.3 二次文献数据库的诞生与发展

（1）机读数据库的诞生

1946年，世界上第一台大型电子计算机问世。20世纪50年代早期，利用计算机进行信息检索开始进入试验阶段。这不仅成为实现文献信息数字化

● GARFIELD E. Is Citation analysis a legitimate evaluation tool？［J］. Scientometrics，1979，1（4）：359-375.

的开端，也为文摘索引类期刊实现机读与数据库化奠定了基础。1961 年，美国化学文摘服务社率先利用计算机来编制《化学题录》（*Chemical Titles*），从世界各国的期刊、杂志和会议论文中收集题名信息，并以关键词与作者索引作为检索的辅助，使文献的报道速度大为提高。❶ 1964 年，美国科学信息研究所的《科学引文索引》也开始使用计算机编制各种印证索引。1966 年由洛克希德公司（Lockheed）罗杰·萨米特（Roger Summit）博士领导并研制的世界上第一个二次文献机读数据库 Diaglog 数据库诞生。❷ 从此，二次文献为业界所提供的服务进入了新的历史阶段。随后，著名的教育类书目数据库"教育资源信息中心"（Education Resources Information Center，ERIC）与生物医学领域的"国际性综合生物医学信息书目数据库"（MEDLINE）分别在 1968 年和 1969 年获得资助，并付诸实践。❸ 截至 20 世纪 70 年代末，全世界书目数据库的数量已经多达 360 个，而包含有文摘和索引的数据库也已经有 40 个之多。❹

如果说促成二次文献数据库产生的第一要素是计算技术，那么促进它进一步向前迈进的原因则是"价格因素"。20 世纪 70 年代文摘索引类数据库虽已初具规模，但其检索成本却居高不下。以洛克希德信息系统（LIS）和美国系统开发公司（SDC）两家的检索系统为例，各图书馆每次在线检索的平均成本约为 50 美元。到 20 世纪 70 年代末，虽然有多家书目检索服务系统出现，参与了市场的竞争，但 LIS 和 SDC 的单次检索成本仍然维持在 25 美元。正是由于这种高昂的检索成本以及数据库之间检索协议的不同，检索行为要利用布尔逻辑经过严格周密的设计，而这在当时却不是任何人都能做到的，只有图书馆参考馆员经过培训后才能够胜任此项工作，同时还需要对用户收取一定的数据库服务费用。这种检索的不便利和不菲的费用使得数据库的使用仅限制在很小的范围之内，并且很多图书馆也因为经费原因无法采

---

❶ 梁延光. 浅谈美国《化学题录》[J]. 图书与情报工作，1994（2）：23-24.

❷ About Dialog Solutions[EB/OL].[2020-3-21]. https://dialog. com/about-us/.

❸ BJORNER S，ARDITO S C. Online before the Internet：early pioneers tell their stories [J]. Searcher. 2003,11(6):36-46.

❹ CHRISTIAN R W. The Electronic Library：Bibliographic Data Bases, 1978-79[M]. White Plains,N. Y. ：Knowledge Industry Publications,1978.

购这些数据库。"价格因素"成了二次文献数据库进一步发展的契机。20世纪80年代，互联网技术有了新的进展，用户可以在网上自行查找自己需要的信息，联机检索进入衰退时代，基于互联网的许可授权方式成为主流。

（2）光盘数据库的过渡阶段

光盘数据库（CD-ROM database）是伴随着联机检索的衰退而走上图书馆二次文献资源历史舞台的。它成为联机数据库和在线数据库之间重要的过渡产品。第一种专门为图书馆定制的光盘数据库是 BiblioFile，它的内容以美国国会图书馆的 MARC 书目数据为主，并于1985年在美国图书馆协会（American Library Association，ALA）的仲冬会议上发布。此时的光盘数据库与联机检索系统相比，已经具有相对友好的用户界面，读者不需要在专业参考馆员的帮助下进行文献检索。最重要的是，数据库检索是否收费完全由图书馆决定，因为图书馆不用再支付昂贵的在线检索费用。另外，光盘数据库还具有轻便灵活、体积小的特点，这些都是它在图书馆界流行的重要因素。光盘数据库的产生使得数据库的类型也发生很大的变化，除以往的数据、文摘索引类数据库以外，全文数据库开始迅速增加，而数值数据库、指南类数据库也崭露头角。20世纪90年代初期产生了许多著名的光盘检索系统和新兴的全文数据库，如《科学引文索引》的光盘版、《化学文摘》的光盘版 CA on CD、《工程索引》的光盘版等。

光盘数据库从20世纪80年代开始，经历了大约10年的兴盛期。自20世纪90年代后期开始，随着互联网的发展，特别是一次文献数据库产业（电子期刊、电子图书、数值/事实类数据库等）的壮大，光盘数据库逐步暴露了其局限性，它无法提供大量的数据存储，不能处理大用户量的同时访问。因此，随着网络技术的发展，它逐步被在线数据库所取代。

（3）在线数据库的兴起

国际互联网的出现与流行是二次文献数据库发展的另一个转折点。它改变了联机数据库的用户界面，用户通过互联网和浏览器界面对二次文献数据库进行检索，使数据库的检索变得容易起来。基于互联网的数据库具有分布式的特点，这表现在数据库的分布式存储、用户的分布式检索和数据的分布式处理。这一特点具有联机数据库和光盘数据库所缺失的优势：①数据库的存储量迅速增长，②数据内容的形式多样化，包括文本、图像、音频、视频等，③数据更新方便迅速，④检索响应速度快。因此，自 20 世纪 90 年代以来，基于互联网的二次文献数据库有了突飞猛进的增长。截至 2020 年 12 月，被《乌利希全球连续出版物指南》收录的在发行中的文摘索引型期刊为 587 种，仅提供纸本形式的期刊只有 26 种，而仅提供在线形式的期刊/数据库则多达 371 种。❶ 曾经拥有悠久纸本出版历史的著名二次文献期刊，例如《化学文摘》《工程索引》《生物学文摘》《科学引文索引》《社会科学引文索引》等，目前均只提供在线服务。

进入 21 世纪以来，随着计算机与互联网技术的快速发展，二次文献数据库的发展也受到了一定的冲击，面临着许多困境。

首先，计算机与互联网技术的发展使数字化全文数据库的开发与应用越来越广泛，从而使海量的文献资源实现了全文性的集中。在线全文数据库同样具备了强大的检索功能，用户只需要输入关键词即可以最快的速度获取全文文献，文献获取由过去的全文与检索分离走向一体化。二次文献数据库的检索功能、快速提供业内最新信息的优势因此而被弱化。

其次，免费搜索引擎谷歌（Google）、微软必应（Bing）、百度（Baidu）等纷纷建立学术搜索模块，即谷歌学术（scholar. google. com）、必应学术（bing. com/academic）与百度学术（xueshu. baidu. com）。它们通过爬虫工具或直接与各国际出版社合作，获取各种学术文献信息，包括期刊论文、会议论文、学位论文、图书、专利、技术报告等，并对相关元数据进行整合索引，实现学术资源的一站式检索。相比专业的二次文献数据库，这些学术搜索引擎也具有自己的优势。一方面，这些学术搜索引擎的元数据来自整个互联网网络，其所收录的资源不仅涵盖了自然科学、社会科学、人文艺术等所有学科的资源，且元数据量远超任何一个二次文献数据库。另一方面，这些学术搜索引擎都是面向网络用户免费开放的，对使用者没有任何限制。而专业的二次文献数据库却大多需要机构（图书馆、科研机构、企业等）或个人购买服务权限后才能使用。因此，免费学术搜索引擎的出现对于专业的二

---

❶　Ulrichsweb Global Serials Directory［EB/OL］.［2020-12-14］. http://ulrichsweb. serialssolutions. com/.

次文献数据库也造成了一定的冲击。

面对一次文献资源数字化、互联网在线化带来的冲击与挑战，进入 21 世纪后，二次文献数据库也发生了许多变化，开始面向知识服务进行开拓与创新。从国外的几个重要二次文献数库来看，它们均在朝着内容全面化、系统智能化、功能完备化、服务个性化等方向发展。

在内容全面化上，很多二次文献数据库不仅有效地整合了期刊论文、会议论文、学位论文、图书、专利、技术报告等传统类型的文献信息资源，还利用互联网搜索引擎从网络上获取高质量的科技信息资源。这些网络信息资源主要包括研究人员的个人主页、高等学校网站、世界知识产权组织以及欧美、日本等国的专利信息等。从学科领域与收录文献地理区域看，大型的二次文献库不仅更加趋向于全面覆盖自然科学、社会科学、人文艺术等更加广泛的主题类别，并且趋向于收录世界不同国家和地区的文献资源，各地区文献覆盖率逐渐呈均衡化趋势发展。❶

在系统智能化上，一方面，许多二次文献数据库充分利用数据挖掘技术，对所收录的文献数据及引文数据进行更深层次的分析，从数据与数据的关系中发现学科发展规律、找出各学科的研究热点甚至相应的核心作者等，并通过分析各种学术成果与学术活动来预测学科的发展趋势。❷ 另一方面，在可视化技术的辅助下，许多数据库将研究前沿与趋势、热点分析、学术研究进展与脉络、文献计量等内容以图谱的形式清晰、易懂、易识别地展现出来。

在功能完备化上，许多二次文献数据库除具有完备的链接功能，如实现数据库与馆藏文献的链接、与电子全文库的链接、与检索功能之外的相关内容的链接等，还增加或延伸了自身的评价功能，如期刊评价、机构评价、学者评价等功能。

在个性化服务方面，二次文献数据库不仅允许用户对个人信息、检索结果等随时按需要进行个性化定制、保存和修改，而且大多数系统均已经具备

❶ 邱均平，叶晓峰，熊尊妍. 国外索引工具发展趋势研究——以 Scopus 为例 [J]. 情报科学，2009（6）：801-807.
❷ 王国庆. 走向整合，实现互联，面向知识服务的二次文献数据库 [J]. 现代情报，2008（4）：159-162.

个性化推送功能，可以基于用户的服务内容、服务种类、服务频率、服务时间等设定，定期将用户定制的相关信息及最新资料发送给用户。

3.2.3 常用的二次文献检索工具

早期的二次文献期刊或数据库主要发挥着文献检索的作用，以帮助用户快速地找到所需文献的线索，是迅速、全面、系统地获取一次文献的主要渠道。随着网络技术与计算机技术的快速发展，二次文献数据库的检索功能逐渐开始被淡化，转而开始以自身元数据量大、积累性强、知识框架与文献关系清晰的优势，发挥着更多的服务功能，为科研机构、图书馆的科研工作者、图书馆员等提供信息指引、获取信息、判断信息、统计分析等服务。国际性大型、权威的二次文献期刊或数据库所收录的文献均选自各学科领域最核心的期刊、会议论文等，除具有文献检索功能之外，同时也具有一定的文献评价的作用，是科研工作者、图书馆参考咨询馆员不可或缺的工具。下面介绍几种常用的具有国际权威性的大型二次文献检索工具。

3.2.3.1 综合类二次文献库

（1）Web of Science

Web of Science 是科睿唯安（Clarivate Analytics，原汤森路透知识产权与科技事业部）科研信息检索平台，是全球科研人员获取学术信息的最权威、最重要的综合性学术信息研究平台之一。该平台收录了自然科学、工程技术、生物医学、社会科学、艺术、人文等各个研究领域最具影响力的期刊。其核心期刊集包括 3 个子库，即《科学引文索引》《社会科学引文索引》与《艺术与人文引文索引》。

《科学引文索引》于 1957 年由美国科学信息研究所在美国费城创办，1961 年正式出版同名引文索引期刊。《科学引文索引》以塞缪尔·克莱门特·布拉德福（Samuel Clement Bradford）文献离散律理论、加菲尔德引文分析理论为主要基础，通过论文的被引用频次等数据的统计，对学术期刊和科研成果进行多方位的评价研究。《科学引文索引扩展版》（*Science Citation Index Expanded*，SCIE）针对科学期刊文献为 150 个自然科学学科的 9200 多种主要期刊编制了全面索引，并包括所有收录论文的参考文献。《科学引文索引扩展版》收录文章的时间跨度为 1899 年至今，涵盖学科主要包括农业、药理学、生物化学、生物工艺学、物理、材料科学、医学、兽医学、计算机科学、化学、数学等。它是自然科学领域的综合性检索工具，是了解全世界科技期刊出版信息的最重要的窗口之一。

《社会科学引文索引》创建于 1973 年，由美国科学信息研究所出版，是对不同国家和地区的社会科学论文的数量和相互引用关系进行统计分析的大型检索工具。《社会科学引文索引》针对社会科学期刊文献为 50 个社会科学学科的 3400 多种期刊编制了全面索引，还收录了从 3700 多种世界一流科技期刊中挑选出的社会科学研究的相关论文。《社会科学引文索引》收录文章的时间范围从 1898 年至今，涵盖学科包括人类学、历史、行业关系、信息科学和图书馆科学、法律、心理学、精神病学、哲学、社会学、政治学、语言学、公共卫生学、药物滥用、城市研究、女性研究等。它除提供检索文章及其引用情况外，还具有揭示期刊原文章参考文献、文章相关文献的功能，是社会科学各领域研究人员获取参考文献、评价学科发展最有效、最权威的参考工具之一。

《艺术与人文引文索引》创建于 1978 年，由美国科学信息研究所出版，是针对艺术和人文科学期刊文献的多学科索引工具。《艺术与人文引文索引》覆盖了超过 1800 种世界领先的艺术和人文期刊，同时还从 6000 多种自然科学和社会科学期刊中挑选出涉及艺术和人文科学的相关文章并编制了索引。《艺术与人文引文索引》收录文章的时间范围自 1975 年至今，涵盖学科包括考古学、语言学、建筑学、文学、艺术、音乐学、亚洲研究、音乐、古典学、哲学、诗歌、广播、电视、电影、舞蹈、戏剧、宗教等。

（2）Scopus

Scopus 是爱思唯尔公司于 2004 年推出的同行评议文献摘要和引文数据库。它收录了来自全球 5000 余家出版社的 23400 多种同行评审期刊文献、21 万余种学术图书、980 万篇会议论文以及五大专利机构的 2400 万条专利文献信息，1969 年至今的文献约占 92%，1969 年之前的文献约占 8%，其收录最早的文献出版于 1788 年。数据库所收录文献内容涵盖数学、物理、化学、工程学、生物学、生命科学及医学、农业及环境科学、社会科学、心理学、经济学等 27 个学科领域。● 在文摘方面，为了能够向用户提供尽可能多的文献信息，Scopus 已经为平台所收录的 5600 万条文献增加了文摘信息。根据出版社提供信息的不断变化，这一数字仍在不断地增加，从而确保用户可以通过文献题名、摘要、关键词等信息检索到所有相关结果。在索引方面，Scopus 不仅拥有专业的索引团队，同时参考 EI 索引词库、Emtree 医学主题词表、MeSH 叙词表、GEOBASE 主题词库等专业索引词库，目前已经为所收录文献的 80% 做了索引。2014 年 3 月，Scopus 开启施引文献扩展计划，收录文献的引文回溯到 1970 年，更加丰富了引文数据。

3.2.3.2 社科类二次文献库

（1）"教育资源信息中心"数据库

"教育资源信息中心"数据库始于 1966 年，是美国教育部教育资源信息中心创办的美国教育文献文摘数据库。该数据库的文献信息主要来自《教育资源》（*Resources in Education*）与《教育期刊现刊索引》（*Current Index to Journals in Education*）两种纸本期刊，内容涉及期刊论文、政府文件、视听资料、研究报告、课程与教学指南、学位论文、会议论文、图书及地址名录等，涵盖成人教育、职业教育、个人咨询服务、小学与幼儿教育、教育管理、特殊教育、高等教育、信息资源教育、专科教育、文学语言教育、阅读与交流技能、农村与小型学校教育、数学教育、科学教言、环境教育、师范教育、社会研究与社会科学教育、教育实验、教育测试与评估、城市教育等专业，文献记录超过 130 万条。

（2）心理学文摘索引数据库

心理学文摘索引数据库（PsycINFO, PI）是心理学学科的国际性权威二次文献数据库，由美国心理学学会（American Psychological Association, APA）出版，从深度和广度全面覆盖行为科学与心理健康领域，是收录完整且回溯久远（最早可回溯至 17 世纪）的行为科学及心理健康文摘索引库，

● Scopus 内容涵盖范围指南［EB/OL］.［2020-3-25］. https：//www. elsevier. com/？a=69451.

目前已有 400 万条文献记录。该数据库收录的信息主要来自 50 多个国家 2500 余种国际期刊以及大量的图书、论文等文献，文献信息源 99% 经过同行评审。数据库涵盖的学科领域主要包括应用心理学、交流系统、发展心理学、教育心理学、人类和动物实验心理学、人格、心理和生理失调、生理心理学和神经科学、社会心理学、运动心理学、治疗和预防等，以及医药、神经病学、教育、法律、犯罪学、社会科学、商业、组织行为、语言学等心理学相关学科。

（3）图书馆和信息科学文摘数据库

图书馆和信息科技文摘数据库（Library, Information Science & Technology Abstracts，LISTA）始于 1969 年，是图书馆及信息科学领域的国际性文摘和索引工具，源于纸本期刊《图书馆与信息科学文摘》（*Library and Information Science Abstracts*）与《图书馆与信息科学研究动态》（*Current Research in Library and Information Science*）。其文摘来自近 70 个国家的 600 余种图书馆与信息科学的期刊，文献原文涵盖 20 多种语言。该数据库主题领域包括人工智能、计算机科学与应用、信息科学、信息技术、网络技术、信息管理、信息存储、知识管理、图书馆职业教育、图书馆管理、图书馆技术、档案管理、信息素养、出版与图书销售、医学信息、电信及其技术服务等。

3.2.3.3 科技类二次文献库

（1）《工程索引》网络版

《工程索引》网络版（EI *Compendex*）是爱思唯尔公司出版的工程领域文摘索引数据库，涵盖工程、应用科学领域高品质的文献资源，涉及机械工程、土木工程、环境工程、电气工程、结构工程、材料科学、固体物理、超导体、生物工程、能源、化学和工艺工程、照明和光学技术、空气和水污染、固体废弃物的处理、道路交通、运输安全、控制工程、工程管理、农业工程和食品技术、计算机和数据处理、电子和通信、石油、宇航、汽车工程等主题。

《工程索引》纸本刊物创刊于 1884 年，由美国工程信息公司（Engineering information Inc.）编辑出版，曾是查阅工程技术领域文献的综合性情报检索刊物，也是历史上最悠久的一部大型综合性检索工具。20 世纪 70 年代，第一代机读版 EI *Compendex* 产生，80 年代后期开始发行光盘版。1995 年，EngineeringVillage.com 上线，"Engineering Village" 系列产品随之诞生。2007 年，美国石油协会文献文摘数据库（Encompass LIT&PAT）、化学商情新闻数据库（Chemical Business NewsBase，CBNB）和《造纸化学文摘》（*Paper Chem*）等数据库移至 Engineering Village 平台。《工程索引》网络版收录了 5000 多种工程期刊、3 万余种会议文集和技术报告，记录数据超过 1130 万条，涵盖 190 余个工程和应用科学学科，是当今世界上最大的综合性工程类二次文献数据库。

（2）《科学文摘》电子版

《科学文摘》（*Science Abstracts*，SA），电子版名称为 information service in physics，electro-technology，computer and control（INSPEC），是物理学、电子工程、电子学、计算机科学及信息技术领域的权威性文摘索引数据库。它由英国电气工程师协会提供综合文献索引，收录的文献来自全球 5000 多种期刊、2500 多种会议记录以及大量图书、报告等，涵盖了物理、电气工程、电子、通信、控制工程、计算机科学和技术、信息技术、运筹学、材料科学、海洋学、工程数学、核工程、环境科学、地球物理、纳米技术、生物医学工程、生物物理等领域的内容。

《科学文摘》印刷版创刊于 1898 年。1903 年的《科学文摘》分为 A 辑《物理学文摘》（*Physics Abstracts*）、B 辑《电工文摘》（*Electrical Engineering Abstracts*）两辑，1966 年 B 辑更名为《电气与电子学文摘》（*Electrical and Electronic Abstracts*）并增加了 C 辑《控制文摘》（*Control Abstracts*），1969 年 C 辑更名为《计算机与控制文摘》（*Computer and Control Abstracts*），1983 年增加 D 辑《信息技术文摘》（*Information Technology Abstracts*），后又增加 E 辑《生产与制造工程》（*Production & Manufacturing Engineering*）。

1969 年，英国电气工程师协会下设的物理、电子电气、计算机与控制及信息服务部（international information services in physics，electro-technology，computer and control）开始负责编辑出版《科学文摘》并建立数据库，数据库取其电子版名称首字母缩写，即 INSPEC。1973 年，INSPEC 进入 Dialog 检索系统，实现了国际联机检索。1991 年，UMI 数据库公司将 INSPEC 数据库制作成光盘，定名为 INSPEC On Disc，对外销售。目前 INSPEC 在线数据库主要借助 Web of Science 平台向用户提供服务。

（3）SciFinder

SciFinder 是由美国化学文摘社出品的一个研发应用平台，提供全球最大、最权威的化学及相关学科文献、物质和反应信息，是《化学文摘》的在线专业版。SciFinder 检索平台包括化学文摘数据库、化学物质数据库和化学反应数据库，包含了全世界最大、最全面的化学和科学信息，收录了全球180 多个国家和地区近 5 万种化学化工及相关领域学术期刊与会议中的文献，收录内容几乎涉及了化学家感兴趣的所有领域，除包括无机化学、有机化学、分析化学、物理化学、高分子化学外，还包括冶金学、地球化学、药物学、毒物学、环境化学、生物学、物理学、医学、地质学、食品科学、农学等诸多学科领域。

随着信息存储技术的发展，《化学文摘》不断增加新的出版形式与载体类型。继 1907 年出版印刷版后，《化学文摘》于 1967 年开始发行计算机可读的磁带型版本。1980 年，《化学文摘》发布了在线产品 CAS REGISTRY 数据库。1983 年，美国化学学会与德国莱布尼茨学会卡尔斯鲁厄专利信息中心（FIZ Karlsruhe）合作构建国际在线网络，发布了国际联机检索系统 STN。1995 年，SciFinder 上线。1996 年，美国化学文摘社推出了光盘版 CA on CD。2008 年，美国化学文摘发布了 SciFinder 网页版，开始为用户提供更强大的检索功能，满足了用户实现随时随地的访问化学文摘数据库的需求。2010 年 1 月 1 日，历经百年历程的《化学文摘》印刷版正式停刊，退出了历史的舞台。

（4）生物学信息数据库

生物学信息数据库（BIOSIS Preview，BP）是世界上容量最大、最全面的生命科学研究二次文献数据库。该数据库涵盖了《生物学文摘》（1926 年创刊）《生物学文摘——综述、报告、会议》（*Biological Abstracts/RRM*，1989 年创刊）和《生物研究索引》（*Bio Research Index*，1969—1979 年）的内容，广泛收集了与生命科学、生物医学有关的资料，涉及生命科学的各研究主题，如生物学、生物化学、生物技术、医学、药学、动物学、农业等，收录世界上 100 多个国家和地区的 5500 种生命科学期刊和 1500 种非期刊文献（如学术会议、研讨会、评论文章、美国专利、书籍、软件评论等），每年大约增加 28 万条记录。目前，BP 数据库主要通过 Web of Science 平台和 OVID 公司的检索系统向用户提供在线服务。

（5）国际性综合生物医学信息书目数据库

国际性综合生物医学信息书目数据库（MEDLINE）是美国国家医学图书馆（The United States National Library of Medicine，NLM）制作的综合性生物医学信息书目数据库，内容涵盖临床医学、医学教育、医学工程、实验医学、牙医、护理学、健康服务管理、精神病学、病理学、毒理学、药学、营养学、兽医学、生命科学等各个领域，收录文献时间范围为 1950 年至今。MEDLINE 数据库的数据主要来源于三种纸本期刊，即《医学索引》（*Index Medicus*）、《牙科文献索引》（*Index to Dental Literature*）与《国际护理索引》（*International Nursing Index*），涉及 70 多个国家和地区出版的 5600 多种期刊，2000 多万条记录，其中 75% 是英文文献。1983 年，MEDLINE 推出电子版，网上数据每日更新，光盘版每月更新。MEDLINE 由严格的文献选择委员会（the Literature Selection Technical Review Committee，LSTRC）进行选刊，选刊标准基于 MEDLINE 选刊指南，包括原创性、科学性及全球读者重要性等原则。目前 MEDLINE 的文献都收录在 PubMed 中。

（6）Embase

Embase 数据库的前身是著名的荷兰《医学文摘》，是隶属于爱思唯尔出版公司的世界上最全面、最权威的生物医学和药理学数据库。它收录了从 1947 年至今最重要的国际生物医学文献，涉及的学科领域包括药理学、毒理学、临床医学、遗传学、生化与分子生物学、神经学与行为医学、微生物与传染病学、心脏病学、血液学、精神病与精神卫生、肿瘤学、公共卫生等，共包括超过 8300 种期刊，3440 万条生物医学记录，该数据库所收录的期刊约有 3000 种未被收录在国际性综合生物医学信息书目数据库中。每年有来自 7000 个会议的 295 万余条会议摘要被收录。Embase 覆盖各种疾病、药物和医疗器械信息，尤其涵盖了大量北美洲以外的（欧洲和亚洲）医学刊物，特别是药学文献的收录是其他同类型数据库无法匹敌的，从而能够真正满足生物医学领域的用户对信息全面性的需求。Embase 数据库每天增加超过 6000 条记录，内容的年增长率超过 6%。

(7)《数学评论》网络版

《数学评论》（*Mathematical Reviews*）网络版（MathSciNet）是美国数学学会（American Mathematical Society）出版的《数学评论》的在线数据库，文献资源涉及期刊论文、专著、会议论文等，并针对收录文献提供评论、文摘、目录信息资料，收录了《数学评论》自 1940 年出版以来的所有评论内容，书目参考文献回溯至 19 世纪初。该数据库涉及期刊 1900 多种，其中做出全评的数学核心期刊 400 余种。目前，中国约有 150 种期刊被该数据库选评。《数学评论》网络版数据库包含数学文献的 200 多万项相关信息以及 71 万个链接。其原始文献涉及 220 多个出版社，830 多种期刊。该数据库每年以 10 万条新记录的速度增长，同时每年还增加约 6 万篇专家评论文章。该数据库所包含的主要专题是数学及数学在下述领域的应用：天文学、物理学、生物学、行为科学、计算机科学、经济学、信息和传播学、运筹学、统计学、系统论及控制论等。

(8)《食品科技文摘》数据库

《食品科学技术文摘》（*Food Science and Technology Abstracts*，FSTA）数据库是国际公认的食品科学和技术文献的重要数据库，由国际食品情报服务社（International Food Information Service，IFIS）编辑出版。国际食品情报服务社是英国、美国、德国、荷兰四国的联合性组织，总部设在英国。《食品科学技术文摘》印刷型期刊于 1969 年创刊，月刊，每年出版一卷，另外每年还单独出版年度累积索引。《食品科技文摘》数据库所收录的文献来自 60 多个国家的 5500 余种期刊以及大量技术标准、科技报告、图书等，有以超过 37 种语言发表的原始文献，其中以英文、德文、法文、日文为主。食品科技文摘数据库年报道文献量为 8 万余条，内容广泛，涉及食品科学、食品技术和所有与人类营养相关食品专题，主要报道食品工业应用和基础研究方面的文献，内容涵盖基础食品科学、食品化学、生物化学、食品微生物学、食品卫生和毒物学、食品工程、食品成分和营养、食品感观分析、食品经济和统计、各种食品加工、食品包装及食品标准和法规等主题。该数据库目前主要通过 Web of Science、Ovid 及 EBSCOHost 平台向用户提供在线服务。

3.3　外文学术期刊评价的萌芽

最初，文摘或索引等二次文献期刊的产生，主要目的在于如何发现存世的学术期刊并让更多的需求者获取相关信息，并没有特意针对哪些期刊更加重要、更具价值等方面的问题去收录或编制文摘或索引。然而，一种文摘或索引期刊所收录的文献量毕竟是有限的。随着世界上学术期刊数量的不断增多，它们逐渐无法全面地收录本学科领域出现的所有期刊文献，只能有选择性地进行收录。于是，二次文献期刊以及后来的二次文献数据库只能根据学术期刊的定性与定量评价对其所收录学科领域的期刊进行遴选，从而确定收录刊源。正是基于全球学术期刊数量的急剧增长给文献管理与利用带来越来越多的困难这样一个前提，学者们才开始注重期刊文献数量与质量的规律以及文献科学管理的研究。学术期刊评价就是在这样的社会背景下开始萌芽的。

3.3.1　《谢泼德引文》的启示作用

谈期刊文献数量与质量规律的发现，必须从"引文"谈起，因为后来的文献计量相关发现与发明，均始自人们对引文的重视。所谓"引文"，即指引用文献（citation）或参考文献（cited reperenct），是专业的研究人员在形成自己的研究成果时引用或参考其他相关人员所撰写的文献资料。❶ 19 世纪下半叶，美国一位叫作弗兰克·谢泼德（Frank Shepard）的法律出版商注意到了美国联邦法院和州法院及美国其他联邦机构各种判例之间的关系，于是在判例和援引案例之间建立索引，使之形成援引和被援引的关系，并统一编制成一览表，甚至标出判例是否已被修改、撤销、推翻或加入新的限制条件。律师们将该一览表粘贴在自己的卷宗上，可以快速了解某一判例是否仍然适合援引，非常方便。以致后来，律师们几乎人人都有一本。1873 年，弗兰克·谢泼德成立了谢泼德引文公司（Shepard's Citations Inc.），将该一览表编制成法律判例的检索工具，并印刷出版。这就是著名的《谢泼德引文》（*Shepard's Citations*）。利用《谢泼德引文》对判例、法规或其他法律资

---

❶ 叶继元. 引文法既是定量又是定性的评价法 [J]. 图书馆，2005 (1)：46-48.

料进行检查、评价的过程，人们称为"谢泼德法"（Shepardizing）。《科学引文索引》的创始人尤金·加菲尔德曾这样评价《谢泼德引文》："它用施引与被引的关系将判例和法律条文形成了一个关系网，很多法律诉讼因为在该引文中查到了相关判例而诉讼成功，这是其他检索工具无法做到的。"❶ 尤金·加菲尔德在回忆创建《科学引文索引》的历史时也亲口承认《谢泼德引文》是他创造《科学引文索引》灵感的来源和原始模型。❷

3.3.2　文献统计与引文分析的尝试

19 世纪末至 20 世纪初，文献与情报研究人员在《普尔期刊文献索引》与《谢泼德引文》的基础上对文献计量分析开始了尝试性的工作。

1917 年，英国动物教授、文献学家弗朗西斯·科尔（Francis Cole）与动物学家内莉·伊尔斯（Nellie Eales）在《科学进展》（*Science Progress*）杂志上发表了题为《比较解剖学的历史，第一部分——文献的统计分析》（*The history of comparative anatomy：part I—a statistical analysis of the literature*）的文章，首次利用文献统计的方法对 1543 年至 1860 年间欧洲各国学术期刊上发表的比较解剖学文献进行了分析，既展示了不同时间段内比较解剖学的发展情况，又揭示了他们所统计的论文在不同国家的分布情况，并在文章中论述了对文献进行统计分析的功能与作用。❸

1922 年，英国专利局图书馆学家爱德华·温德姆·休姆（Edward Wyndham Hulme）以《有关现代文明发展的统计书目》（*Statistical Bibliography in Relation to the Growth of Modern Civilization*）为题在剑桥大学进行了两次演讲，提出了"统计书目"（statistical bibliography）的说法。❹ 爱德华·温德

---

❶ GARFIELD E. Science citation index：a new dimension in indexing[J]. Science,1964, 144(3619)：649-654.

❷ 尤金·加菲尔德. 引文索引法的理论及应用 [M]. 侯汉青，译. 北京：北京图书馆出版社，2004：240.

❸ COLE F J,EALES N B. The history of comparative anatomy：part I—a statistical analysis of the literature[J]. Science Progress,1917,11(44)：578-596.

❹ JOVANOVIĆM. A short history of early bibliometrics[J]. Information‑Wissenschaft und Praxis,2012,63(2)：71-80.

姆·休姆对丛书《国际科技文献目录》（*International Catalogue of Scientific Literature*）中收录的期刊部分进行了统计分析，并根据分析结果列出了生理学、细菌学、血清学与生物学等四个学科领域的学术期刊排序表。❶ 爱德华·温德姆·休姆这一研究既是用文献计量的方式阐明现代文明发展的新方法，也是初步利用文献统计的方式进行期刊评价的一次尝试。

1927 年，P. L. K. 格罗斯（P. L. K. Gross）与 E. M. 格罗斯（E. M. Gross）在《科学》杂志上发表了一篇题为《大学图书馆与化学教育》（*College Libraries and Chemical Education*）的文章，通过对化学教育学术期刊的引文进行统计分析，将被引期刊按被引次数的多寡从高到低排序，列出了核心期刊表，从而为订购化学教育领域的学术期刊提供了定量的决策依据。❷ 该文章第一次提出了"引文分析"（citation analysis）这一概念，认为文献的被引频次在一定程度上能够反映文献自身的价值，可称得上是学术期刊评价与文献计量学方面具有开创性意义的研究成果。❸

3.4　外文学术期刊评价基础理论的诞生

20 世纪 30 年代至 60 年代，研究者们在期刊文献研究方面的一个显著特点是开始注重理论研究。一些研究者在文献统计与分析的基础上，开始从典型到一般进行归纳，从局部到整体进行发掘，寻找文献的规律，以期建立具有普遍指导意义的理论性结论❹。一些从载文、引文与使用等角度对学术期刊进行评价的相关理论与定律因此而相继出现。

3.4.1　布拉德福定律

布拉德福定律（Bradford's law），又称"文献分散定律"，是英国著名图

❶ 邱均平，王宏鑫. 20 世纪文献计量学发展的层次分析 [J]. 高校图书馆工作，2000（4）：4-11，33.

❷ GROSS P L K，GROSS E M. Statistical bibliography in relation to the growth of modern civilization[J]. Science，1927，66(1713)：385-389.

❸ 马凤，武夷山. 关于论文引用动机的问卷调查研究——以中国期刊研究界和情报学界为例 [J]. 情报杂志，2009（6）：9-14，8.

❹ 邱均平. 试论文献计量学的产生和发展 [J]. 情报学刊，1985（4）：24-27.

书馆学家塞缪尔·克莱门特·布拉德福提出的。它揭示了学术论文在期刊中集中与离散的分布规律，是文献信息计量与学术期刊评价最基本的定律之一和最重要的组成部分，迄今在文献计量、科学计量、期刊评价等方面仍具有不可替代的理论与实践意义。❶

20 世纪 30 年代，由于学术期刊及其刊载文献数量的激增，那些具有存储、报道、检索文献功能的文摘索引类期刊增长速度很快。然而，这些文摘索引类期刊普遍存在相同的问题，即存在遗漏文献或重复收录的情况。基于此，塞缪尔·克莱门特·布拉德福通过深刻的思考，进一步探寻文摘索引类期刊收录文献的不完整性是否与文献的分散现象存在某种联系。为了找出规律，塞缪尔·克莱门特·布拉德福开始对学术期刊刊载的文献进行了全面的探索。在 19 世纪末至 20 世纪初文献与情报研究人员的文献统计经验的影响下，塞缪尔·克莱门特·布拉德福从文献统计入手，以"应用地球物理学"和"润滑"专业的学术期刊为样本，组织英国科学博物馆图书馆的同事收集期刊上的论文信息，汇总了 490 种期刊中的 1727 篇论文。塞缪尔·克莱门特·布拉德福将这些期刊按相关专业论文载文量的多寡降序排列，并采用图像观察、区域分析以及数学推导三种方法对统计数据加以分析。最终他发现，同一学科的论文在相应学科的期刊中有着相同的分布规律。这就是著名的布拉德福文献分散规律，即"如果将学术期刊按其刊载某一学科论文数量的多寡降序排列，同时把期刊分为核心区、相关区和非相关区三个区域且各区的论文数量相同，则核心区、相关区与非相关区期刊的品种数将形成'$1:n:n^2$'的关系"❷。1934 年，塞缪尔·克莱门特·布拉德福以《专门学科的情报源》（ *Sources of Information on Specific Subject* ）为题将这一发现公开发表在了《工程》（ *Engineering* ）周刊上。

塞缪尔·克莱门特·布拉德福从学术期刊载文的角度入手，在前人文献统计尝试的影响下，通过研究期刊载文的数据，发现了文献分散规律。布拉

---

❶ 邱均平. 信息计量学（四）：第四讲文献信息离散分布规律——布拉德福定律 [J]. 情报理论与实践，2000 (4)：315-320.

❷ BRADFORD S C. Sources of information on specific subjects [J]. Engineering, 1934, 137 (4) :173-180.

德福文献分散规律自提出以来，图书馆界、文献界、情报学界的许多研究人员从各种角度对它进行了广泛而深入的研究和验证。在图书馆的工作中，学者们主要侧重于研究该定律在图书馆学术期刊订购、利用和优化配置等方面中的应用问题，分析如何使其辅助馆员更好、更科学地对学术期刊进行评价，如何有效地利用有限的资源建设经费；研究如何使其更好地指导图书馆的文献信息服务、节省馆员与用户的时间，提高文献信息服务的效率等。

从 20 世纪后半叶起，业界学者通过对布拉德福定律的研究与验证，取得了许多新的进展，并将该定律的适用范围拓展到了更加广阔的学科领域。研究表明，布拉德福定律不仅与人类社会科学文献信息系统的整体发展及演变规律相适应，同时与自然界的许多事物及人类社会的许多现象也是相符合的。可以说，布拉德福定律及其理论的发展，不仅在图书馆学、文献学与情报学界占有重要地位，在其他相关领域也有举足轻重的影响。

3.4.2　加菲尔德定律

加菲尔德定律（Garfield's law），又称"引文集中定律"，是美国著名的情报学家和科学计量学家尤金·加菲尔德提出的。尤金·加菲尔德通过对学术期刊引文的分析与研究发现，科学论文大量的引文都相对集中地源自本学科的一小部分核心期刊，而某一学科的非核心期刊则更多地是由其他学科的核心期刊构成的。[1] 这一定律揭示了学术期刊所刊载论文之间的联系及内容上的交叉，从引文的角度揭示了文献集中与分散的规律。

与布拉德福定律的发现一样，加菲尔德定律的发现同样是建立在社会发展的需求和前人的研究探索之上的。

第二次世界大战结束后，美国政府在科研方面投入的经费呈急剧上升趋势，该趋势持续时间较长，达 20 年之久。政府大量的经费投入，一方面加快了科学研究的进程，另一方面促使科研成果报道的载体——学术期刊数量的迅速增长。科研工作者对于文献信息检索的有效性、文献评价方式准确性的要求也因此水涨船高，且需求非常迫切。在这样的背景之下，美国政府资助

---

[1]　邱均平. 信息计量学（九）：第九讲文献信息引证规律和引文分析法 [J]. 情报理论与实践，2001（3）：236-240.

了大量的提高科学文献传播与管理的项目。约翰·霍普金斯大学韦尔奇医学图书馆（Welch Medical Library）的韦尔奇医学索引项目（Welch Medical Indexing Project）就是其中之一。1951 年，尤金·加菲尔德偶遇韦尔奇医学索引项目的负责人，并加入该项目，参与医学主题词表的修订。❶ 在参与韦尔奇医学索引项目的过程中，尤金·加菲尔德对自动生成索引词描述文献内容产生了极大兴趣。这促使他对引文索引进行了深入的思考与研究。1955 年，尤金·加菲尔德在《科学》杂志上发表了具有划时代意义的论文《引文索引应用于科学：文献学中贯穿观念联系的一个新维度》，阐明了文献引文的关系实际上就是科学观点之间的联系，是科学知识传播与流动的过程，从而提出用论文之间引用文献所构成的观念联系来检索文献的方案。同时这也成为他创建科学引文索引的理论基础。1958 年，尤金·加菲尔德与美国国立卫生研究院（U. S. A. National Institutes of Health，NIH）的遗传研究小组合作，研发了《遗传学引文索引》（Genetics Citation Index）。1960 年，尤金·加菲尔德的尤金·加菲尔德联合公司（Eugene Garfield Associates）更名为美国科学信息研究所。1963 年，《科学引文索引》创刊。然而，原本资助该项目的美国国立卫生研究所和美国国家科学基金会（U. S. A. National Science Foundation，NSF）却拒绝为涵盖多学科的《科学引文索引》的出版买单。1964 年，尤金·加菲尔德开始完全通过自己的公司出版《科学引文索引》。此时的印刷版《科学引文索引》共五卷，包含 613 种学术期刊 140 万条引文索引记录。❷

正是基于尤金·加菲尔德多年来在《科学引文索引》上的深入研究，他最终提出了"引文集中定律"。1971 年，尤金·加菲尔德的科学信息研究所对《科学引文索引》1969 年第四季度的 2200 种学术期刊中近 100 万篇引文文献记录进行了分析，同时又将这三个月的分析数据与另一个样本数据（从 1969 年全年收录的 385 万条参考文献中随机抽取）进行了比较。最终的分析结果显示，在被引用最多的前 25 种期刊中，其刊载文章被引数量占样本数据中所有参考文献记录的 24%，前 152 种期刊占 50%，前 767 种占

❶ 史继红，李志平. 尤金·加菲尔德与 SCI 述论 [J]. 医学与哲学，2014（6A）：6-10.

❷ 吴家桂. SCI 功能评析 [D]. 合肥：合肥工业大学，2007：5.

75%。此外，该分析数据还显示，全年被引用频次超过 1000 次的期刊仅有 540 种，超过 400 次的仅有 968 种。通过这项调查分析，尤金·加菲尔德于 1972 年提出了他的著名论断"所有学科的核心期刊加在一起不会超过 1000 种，实际上，各学科最重要的核心期刊总和甚至少于 500 种"❶。

尤金·加菲尔德的"引文集中定律"创造性地采用统计学的方法以引文为依据来评价文献和期刊质量。它打破了此前仅以论文发表数量评价学术期刊的原始状态，引入了质量评价的新维度，创造了一个全新的评价体系。

3.4.3　文献增长与老化规律及普赖斯指数

"文献增长"（literature growth）是随着人类文化、教育、科学技术的发展，科学文献数量随之增加的宏观社会现象。"文献老化"（obsolescence）是指随着发表年限的增长，科学文献内容日益失去了作为科学情报源的价值，越来越少地被科研工作者利用的过程。文献增长与老化既是一种客观的社会现象，同时也是一个复杂的动态过程。对于某一个学科领域而言，由于学科发展阶段的差异，文献增长与老化的规律也不尽相同。在每一门学科的诞生、发展和相对成熟等不同阶段，其文献的活跃期也各不相同。❷

1944 年，美国维思大学（Wesleyan University）图书馆馆员福瑞蒙特·莱德（Fremont Ryder）曾在《学者与研究型图书馆的未来：问题及其解决方案》（*The Scholar and the Future of the Research Library：A Problem and Its Solution*）一书中提到文献增长量的问题。他通过大量的统计与研究发现，美国主要的研究型图书馆的馆藏量平均每 16 年翻一倍。1949 年，美国情报学家、物理学博士德里克·普赖斯（Derek Price）将这一发现推广到科学知识的所有领域。德里克·普赖斯以年作为横坐标，以期刊文献量作为纵坐标，绘制出增长曲线后，发现各学科领域的期刊文献是按指数增长的。这就是"指数增长定律"（Exponential Growth），德里克·普赖斯绘制的增长曲

---

❶　GARFIELD E. Citation analysis as a tool in journal evaluation[J]. Science, 1972, 178 (4060)：471-479.

❷　李爱群. 中、美学术期刊评价比较研究 [D]. 武汉：武汉大学，2009：20.

线也称"普赖斯曲线"（Price's Curve）。❶ 随着研究的深入，德里克·普赖斯进一步认识到，科学文献的增长并非没有限制地按"指数增长定律"增长，而是在长到一定程度之后会形成一种饱和状态，此时的文献增长将由指数增长变更为线性增长。20 世纪 60 年代，苏联计量学家费·纳里莫夫（B. Налимов）与格·弗莱村茨（Г. Влиэдуц）提出了"逻辑斯蒂曲线"（Logistic Curve）对"普赖斯曲线"进行修正。❷ 1943 年，纽约市立大学皇后学院（Queens College）图书馆馆员查尔斯·戈斯内尔（Charles Gosnell）在博士论文中率先提出了"文献老化"的概念。❸ 1958 年，英国著名学者约翰·德斯蒙德·贝尔纳（John Desmond Bernal）借用化学物质的放射性率先提出了文献的"半衰期"（half-life）与"引文中值年龄"（median citation age）两个概念，用以描述文献的老化过程与速度。❹ 1971 年，德里克·普赖斯提出了侧重从历史与社会学观点研究科学文献的"普赖斯指数"，以此来衡量与量化科学文献指数增长与文献老化规律。德里克·普赖斯发现，一般的科学文献，在其发表后第二年，被引用的频次达到峰值。文献计量学中研究峰值的思想不仅从此得到了较为广泛的应用，在后来核心期刊遴选中的引用数据采集方面更是起到了重要的指导作用。

3.4.4 特鲁斯威尔定律

特鲁斯威尔定律（Trueswell's Law），又称"文献利用的二八定律"，是美国工程学教授理查德·特鲁斯威尔（Richard Trueswell）对公共系统、专业图书馆文献流通的数据进行分析后得出的论断，即 20% 的馆藏就可以满

---

❶ 邱均平. 信息计量学（二）：第二讲文献信息增长规律与应用［J］. 情报理论与实践，2000（2）：153-157.

❷ 杨良选. 技术成熟度多维评估模型研究［J］. 国防科技，2017（3）：26-33.

❸ CHARLES F. Gosnell obsolescence of books in college libraries［J］. College and Research Libraries, 1944（Mar.）:115-125.

❹ 邱均平. 信息计量学（三）：第三讲文献信息老化规律与应用［J］. 情报理论与实践，2000（3）：78-81，33

足 80% 的流通需求。❶

1897 年，意大利的著名社会学家、经济学家维尔弗雷多·帕累托 (Vilfredo Pareto) 在经济学研究过程中发现了一个非常有意思的现象，即社会某一群体占总人口的百分比与该群体所拥有的总收入或财富之间存在一种不平衡关系，而这种不平衡的资源分配关系不仅会重复出现，并且会处于一种稳定的状态。随着研究的深入，帕累托从大量的具体事实中发现，社会上20% 的人占有 80% 的社会财富，这就是著名的 "帕累托法则" (Pareto's Principle)，也称 "二八定律" "80/20 定律"。❷ 1946 年，波彻 (Postell) 针对路易斯安那州立大学医学图书馆的期刊借阅和使用情况进行了调研分析，认为用图书馆文献使用数据评价期刊比 1927 年 P. L. K. 格罗斯和 E. M. 格罗斯提出的引文分析的方法更准确。❸ 1964 年，托马斯·弗莱明 (Thomas Fleming) 与弗雷德里克·克尔格 (Frederick Kilgour) 针对哥伦比亚大学医学图书馆近 2000 种期刊和耶鲁大学医学图书馆的 1500 多种期刊的流通情况进行分析，形成一个生物医学期刊核心集，认为这些期刊足以满足哥伦比亚大学和耶鲁大学医学图书馆的大多数使用需求。❹ 托马斯·弗莱明与弗雷德里克·克尔格还指出，他们的研究成果可能也适用于其他学科的图书馆。可惜的是，他们并没有认为自己的发现构成一种规则或自然法则。

1968 年，理查德·特鲁斯威尔在一篇题为《研究型图书馆的流通数据》(*Some Circulation Data from a Research Library*) 的文章中指出，他经过对流通数据的研究与分析，发现了一个重要现象，即大量的文献流通量集中在了很少的一部分读者身上。❺ 随后，理查德·特鲁斯威尔在这一发现的基础

❶ TRUESWELL R. Some behavioral patterns of library users:the80/20rule [J]. Wilson Library Bulletin,1969,43(5):458-461.

❷ 庄云强, 曾庆霞, 鲍健梅. 帕累托法则与图书馆管理 [J]. 情报探索, 2011 (6): 126-128.

❸ POSTELL W D. Further comments on the mathematical analysis of evaluating scientific journals[J]. Bulletin of the Medical Library Association,1946,34(2):107-109.

❹ FLEMING T P,KILGOUR F G. Moderately and heavily used biomedical journals[J]. Bulletin of the Medical Library Association,1964,52(1):234-241.

❺ TRUESWELL R W. Some circulation data from a research library [J]. College & Research Libraries,1968,29(6):493-495.

上，对托马斯·弗莱明与弗雷德里克·克尔格的部分数据重新发掘与分析，得出了另一个新的重要发现，即这两个图书馆的馆藏中约 20% 的期刊满足了 80% 的用户使用。1969 年，他将这一新的重要发现以题为《图书馆用户的一些行为模式：80/20 定律》（Some Behavioral Patterns of Library Users：The 80/20Rule）的文章公开发表。为了使这一发现更具有适用性，他在文章中还指出，文献利用的 80/20 定律可能会受到不同程度的偏见的影响，75/25 有时可能更合理。❶ 这就是著名的"特鲁斯威尔定律"的由来。

特鲁斯威尔定律的提出拉开了图书馆对馆藏文献使用数据深入研究、评价馆藏文献的序幕。1979 年，肯特（Kent）利用该定律对匹兹堡大学图书馆 1969—1975 年的流通数据进行了分析，发现该图书馆 40% 的文献在这六年中没有被借阅。❷ 1981 年，赖瑞·哈德斯提（Larry Hardesty）对特鲁斯威尔定律以及肯特的研究进行了验证，结果相似。❸ 后续其他一些类似的调研分析也得出了近似的结果。

特鲁斯威尔定律的提出不仅从文献利用的角度为图书馆的文献资源建设提供了理论依据，更重要的是，它给图书馆评价馆藏学术期刊提供了新的思路，从最初着眼于期刊的专业性、刊载文献的数量、被引频次等与期刊自身更加相关的数据研究转向了从用户的角度、以用户对馆藏期刊的实际需求为出发点进行研究。后来的数据库 COUNTER 统计标准、文献的用户驱动采购（patron-driven acquisition）、需求驱动采购（demand driven acquisition）、循证采购（evidence-based acquisition）等，均是在这一理论基础上发展而来的。

布拉德福定律、加菲尔德定律、普赖斯指数和特鲁斯威尔定律分别从期刊的载文规律、引文规律、生命周期、使用规律四个方面构成了期刊评价的理论基础。布拉德福定律从期刊载文量的角度揭示了科学文献的分散与集中，为图书馆核心期刊遴选提供了最基本的理论支持。加菲尔德定律从期刊

---

❶ TRUESWELL R W. Some behavioral patterns of library users：the80/20rule[J]. Wilson Library Bulletin,1969,43(5)：458-461.

❷ RICHARD N. Trueswell's contribution to collection evaluation and management：a review[J]. Evidence Based Library and Information Practice,2016,11(3)：118-124.

❸ HARDESTY L. Use of library materials at a small liberal arts college[J]. Library Research,1981,3(3)：261-282.

论文与参考文献之间引证关系的角度，为核心期刊遴选提供了重要的量化测度指标。普赖斯指数从期刊论文的科学价值生命周期的角度对引文数据的量化提供了时效性的参考。特鲁斯威尔定律则从用户的角度出发，以文献传播与流通的数据作为量化准则，为学术期刊评价及图书馆学术期刊的续订与撤订提供了理论依据。

3.5　外文学术期刊评价的深化发展

20 世纪 30 年代，塞缪尔·克莱门特·布拉德福在提出文献分散与集中定律的同时，第一次提出学术期刊"核心区"（nucleus）的概念。最初的"核心区"主要反映特定学科领域相关论文分布的情况。20 世纪 60 年代，尤金·加菲尔德通过对期刊参考文献的大量统计与分析，既证明了布拉德福定律的正确性，又从引文的角度发现了期刊文献集中与分散的规律，在学术期刊"核心区"的基础上提出了"所有学科的核心期刊加在一起不会超过1000 种，实际上，各学科最重要的核心期刊总和甚至少于 500 种"的论断，并相继推出了《科学引文索引》《社会科学引文索引》《艺术与人文引文索引》。引文分析法的出现和引文工具的使用，使图书情报领域对期刊评价的理解发生了根本性的变化，它不仅反映了特定学科领域相关论文分布的规律，同时也反映了学术论文的学术价值以及相应期刊的质量。此时，期刊评价由对期刊论文数量统计的评价转变为对期刊文献质量和学术价值的评价。1969年，理查德·特鲁斯威尔又从文献利用的角度验证了 80/20 法则在文献领域的适用性，也从文献利用的角度为期刊的评价及核心期刊的遴选实践提供了重要理论支撑。从此，学术期刊的评价开始向指标化、体系化的方向深入发展。

3.5.1　评价的相关指标

期刊评价的相关指标是学者们在提出或研究期刊文献规律的过程中，基于学术期刊评价基础理论创造的，目的是对期刊的质量及其影响力进行科学的评判。一般而言，不同的评价指标会从不同的角度反映期刊的质量与影响力。纵观现有的关于期刊评价的文献可以发现，期刊评价模型绝大部分都是通过采用一个或几个期刊评价指标进行分析研究而建成的。下面对一些目前常用的反映期刊学术质量水平的期刊评价指标及其意义进行简要介绍。

3.5.1.1 客观数据指标

（1）载文量

载文量（number of articles published）是指某学术期刊在一定时期内所刊载论文的数量，是反映学术期刊信息含量的指标，主要衡量期刊在刊载论文数量方面的贡献，与期刊学术质量没有必然的联系。虽然如此，由于它能够反映学术期刊对外部文献资源的吸附能力，因此是衡量期刊吸收和传递信息能力的重要指标。作为计算其他相对定量指标的基本数据，载文量也是各种学术期刊评价体系所采用的基本指标之一。最初，塞缪尔·克莱门特·布拉德福提出分散与集中定律时，载文量只是用来计算期刊文献分散规律的基础数据。后来，随着学术文献价值与期刊质量评价的发展，它逐渐成为一个期刊最基本的计量学指标，几乎与其他所有的评价指标都存在或多或少且不可分割的联系。

（2）参考文献量

参考文献量（number of references）指学术期刊论文所引用的参考文献数量，是衡量期刊科学交流程度和吸收外部信息能力的一项指标。由于科学研究具有社会协同性和继承性的特点，因此科研工作者在进行科学研究时必然借鉴甚至依赖他人的研究成果、研究方法或实验手段。科研工作者首先需要进行详细的、充分的调研，了解自己拟进行研究的问题的现状与当前的进展。这是进行任何科学研究的首要步骤，反映在科研成果中就是文后的参考文献。在科研人员恰当著录所引用文献的情况下，参考文献数量能够真正反映本科研成果的研究起点与深度。参考文献的恰当引用既丰富了科研人员自身学术成果的内容，又是科研人员严谨的学术精神的体现。❶ 因此，参考文献不仅本身对期刊论文而言具有极其重要的学术价值，也是评价期刊论文学术水平的重要参考依据之一。此外，参考文献量还是许多其他评价指标与评价体系不可或缺的基础数据，更是学术期刊引文分析的重要数据支撑。

---

❶ 毛大胜，周菁菁. 参考文献数量与论文质量的关系［J］. 中国科技期刊研究，2003（1）：36-38.

（3）总被引频次

总被引频次（total citations）指某一学术期刊自创刊以来所刊载全部论文在某一统计时间段内被引用的总次数。它可以客观地说明该期刊总体被使用情况和在相关学科领域的受重视程度，很大程度上反映出学术期刊在学术交流中的地位和作用。学术期刊刊载文章被引用的次数越多，说明期刊在相关领域内的渗透力越强，在科研信息交流过程中发挥的作用也越大。总被引频次对于学术期刊的学术水平、学术影响力至关重要，因此在许多学术期刊的评价体系中，这一指标所占的权重都很高。同时，它也是许多其他期刊评价指标测算的重要基础数据，如影响因子、被引半衰期、特征因子、期刊 h 指数等。

（4）被引半衰期

被引半衰期（cited half-life）是指某一学术期刊在统计当年被引用的全部次数中，较新的一半被引文献的发表时间跨度，即从以前某时刻至统计当年 N 年内的引用数占该期刊自创办起至今的总引用数的一半。它是衡量期刊老化速度快慢的一种指标。一般而言，被引半衰期长的期刊，其老化速度相对较慢，生命周期较长，所刊载文献被利用的时间也较长。

期刊的被引半衰期，受学科自身内容与性质等因素的影响较大。通常，历史悠久的、基础理论性的、发展比较稳定或较为成熟的学科，其领域内的期刊被引半衰期比新兴的、发展较快的、较为活跃的或正在经历较大变化的学科的半衰期要长。被引用半衰期对于图书馆确定期刊采购和期刊馆藏策略很有帮助。一方面，图书馆员可以利用期刊被引半衰期确认很久以前出版的某种期刊是否仍然被引用，从而判断该刊过去的出版情况以及期刊文章的质量，确定该期刊是否有继续采购的价值。另一方面，图书馆员还可以根据期刊的被引半衰期数据，对期刊的装订、开闭架阅览方式等进行管理。

（5）Web 下载总频次与 Web 即年下载率

期刊的 Web 下载总频次（total article downloads），也称 Web 下载量，是指某一电子期刊自通过网络发布以来所刊载的所有文献在统计时段被下载（包括全文浏览、下载存储和打印等方式）的总次数。Web 即年下载率则是指电子期刊在期刊全文数据库中当年在线刊载文献被下载的次数与该年在线刊载的文献总数之比。Web 下载总频次反映的是用户的阅读频率，能够较好地体现期刊在用户中的扩散程度，可以更加真实地反映期刊文献的流通和被用户阅读的情况。在线期刊论文被下载使用，发挥了论文的影响作用，体现了其文献信息价值，从侧面反映了期刊被学界认可的程度和社会对其学术性、时效性、新颖性的反响程度，因此是衡量学术期刊的一个客观数据指标，具有一定的参考作用。

3.5.1.2 影响力指标

（1）影响因子

影响因子（impact factor，IF）是美国科学情报研究研制的《期刊引证报告》（*Journal Citation Reports*，JCR）中的一项数据，即某一学术期刊前两年发表的论文在《期刊引证报告》报告年（JCR year）中被引用总次数除以该期刊在这两年内发表的论文总数的值，是衡量学术期刊影响力的一个重要指标。

影响因子由美国科学情报研究所的创始人尤金·加菲尔德于 1960 年创立，最初是用来帮助《科学引文索引》增加来源期刊的。❶ 学术期刊的影响因子基于三个基本因素。一是分子，即该期刊前两年发表的论文在《期刊引证报告》报告年总被引频次；二是分母，即该期刊前两年发表的实质性论文和述评的数量；三是时间，无论是被引论文还是论文总数均取自该期刊前两年的论文，引用次数为《期刊引证报告》报告年的数量。三个数据中，总被引频次是可变量。当论文量不变，引文时间确定后，影响因子的高低取决于总被引频次的多少。总被引频次多，影响因子也就高；总被引频次少，影响因子也就低。

影响因子能够较好地反映期刊被使用的真实客观情况，可以较公平地评价各类学术期刊，深受图书馆、科技信息机构以及国家期刊管理部门的青睐，并被广泛应用于期刊评价、图书馆馆藏资源评估、文献研究、科研管理等诸多方面。一般说来，高影响因子的期刊具有较高的"显示度"（刊物更可

---

❶ GARFIELD E. The history and meaning of the journal impact factor[J]. JAMA,2006,295(1):90-93.

能具有广泛的读者群）和较高的"有用性"（刊物被引用的概率较大），其发表的文献被引用率越高，说明这些文献报道的研究成果的影响力越大，也说明该刊物的学术水平越高。[1]　当然，学术期刊影响因子的比较一般只适用于某一学科领域内部，不能对不同学科期刊的影响因子进行横向的简单对比。

（2）五年影响因子

长期以来《期刊引证报告》公布的影响因子一直采用两年作为论文及引文统计期，备受争议。[2][3]自 2009 年起，《期刊引证报告》增加了五年影响因子（5-year impact factor，IF_5）作为新的学术期刊评价参考指标。五年影响因子的计算方法是，某刊前五年发表的论文在统计当年的总被引次数除以该刊前五年刊载论文数量。五年影响因子反映了大部分学术期刊的被引高峰，并符合布拉德福分布定律。五年影响因子与传统的影响因子既有较强的排序相关，也有显著的统计学差异。五年影响因子和影响因子的测评结果在少数较好和较差的期刊上较为一致，但在多数水平居中的期刊上存在区别。[4]因此，作为影响因子的补充性测度指标，五年影响因子能够起到更加全面、更具客观地评价学术期刊影响力的作用。

（3）即年指标

即年指标（immediacy index）指学术期刊当年刊载论文的被引用次数除以该期刊当年刊载论文总数的值，主要描述期刊当年刊载的论文在当年的被引用情况，是反映期刊当年反应速率的一个指标。如果某种学术期刊的即年指标高且当年刊载的论文数量多，则该期刊通常是该领域内值得注意的刊物。然而，在同等情况下，施引期刊的发表周期越短，被引期刊的即年指标越大，因为施引期刊的发表周期越短，意味着被引期刊的被引情况越早被检索到；施引期刊发表周期越长，被引期刊的即年指标则越小，极端情况下，

[1]　单文戈. 期刊影响因子与论文被引频次的关系研究［D］. 北京：中国人民解放军军事医学科学院，2007：12-13.

[2]　任胜利，等. 应慎重使用期刊的影响因子评价科研成果［J］. 科学通报，2000（2）：218-222.

[3]　RCHAMBAU É A，LARIVIÈRE V. History of the journal impact factor：Contingencies and consequences［J］. Scientometrics，2009，79（3）：635-649.

[4]　赵星. JCR 五年期影响因子探析［J］. 中国图书馆学报，2010（3）：120-126.

如果所有施引期刊刊载的论文发表周期均超过了一年，则被引期刊的即年指标将为零。因此，即年指标更多地用来评价那些发表了大量热点文章的科技期刊，衡量其中发表的研究成果是否紧跟研究前沿的步伐，对于评价新兴学科或尖端学科的学术期刊具有较高的参考作用。

（4）h 指数

h 指数（highly cited index，h-index）是一个混合量化指标，最初是由美国加利福尼亚大学圣地亚哥分校的物理学家乔治·赫希（Jorge Hirsch）在 2005 年提出来的，其目的是量化科研人员作为独立个体的研究成果，后来也被延伸用作其他具有相同来源项的评价对象（例如科研群体、学术期刊）的评价。h 指数最初的定义为：当且仅当某科学家发表的 N_p 篇论文中有 h 篇论文每篇至少获得了 h 次的引文数，其余的 $N_p - h$ 篇论文中各篇论文的引文数都 $\leqslant h$ 时，此 h 值就是该科学家的 h 指数。[1] 当 h 指数应用于学术期刊评价时，其定义则可引申为：当一种学术期刊刊载的论文中有 h 篇论文的被引次数 $\geqslant h$，且其余论文的被引次数都 $\leqslant h$ 时，此 h 值即为该期刊的 h 指数。例如，某种学术期刊的 h 指数为 20 时，则表明在期刊刊载的论文中被引次数达 20 次以上的论文至少有 20 篇。由于 h 指数的算法与其他期刊影响力指标有所不同，与学术期刊的总被引频次、载文量没有直接关系，因此在用于期刊评价时，较之影响因子、即年指标等对学科依赖性、对文献类型的依赖性都明显减少。据研究，h 指数一方面能将反映原始创新成果的快报类重要期刊、著名综合性期刊、生物医学之外其他学科（例如物理学、化学、材料科学）的重要期刊排位提前，使在用影响因子等指标评价排序时产生的生物医学类期刊一枝独秀、述评性期刊大多遥遥领先（这类期刊的影响力被过于放大）的局面得以改变；另一方面能更有效地揭示出主要承担记录科技创新、传播科学最新发现的重要快报类期刊对推动科学发展的作用和贡献比述评型期刊更大的特点。[2] 因此，h 指数除丰富了期刊评价指标

❶ HIRSCH J E. An index to quantify an individual's scientific output[J]. Proceedings of the National Academy of ences of the United States of America,2005,102(46):16569-16572.

❷ 赵基明，邱均平，黄凯，等. 一种新的科学计量指标——h 指数及其应用述评[J]. 中国科学基金，2008（1）：23-32.

外，在实际应用中对于评定某一学科领域权威期刊、改进核心期刊遴选指标体系也有重要的参考价值。

（5）SCImago 期刊排名指数

SCImago 期刊排名指数（SCImago journal rank，SJR），是由西班牙格拉纳达大学科学研究高级委员会（CSIC）的研究团队研究并于 2007 年提出的，是基于引文来源信息对期刊进行排名的文献计量指标。其基本假设是：一种期刊越多地被高声望期刊所引用，则此期刊的声望也越高。SJR 指数以 Scopus 数据库中的原始数据为基础（涵盖 5000 多个出版社发行的 34100 多种期刊，以及来自全球 239 个国家或地区的绩效指标），使用类似于谷歌（Google）网页排名的算法跟踪期刊的引用来源和引用情况。计算指标时，SJR 指数给予来自高声望期刊的引用以更高的权重，同时纳入了各国家和地区的统计数据以及 h 指数等其他的衡量方式，是一个同时衡量了期刊被引数量和质量的指标。❶ 具体而言，SJR 指数是以 Scopus 数据库中三年期的数据为计算区间的，例如某期刊 2020 年的 SJR 值，是用其前三年（2017—2019 年）刊载的文章在 2020 年被引用的次数进行计算的。此外，SJR 指数还具有免费、数据公开透明、来源期刊范围广等诸多优点。近年来，SJR 指数已经成为学术期刊评价新兴的重要参考指标之一。

（6）特征因子

特征因子（eigenfactor）是 2007 年由美国科学家卡尔·伯格斯特龙（Carl Bergstrom）提出的一种期刊引文评价指标，其基本假设是：该期刊如果多次被高学术影响力的期刊引用，则该期刊的学术影响力越高。特征因子的具体工作原理为：首先随机选择一份学术期刊，并随机选择该刊中的一篇参考文献链接到另外一份学术期刊，然后在这份期刊中再随机选取一篇参考文献再链接到下一份期刊，依次类推；与期刊影响因子不同的是，特征因子不仅考察了引文的数量，而且考虑了施引期刊的影响力，即某一期刊如果越

---

❶ 赵星，高小强，唐宇. SJR 与影响因子、h 指数的比较及 SJR 的扩展设想 [J]. 大学图书馆学报，2009（2）：82-86.

多地被高影响力的期刊引用，则该期刊的影响力也越高。❶ 该指标不仅考察了引文的数量，而且考虑了施引期刊的学术影响力。与影响因子相比，特征因子对期刊引证的统计不仅包括自然科学，同时也包括社会科学，统计数据更加全面、完整，并且在计算特征因子分值（eigenfactor score）时还去掉了期刊自引行为的影响，更能比较客观地反映期刊的重要性，更好地体现了顶级期刊的学术水平。

（7）篇均来源期刊标准影响指标

篇均来源期刊标准影响指标（source normalized impact per paper，SNIP），由荷兰莱顿大学社会科学学院科技中心的资深研究人员亨克·莫德（Henk Moed）于 2010 年提出，指三年引文窗口中某一学术期刊每篇论文的平均被引次数与该学科领域的"引用潜力"（citation potential，CP）之间的比值。该指数是亨克·莫德在尤金·加菲尔德"引用潜力"的概念的基础上提出的期刊评价修正完善类指标。该指标旨在从篇均引文数的角度减少不同主题领域学术期刊的引用行为的差异，例如引用行为、引用峰值、引用持续时间等，从而试图对不同主题领域的来源期刊进行直接比较。篇均来源期刊标准影响指标统计的来源文献是基于 Scopus 收录的论文、会议论文和综述三种类型的文献。相对于影响因子、SCImago 期刊排名指数、h 指数等学术期刊评价指标，篇均来源期刊标准影响指标既吸收了引文评价的精髓，又借鉴了"引文潜力"和"标准化"的思想，从篇均引文数量的角度消除了不同学科领域引文行为的差异，实现了不同学科领域期刊的直接比较，是期刊评价研究上的重大进步，在一定程度上达到了较为理想的评价结果。然而，也有许多专家认为，期刊评价是一个较为复杂的问题，虽然篇均来源期刊标准影响指标改进了期刊评价过程中的许多不足之处，但其本身也还存在一些不完善的地方，例如没有考虑学术期刊过度自引问题、引证期刊质量的差异问题、不同学科领域间文献增长率的差异问题等。❷

---

❶ 任胜利. 特征因子（Eigenfactor）：基于引证网络分析期刊和论文的重要性[J]. 中国科技期刊研究，2009（3）：415-418.

❷ 陈卫静，郑颖. 期刊引文评价指标 SNIP 与 SNIP2 的对比分析[J]. 情报杂志，2013（12）：123-126, 206.

（8）引用分数

引用分数（citescore）是 Scopus 数据库于 2016 年提出的一项期刊评价指标。它沿用了影响因子篇均被引的计算方式，定义为某学术期刊前 3 年发表文献在统计当年的被引用次数除以该刊前 3 年发表的文献数。❶ 从计算方式看，引用分数与影响因子略有不同，一方面引用分数采用了 3 年的引证时间窗口，另一方面它将期刊中通信（letter）、会议文献（proceedings paper）、会议概要（meeting summary）、订正（correction）等文献类型均纳入了期刊刊载论文总量进行统计，避免了影响因子只将上述文献类型产生的被引数量纳入统计范围的问题。从数据来源看，引用分数的数据来源于 Scopus 数据库，该数据库所收录的期刊品种总量（截至 2020 年 4 月为 41154 种）几乎是影响因子数据来源平台 Web of Science 收录的期刊品种总量（24000 余种）的两倍。从用户获取角度看，Web of Science 平台的影响因子需付费获取，而 Scopus 平台的引用分数目前是免费获取，这一点受到了众多学者的青睐。此外，学者们经过实证研究与分析后发现，引用分数与影响因子具有较高的相关性❷❸，同样是反映期刊引证关系及学术期刊评价的重要参考指标。

（9）使用因子

期刊使用因子（journal usage factor）是由英国期刊工作组（United Kingdom Serials Group）提出的基于学术期刊使用频度计算的影响力评价定量指标，指一种期刊特定时间段（x）内刊载文章在统计时段（y）内的总体使用量除以特定时间段（x）内在线刊载的总文章数量。❹

自 2002 年"网络电子资源在线使用统计"（counting online usage of

❶　Scopus. About CiteScore and its derivative metrics [EB/OL]. [2020-04-28]. https://journalmetrics. scopus. com/index. php/Faqs.

❷　刘雪立，等. 不同学科期刊 CiteScore 与影响因子的比较研究 [J]. 中国科技期刊研究，2017（9）：837-841.

❸　盛丽娜. CiteScore 与影响因子及其相关指标的对比分析 [J]. 现代情报，2018（6）：42-47.

❹　CIBER. The journal usage factor: exploratory data analysis（stage2final report）[EB/OL]. [2020-04-28]. http://www. ciber-research. eu/download/20110527-The_Journal_Usage_Factor. pdf.

networked electronic resources，COUNTER）成为学术期刊使用情况统计标准后，一系列有关期刊使用与期刊评价的研究陆续开展，并取得了一定的成绩。2002 年，法国鲁昂大学医学院的斯蒂芬·达莫尼（Stefan Darmoni）等学者提出了"阅读因子"的概念，并用一种期刊的下载量与全部期刊下载总量的比值来计算鲁昂大学医学院图书馆的期刊使用排名。❶ 2006 年，由美国梅隆基金会与美国国家科学基金会联合资助的学术资源使用计量项目（metrics from scholarly usage of resources，MESUR）从用户使用行为出发，通过研究用户、作者、使用数据、引用数据和目录数据之间的关系，对许多基于引用和使用的期刊评价指标表达科学影响的能力进行了比较，创建了大型的、多样化的学术使用数据数据库，但没有明确提出"期刊使用因子"的概念。2008 年，英国期刊工作组经过研究与实践后，提出了"期刊使用因子"的概念，给出了相应的定义与计算公式。期刊使用因子从实证的角度客观反映了用户对期刊的真实需求，在学术期刊定量评价方面提出了基于使用因素的新思路与新方法。一方面，图书馆可以根据使用数据计算得出本馆的使用因子值并将其应用于用户需求调研，考察本机构当前资源分布对于用户需求的覆盖情况，找出本机构未覆盖用户需求的期刊品种，分析文献缺失的原因和合理的补充方式。另一方面，期刊使用因子还可以辅助图书馆及文献收藏机构评价相同学科领域不同期刊的质量，计算不同学术电子期刊及其对应期刊数据库的阅读离散度与使用成本，分析导致使用成本过高的原因，确定最佳的期刊采购方式。❷

3.5.2　评价的相关工具

在外文学术期刊评价理论的基础上，国内外许多文献信息服务机构、各领域的科学家、出版机构等通过深入的研究与实践活动逐渐形成一些具有实操性的期刊评价工具。只是，不同的学术期刊研究与评价主体，对期刊评价

---

❶ DARMONI S J,et al. Reading factor：a new bibliometric criterion for managing digital libraries[J]. J Med Libr Assoc,2002,90(3)：323-327.

❷ 李莉，郑建程. 一种新的期刊定量评价指标——期刊使用因子 [J]. 图书情报工作，2009（6）：144-147.

的目的略有不同。例如，图书馆等文献信息收藏与服务机构通常以采选期刊和剔除老化期刊为目的；科学家们则试图利用期刊评价工具找出其研究领域中最具有影响力的期刊，发表学术成果；出版机构则希望通过期刊评价工具指导其编辑实践与出版政策的制定等，从而提高其出版物的质量与影响力。基于此，国内外陆续诞生了由各种不同期刊评价研究主体研制的具有不同评价功能的学术期刊评价工具。

3.5.2.1　国外评价工具

（1）基于 Web of Science 的期刊收录与评价体系

第二次世界大战后，学术期刊文献数量急剧增加，传统的文献揭示方式，如印刷型的文摘索引期刊等，已较难满足科研人员与图书馆馆员对信息的发现与交流。1955 年，美国情报学家尤金·加菲尔德首次提出建立科学引文数据库的构想，并着手研究如何利用机器自动编排索引。20 世纪 60 年代，尤金·加菲尔德在对期刊文献的引文进行了大规模的统计分析后，得出了引文集中定律，并在此基础上创建了美国科学情报研究所，先后推出了《科学引文索引》《社会科学引文索引》《艺术与人文引文索引》数据库。随着互联网技术的发展，美国科学情报研究所又在三大引文索引的基础上建立了 Web of Science 期刊引文数据库平台，进一步构成 Web of Science 核心合集。该合集除包含以上三大引文索引数据库外，还包括《会议论文引文索引——科技》（Conference Proceedings Citation Index - Science）、《会议论文引文索引——人文社科》（Conference Proceedings Citation Index - Social Science & Humanities）、《新兴资源引文索引》（Emerging Sources Citation Index）、《图书引文索引》（Book Citation Index）、化学反应数据库（Current Chemical Reactions）与化合物索引（Index Chemicus）。

Web of Science 引文数据库平台是以引文分析的方式，从一篇高质量的文献出发，揭示文献与文献之间的引证与被引关系。通过文献的引证文献，用户可以查到越来越多、越来越早的相关文献信息，通过文献的被引情况，可以查到相关研究越来越新的研究与进展，从而进一步展示文献内容与文献主题之间的相互关系，分析相关文献与研究的机构/作者信息、相关学科领域的文献分布和发展趋势等，探索科学的发展与未来。Web of Science 核心合集既包含了学术期刊的引证与被引数据，也包含了与学术期刊具有密切关系的高质量的会议论文、新兴资源及图书的引证与被引数据，相对更加广泛而客观地统计学术期刊刊载文献及其参考文献数量、文献被引频次等数据，使文献之间更具有相互关联与文献价值印证的关系。这种引文索引与分析方法，跨越了不同学科与不同知识领域的界限，从宏观讲，可以提供科学发展与趋势的信息，从微观讲，可以追踪某一学科领域内前人的工作、了解自己的研究成果被他人引证的情况、促进学科内部及学科之间的信息交流。

Web of Science 引文数据库平台是独立于各学术期刊及会议论文出版机构的平台，收录全世界出版的社会科学、艺术与人文科学、自然科学领域各学科的核心期刊与重要的会议文献，目前拥有 1.71 亿条文献记录与 19 亿篇参考文献。❶ 平台中《科学引文索引》《社会科学引文索引》与《艺术与人文引文索引》所收录的期刊被称作"来源期刊"，由于来源期刊的筛选具有严格的审查流程，例如对编辑出版的要求、对论文评审制度的要求、对刊载文献学术影响力的要求、对编委及是否同行评议的要求、对文献自身时效性及国际性的要求等，因此，他们除具备文献检索、为学术期刊评价提供基础数据的功能外，本身也具有对学术期刊进行评价的功能。

在 Web of Science 核心合集所提供的基础数据的基础上，美国科学信息研究所开发了涵盖发文量、被引总频次、影响因子、五年影响因子、被引半衰期等期刊评价指标的专门性学术期刊评价工具，即《期刊引证报告》。1955 年，尤金·加菲尔德博士在《科学》杂志上发表文章提出"引文索引"概念的同时，也首次提出了"影响因子"的设想。1963 年，尤金·加菲尔德与同事艾文·舍尔（Irving Sher）一起创造了期刊影响因子❷，希望利用这一指标使《科学引文索引》能够涵盖一组高影响力的核心期刊。1972 年，这种以引文分析计算学术期刊影响力的方法得以在更大规模的期

---

❶ Clarivate Analytics. Web of Science Confident research begins here[EB/OL]. [2020-09-01]. https://clarivate. com/webofsciencegroup/solutions/web-of-science/.

❷ GARFIELD E, SHER I H. New factors in evaluation of scientific literature through citation indexing[J]. American Documentation, 1963, 14(3):195-201.

刊中进行测试，并引起了学术期刊编辑们的广泛关注。❶ 1975 年，美国科学信息研究所基于 1974 年《科学引文索引》收录的 2400 余种期刊 40 余万篇期刊论文的引证关系在《科学引文索引》中增加了一卷，专门介绍《期刊引证报告》，并在该报告中首次完整地发布了期刊影响因子列表。❷《期刊引证报告》自此诞生。经过几十年的发展，《期刊引证报告》不断发展与完善，逐步增加了许多新的更加丰富的学术期刊评价指标，例如 2004 年将影响因子中的自引或互引较高的数据去除、2009 年增加五年影响因子、2015 年增加了期刊影响因子百分位（the journal impact factor percentile）、2020 年引入学术期刊论文的开放获取数据信息等。❸《期刊引证报告》所提供的可量化数据，能够较为客观、综合性地评价各学科领域的学术期刊，从而进一步评估这些学术期刊在全球相应学科领域所产生的影响力。《期刊引证报告》每年更新一次，对 Web of Science 所收录的期刊进行评估、排序，形成一种动态的管理模式，从而使部分学术期刊相对稳定地保留在排序结果中，一部分则有较大的排序变动，甚至还有一些学术期刊在评估过程中被淘汰。

（2）基于 Scopus 的期刊收录与评价体系

Scopus 是爱思唯尔出品的文献摘要及引文数据库。虽然隶属于爱思唯尔旗下，但该数据库也是独立于来源期刊的文摘与索引数据库，能够较为客观地、以较为严格的标准收录全球现有学术期刊，形成较为权威的学术期刊收录与评价体系。与 Web of Science 相比，它诞生的时间晚了近半个世纪，于 2004 年由推出。截至 2020 年 9 月，该平台共收录来自全球 5000 多家出版机构的 25300 余种学术期刊，并收录有 22 万种图书和 1100 万篇会议论文集文献，学科领域涵盖科学、技术、医药、社会科学、艺术和人文等。

Scopus 作为文献摘要及引文数据库，不仅提供了其收录文献的文摘与引

---

❶ GARFIELD E. Citation analysis as a tool in journal evaluation-journals can be ranked by frequency and impact of citations for science policy studies [J]. Science, 1972, 178(4060): 471-479.

❷ GARFIELD E. Preface and introduction to journal citation reports [J]. Science Citation Index, 1975, 9(annual): 1-20.

❸ 科睿唯安. 期刊引证报告（JCR）的前世今生 [EB/OL]. [2020-09-01]. https://mp.weixin.qq.com/s/C5_fpmhzBvO3diBCgmhFww.

文信息，还整合了来自网络及世界五大专利局的专利数据，使该平台的文献检索功能更为全面、方便、快捷。Scopus 还为平台所收录文献的 1600 余万作者及 7 万余个机构配置了独有的识别号，将作者及机构身份识别与引文追踪相结合，同时识别出某一位作者的合作者信息，并对特定文献的影响、作者的影响、机构的影响和特定期刊的影响进行分析。在收录文献的筛选方面，Scopus 为确保其相关文献收录范围的公正与广泛，专门成立了独立的内容甄选委员会（Content Selection & Advisory Board，CSAB），来指导内容甄选和未来发展方向。该内容甄选委员会由来自全球的代表不同学科领域的 17 位学科主席组成，以确保 Scopus 收录的内容真正代表了最广泛的用户的需求。

从学术期刊评价指标上看，Scopus 数据库提供了许多不同类型的多元化指标，使用户可以针对文献、期刊、研究者等元素从不同的角度去评估文献与期刊的影响力以及研究人员的学术产出与影响等。Scopus 所提供的学术期刊评价指标主要包括引用分数、SCImago 期刊排名指数、篇均来源期刊标准影响指标等，其中引用分数可覆盖 25000 多种 scopus 收录的连续出版物，可供全球用户免费查询。针对学术期刊单篇文献，Scopus 还提供了领域权重引用影响力指数（Field-Weighted Citation Impact，FWCI），针对学术期刊作者的学术产出与学术影响力提供了 h 指数。此外，Scopus 还集成了 PlumX 补充计量学指标，除文献引用外，从临床引用、社会和媒体提及与关注等多个角度展示文献的社会影响力。

（3）《乌利希全球连续出版物指南》及其期刊分析系统

1932 年，《期刊指南》（*Periodicals Directory*）由纽约公共图书馆期刊部门负责人卡罗琳·乌利希（Carolyn Ulrich）创办，并由鲍克出版公司（R. R. Bowker）出版。1943 年，《期刊指南》以创办人罗琳·乌利希的姓氏更名为《乌利希期刊指南》（*Ulrich's Periodicals Directory*）。1965—1966 年，该指南第 11 版出版，并更名为《乌利希国际期刊指南》（*Ulrich's International Periodicals Directory*）。随着国际学术期刊出版的迅速发展，为满足图书馆在评估期刊及数据库期刊收录查检方面的迫切需要，鲍克出版公司在出版《乌利希国际期刊指南》的同时，推出了网络版乌利希期刊指南数据库（Ulrich's web）以及《乌利希期刊分析系统》（*Ulrich's Serials Analysis System*，USAS），并于 2006 年由剑桥信息集团的子公司剑桥科学文摘

（Cambridge Scientific Abstracts，CSA）出版。2007 年，剑桥科学文摘与普若凯斯特信息和学习公司（ProQuest Information and Learning）合并，统称普若凯斯特（ProQuest）。《乌利希国际期刊指南》及《乌利希期刊分析系统》则并入其子公司 Serials Solutions，《乌利希国际期刊指南》改称《乌利希全球连续出版物指南》，《乌利希期刊分析系统》沿用原名。

目前，《乌利希全球连续出版物指南》收录了全球 80 多万种各种类型的连续出版物（38 万种在发行中），包括学术期刊、流行杂志、报纸、新闻简报等，覆盖 900 多个学科领域，是目前世界上规模最大、搜罗最全的国际连续出版物检索工具之一。《乌利希期刊分析系统》利用《乌利希全球连续出版物指南》的权威书目数据，以第三者的公正立场帮助用户客观地评估分析期刊馆藏、纸本和电子期刊，从而生成公正的有说服力的评估报告。《乌利希期刊分析系统》共分为两个知识库，一是 Ulrich's Universe 知识库，包括《乌利希全球连续出版物指南》所有的期刊数据；二是 Ulrich's Core 知识库，主要包括约 15.6 万种学术期刊，其分析评价除了可以限制学术期刊的出版国家、语言、学科等字段外，还可从是否经过同行评审、是否被二次文献收录、是否有电子版、是否有《期刊引证报告》的影响因子、是否被权威参考工具《图书馆期刊采选参考》（*Magazines for Libraries*）收录等角度对学术期刊进行分析统计。

3.5.2.2　国内评价工具

（1）《国外科技核心期刊手册》

从 20 世纪 50 年代中期开始，中国科学院图书馆、中国科技情报研究所、中国图书进出口（集团）总公司（时称"国际书店"，以下简称"中图公司"）等机构已经开始对外文学术期刊进行研究，以《国外书讯》（后更名为《世界图书》）杂志为平台向国内读者介绍各学科领域常用的学术期刊、核心期刊的理论知识与研选方法，并在此基础上出版了《国外科技核心期刊专辑》（《世界图书 B 辑》1981 年第 6 期），随后又陆续刊登了一些遴选国外科技核心期刊的文章。

20 世纪 80 年代末至 90 年代初，我国的学界、图书馆界面临着几个问题。第一，我国图书馆界文献资源建设经费十分紧张，然而从国外引进的学术期刊的价格又在逐年上升；第二，随着文献收藏数量逐年增加，各图书馆开始面临着收藏空间日益不足的压力；第三，受科研经费、科研时间、文献量激增等诸多因素的影响，科研人员、情报人员急需提高文献检索与获取的效率，以期用最少的时间获取最大的信息量。❶ 基于此，如何把有限的经费用在最需要的地方、合理地调整馆藏结构、更加有效地帮助相关人员获取文献，成了当时图书馆界、情报机构十分重大的课题。因此，对学术期刊进行评价、遴选核心期刊就成了当时的迫切需求。

1991 年，由 55 名国内科技情报界专家组成的研究团队，在 1981 年《国外科技核心期刊专辑》的基础上以及中图公司编辑出版的《外国报刊目录》的期刊数据支撑下，采用了文献计量学的各种方法，如文摘法、引文法、综合分析法、二八法则、区域分析法等，遴选出 140 多个大小学科领域的核心期刊，形成了《国外科技核心期刊手册》。

《国外科技核心期刊手册》只收录了国外出版的科技核心期刊，并对入选的学术期刊给出了序号、国别、中文刊名、外文刊名、中图刊号等信息，部分学科领域增加了期刊的文摘量、文摘率、引文量、引文率、效果系数和半衰期等项目。

（2）《国外人文社会科学核心期刊总览》

受《国外科技核心期刊手册》编制的影响和启发，我国人文社会科学学者及图书馆情报学领域的专家也开始着手对国外人文社会科学期刊进行遴选，以期填补国内对外文人文社会科学期刊进行评价的空白。1995 年 3 月至 1996 年 6 月，北京大学与南京大学 40 多位专家参考《杜威十进分类法》（*Dewey Decimal Classification*，DDC），以《中国图书馆分类法》为分类标准，出版了《国外人文社会科学核心期刊总览》（1997 版），旨在为文献收藏机构收藏外文学术期刊以及国内用户利用外文学术期刊提供有用的参考。❷ 全书共分十一编（11 个大类学科），分别是哲学、政治学、经济学、法学、历史学、社会学、教育学、人文地理学、文学艺术、文化及语言学，

---

❶ 陆伯华. 国外科技核心期刊手册 [M]. 北京：世界图书出版公司，1991：iv-vii.

❷ 曹立群. 一部系统介绍国外人文社会科学核心期刊的重要工具书——评《国外人文社会科学核心期刊总览》[J]. 大学图书馆学报，1998（4）：79，81.

由各类西文核心期刊顺序表及按二级学科排序的分类表、核心期刊简介、刊名索引三部分组成，共遴选出 1400 余种国外人文社会科学核心期刊。

1998 年，国家教育部人文社会科学研究"九五"规划项目"核心期刊的文献计量学研究"立项。该项目由北京大学图书馆主持，共分三个子课题：一是"中文核心期刊的文献计量学研究"，二是"国外人文社会科学核心期刊研究"，三是"国外科学技术核心期刊研究"。其中"国外人文社会科学核心期刊研究"的研究成果为《国外人文社会科学核心期刊总览》（2000 版）。该版《国外人文社会科学核心期刊总览》依据一次文献在期刊中的分布规律、二次文献的分布规律、引文分布规律，通过统计被摘量（被索引量）、被引用量、期刊影响因子采集数据和综合筛选，将筛选方法、统计数据及筛选结果送学科专家评审。学科专家根据学科的实际发展情况鉴定筛选结果，根据实际情况做出个别调整，形成核心期刊表。《国外人文社会科学核心期刊总览》（2000 版）共有一级学科核心期刊表 9 个，二级学科核心期刊表 12 个，合计遴选核心期刊 1474 种。❶

2004 年，"国外人文社会科学核心期刊研究"课题组对核心期刊评价方法进行了改进，增加了定量评价指标，加大了专家定性评审力度，主要采用了被摘量、被引量、影响因子、流通量、被重要检索工具收录等五个评价指标，选用了《乌利希全球连续出版物指南》《社会科学引文索引》《心理学文摘》《国际政治学文摘》《经济文献库》《商业信息数据库》《历史文摘》《社会学文摘》等 17 个统计源数据库，统计文献量达 4486355 篇次（1999—2001 年），共涉及人文社科学术期刊 12722 种，遴选出 15 个学科的 1408 种核心期刊、1278 种扩展区期刊，从而形成《国外人文社会科学核心期刊总览》（2004 版）。❷

（3）《国外科学技术核心期刊总览》

《国外科学技术核心期刊总览》（2003 版）是教育部人文社会科学研究"九五"规划项目"核心期刊的文献计量学研究"第三个子课题"国外科学

❶　戴龙基，等. 国外人文社会科学核心期刊总览（2000 版）[M]. 北京：北京大学出版社，2000：1-7.

❷　戴龙基，等. 国外人文社会科学核心期刊总览（2004 版）[M]. 北京：北京大学出版社，2004.

技术核心期刊研究"的研究成果。该课题组织了北京大学、清华大学、复旦大学、浙江大学、西安交通大学、上海交通大学、天津大学、中国海洋大学、大连理工大学等 20 多所高校的 90 余名专业人员参加研讨。在 1981 年出版的《国外科技核心期刊专辑》和 1991 年出版的《国外科技核心期刊手册》的基础上,该课题组以布拉德福定律、加菲尔德文献引用定律为主要理论依据,选用国际上流行最广的《杜威十进分类法》,并参照《中国图书馆分类法》进行分类,共遴选出物理、力学、化学、天文、测绘、地球物理、大气、地质、海洋、地理、医学、林学、水产、仪器仪表、能源与动力、电工技术、电子技术与通信、化工、纺织、食品、水利 21 个一级学科的核心期刊列表,92 个二级学科核心期刊列表,共计 2596 种核心期刊。《国外科学技术核心期刊总览》(2003 版)以学科类别编排,每个学科均由核心期刊研究报告、核心期刊总表、二级核心期刊表、核心期刊标准著录款目和内容简介组成,书后附有刊名总索引和附录《南京大学 SCI. JCR 期刊综合评分等级区域分类表》。❶ 2004 年,《国外科学技术核心期刊总览》(2004 版)出版发行。该版本在研究方法上进行了改进,将学科类目增至40 个,遴选核心期刊总数为 2552 种,另有扩展区期刊 2180 种。❷

3.6　外文学术期刊评价的未来趋势

　　学术期刊刊载的论文展示了各学科领域的研究成果,代表着某一学科领域的学术先进性与方法创新性。❸ 随着科学技术的快速发展,学术期刊的分类与数量均有着突飞猛进的发展,而这些期刊所刊载的文章却同时存在质量参差不齐的现象,因此学术期刊评价正是在众多学术期刊中寻找具有普遍刊载高质量学术成果可能性的期刊的方法。只是,在学术发展及学术期刊发展的不同时期,人们对期刊评价方法存在不同的需求。在学术期刊萌芽与产生

　　❶ 叶继元,袁水仙. 国外科学技术核心期刊总览(2003 版)[M]. 北京:世界图书出版公司,2003:1-10.
　　❷ 戴龙基,等. 国外科学技术核心期刊总览(2004 版)[M]. 北京:北京大学出版社,2004.
　　❸ 张慧玲,董坤,许海云. 学术期刊影响力评价方法研究进展[J]. 图书情报工作,2018(16):132-143.

的初期，学术期刊虽不多，但由于信息传播技术的落后，学术期刊只能以印刷形式在特定的地域范围内流通，人们对于信息的获取需求远远大于对于寻找高质量学术成果的需求。在这样的时期，"寻找刊载学术成果的期刊"的需求远远大于"寻找具有普遍刊载高质量学术成果可能性的期刊"的需求，收录并介绍期刊及其刊载文献的文摘与索引等二次文献应运而生，不同地域的同领域科研人员主要依靠文摘与索引类文献获取学术期刊的相关信息，文献信息资源收藏机构更是依据这类文献发现并收藏学术期刊。及至学术期刊产业进入快速发展阶段，学术期刊的品质迅速增加，其所刊载论文同样呈几何倍数增长，文摘与索引类文献从尽可能地全面收录与介绍期刊逐渐演变成有选择性地收录期刊及其刊载的论文信息。此时，人们"寻找具有普遍刊载高质量学术成果可能性的期刊"的需求开始大于"寻找刊载学术成果的期刊"的需求，科研人员及文献信息资源收藏机构更希望通过相应的工具发现自身研究与本机构资源建设所需文献，二次文献工具在有选择性地收录期刊及其刊载的论文的基础上，依据具有普遍指导意义的期刊载文规律、引文规律、生命周期、使用规律等基础理论，开展定性与定量的文献遴选测度与评价，有的形成反映期刊学术质量水平的期刊评价指标，有的形成期刊评价及核心期刊遴选的评价体系。21 世纪，学术期刊的出版从实体出版（印刷、缩微、光盘等）逐步向在线出版转移，在线期刊逐步走向普及化，其所刊载文章也不限于文字、表格和图片，而是更加趋向多媒体化，甚至很多学科领域出现了数据期刊、多媒体期刊等。受此趋势的影响，业界对于网络学术期刊出版的研究逐步深入，传统的文献计量也逐渐过渡到网络计量，不再限于文摘、索引、引用与被引等方面的研究，同时增加了网络传播、用户使用等方面的研究与分析。未来的学术期刊评价因此也将根据期刊出版与用户使用习惯的变化而发生调适、改进与深化。

虽然目前学术期刊评价指标较为多样化，但总体而言，主流评价指标与对应的评价方法和体系仍是以衡量引文量、被引频次、学术期刊自身载文量、时间窗等数据及其相互之间的关系为基础，并以此计算学术期刊的老化速度、权威程度、影响力等。随着期刊出版、网络技术、学术交流以及信息传播等相关环境的不断变化与发展，学术期刊评价的指标与方法也逐渐地走向多元化，变得更加公众化、更加注重用户的体验与评价，更加注重评价的深度与广度。

3.6.1　新兴媒体相关数据被纳入评价数据

虽然布拉德福定律、加菲尔德定律、普赖斯指数和特鲁斯威尔定律分别从期刊的载文规律、引文规律、生命周期、使用规律四方面构成了期刊评价的理论基础，但由于尤金·加菲尔德发现的引文规律与分析方法逐渐形成成熟的理论体系并被广泛地接受，因此传统的期刊评价在 20 世纪下半叶至 21 世纪初则更多地围绕着学术期刊载文的引文关系展开，影响因子、五年影响因子、即年指标等学术期刊计量指标一直在学术期刊评价活动中发挥着重要的作用，甚至 Web of Science 的期刊收录与评价体系一直以来也被视作学术期刊评价的核心工具。即便在 21 世纪初，爱思唯尔推出了 Scopus 期刊收录与评价体系，谷歌推出了谷歌学术指标（Google scholar metrics），其评价理论也没有跳出引文规律与引文分析法的窠臼。无论是 Scopus 平台使用的引用分数、SCImago 期刊排名指数、篇均来源期刊标准影响指标、h 指数，还是谷歌学术指标所倚重的 h5 指数，均建立在了引文分析法的基础之上。然而，基于引文分析的学术期刊评价虽然具有文献检索、发现研究前沿、预测研究趋势等作用，但在网络信息如此发达的时代，它的局限性与缺陷已经日益凸显。一方面，学术成果从发表到被引用的周期较长，容易导致无法即时反映学术期刊的影响力；❶ 另一方面，在学术社交网络如此发达的今天，在线科研交流的周期更短、评审制度更加自由、交流单元逐渐细化到科研工作者个人或科研机构，学术成果的发布形式更具多样化，许多学术成果的贡献者与使用者通过不同的社交媒体对学术期刊作出了重要的评价，这些评价不仅弥补了传统引文分析方法重现象、轻质量的缺陷，同时也从用户的角度出发开展了学术期刊评价，使学术期刊的评价更具真实性与全面性。

近年来，基于新兴媒体的学术期刊评价模型逐渐进入学术期刊评价领域。它们对学术期刊的网络使用情况、被获取情况、被提及情况、社交媒体

---

❶　何文. Altmetrics 与引文分析法在期刊影响力评价上的相关性研究［D］. 南京：南京大学，2015：2.

的引用和评价情况进行数据挖掘和分析，形成重要的评价方法，这就是所谓的"替代计量学"方法。针对新兴媒体的相关数据，不同替代计量工具都拥有着许多相同的计量指标。从替代计量的数据来源看，替代计量指标主要包括博客替代计量指标（blogs altmetrics）、推特替代计量指标（twitter altmetrics）、新闻替代计量指标（news altmetrics）、政策文件替代计量指标（policy document altmetrics）、脸书替代计量指标（facebook altmetrics）、视频替代计量指标（video altmetrics）、同行评议替代计量指标（peer review altmetrics）、问答平台替代计量指标（Q & A altmetrics）等。从网络活动与交互的类型上看，替代计量指标还可以分为阅读替代计量指标（readership altmetrics）、下载替代计量指标（download altmetrics）、收藏替代计量指标（favorite altmetrics）、分享替代计量指标（share altmetrics）、提及替代计量指标（mention altmetrics）、评论替代计量指标（comment altmetrics）、再利用替代计量指标（reuse altmetrics）等。❶❷

当然，相较于传统的学术期刊评价指标，利用新兴媒体数据形成的学术期刊替代计量评价指标和评价工具是全新的学术交流评价体系。这虽然是学术成果影响力的综合评价，但由于数据源的查询方式不同、更新频率不同、收集方式不同等因素，仍缺乏统一遵循的最佳实践标准，仍有待进一步规范与完善。

3.6.2　不同评价指标深度融合

学术期刊的评价是一种相对的评价，是在特定的时间范围内，利用特定的指标与评价体系，在某些特定的条件下进行的。因此，这种评价只能是一种特定历史阶段的评价，存在缺陷是在所难免的。❸ 例如，影响因子这一指标就会受到期刊发行频率、刊载论文容量、学科领域、时间窗口界线等诸多

---

❶　余厚强. 替代计量学：概念、指标与应用 ［M］. 北京：科学技术文献出版社，2019：74-80.

❷　关于"替代计量学"的相关内容，详见本书第4章。

❸　丁明刚. 学术期刊评价研究 ［M］. 济南：黄河出版社，2010：120.

因素的影响而导致期刊影响因子计算值难以公平、公正、合理。❶ h 指数存在对高被引和低被引文章均不敏感、未充分考虑时间窗口界线等问题。特征因子存在对学科敏感性较弱、评价结果区分度较差、受网络结构影响较大等问题。SCImago 期刊排名指数存在未对原创文章与综述文章进行区分，造成测量值评价准确性降低的问题。❷ 引用分数这一指标同样存在将期刊论文、综述、评论等类型的文章赋予相同权重的问题，它在数据的计算方法上与影响因子差别不大，无法从根本上解决影响因子目前已存在的问题。

在新媒体融合时代的大背景下，学术期刊评价经历了从传统的单一简单指标到复合指标、由单一的评价方法到综合性评价方法、由单一维度到多维度的演化及动态发展过程。❸ 在当前期刊评价指标及其评价方法存在众多问题的情况下，学术期刊评价也应根据时代特征与环境做出一定的改变，多维度、多指标融合地进行学术期刊的综合评价。未来的期刊评价将会更加深入地分析各评价指标的优缺点，充分利用不同评价指标的侧重点，有针对性地改进不同指标的缺陷，形成多指标融合的评价方法。这种深度的融合，将更加契合学术期刊需要从载文、引文、网络关注、社交媒体评价等不同的侧面反映其影响力的需求。深度融合的综合性评价，既可以根据特定的需求，从某一个侧重点，如引用频次、网络关注度、用户行为数据等角度，深入评价学术期刊，也可以将多个指标进行综合，通过测度学术期刊多方面的不同特征值，全面反映其综合影响力。

目前，专注于学术期刊评价与研究的一些机构，已经尝试着迈出了多评价指标深度融合的第一步。2017 年 6 月，科睿唯安宣布与 Impactstory 建立一种全新的战略合作伙伴关系，致力于开发并创新相关分析与工作流解决方案。同年，PlumX Metrics 也被爱思唯尔收购。如今，在所有 Scopus 界面下，用户可以查到学术文献的 PlumX Metrics 相关数据。

---

❶ 张积玉. 学术期刊影响力及其评价指标体系的构建 [J]. 陕西师范大学学报（哲学社会科学版），2010（5）：70-76.

❷ 赵星，高小强，唐宇. SJR 与影响因子、h 指数的比较及 SJR 的扩展设想 [J]. 大学图书馆学报，2009（2）：82-86.

❸ 赵蓉英，王旭. 多维信息计量视角下学术期刊影响力评价研究——以国际 LIS 期刊为例 [J]. 中国科技期刊研究，2019（7）：773-781.

　　从文摘索引类期刊的萌芽算起，学术期刊的评价走过了 200 余年的历史。在这 200 余年中，期刊的评价经历了由简入繁、由浅入深、由粗至精的发展过程。期刊评价的相关研究与实践，在不断地积累经验、创新方法，尽最大可能地满足学术期刊在不同时代发展的不同需求。然而，学术期刊评价作为一个实践性非常强的科学评价活动，是永远不可能完美的。任何一种评价方法都不可能普适于学术期刊的所有利益相关者，如编辑、作者、用户、出版机构、文献服务机构等，而是会在不同的环境下，将评价方法本地化，更加科学合理地为相关评价活动服务。

第4章 外文学术期刊评价方法与核心期刊遴选

　　不同的学术期刊，其信息价值高低不一，在学术信息交流中所发挥的作用也各有不同。学术期刊信息价值及其交流的作用大小往往取决于学术论文在期刊中的分布情况。那么，大量的文献在学术期刊中是如何分布的呢？其分布情况是否有章可循呢？长期以来，文献与情报研究人员都在积极地探索和探讨着这些问题。随着研究的逐步深入，学者们不但在文献计量统计与分析的过程中发现了文献在学术期刊中具有普遍性的分布规律，根据文献的分布特点提出了核心期刊的概念和理论，并利用学术期刊评价的不同方法逐步开展了遴选核心期刊的实践。

4.1　核心期刊概述

4.1.1　核心期刊概念的提出

　　"核心期刊"（core of jounals 或 core journals）这一概念的雏形，最早产生于 20 世纪 30 年代。彼时，学术期刊的数量日益庞大，以学术期刊文献为主要信息源的各种文摘、索引工具也不断地增多。英国著名图书馆学家塞缪尔·克莱门特·布拉德福在发现布拉德福定律时首次提出了期刊"核心区"的概念。"核心区"一词也因此成为最为原始的表述"核心期刊"的方式。

　　20 世纪 60 年代，美国著名情报学家尤金·加菲尔德在《谢泼德引文》的启发下，创立了具有广泛国际影响的引文索引工具和引文分析理论体系，并提出了他的著名论断，"所有学科的核心期刊加在一起不会超过 1000 种，实际上，各学科最重要的核心期刊总和甚至少于 500 种"❶。1972 年，尤金·加菲尔德将这一发现以论文的形式发表在美国《科学》杂志上，核心期刊的概念正式出现在学术文献中，从而开启了核心期刊遴选的先河。

4.1.2 核心期刊的成因

核心期刊是学术期刊及其文献研究发展到一定阶段的必然产物。一方面，学术期刊的数量随着科技的进步日益增多，学科领域日趋复杂，学术文章发表的数量也呈几何倍数增加，科研人员在阅读所需文献时，无法将本学科领域内所有的相关资料搜罗殆尽，必须有甄别地从特定的、信息价值较高的期刊中获取文献。另一方面，当某一学科领域有一定数量的专门的学术期刊时，科研人员在发表科研成果时，总是会优先选择那些影响较大、交流作用较大的期刊。一旦科研人员在这样的期刊中成功发表科研成果，很容易会引起他们后续一系列的科研论文投稿。如此往复，某些特定的期刊相对集中地刊载某一特定学科领域学术论文的现象就会出现，而这些期刊所刊载论文质量也必将水涨船高，从而形成"良性循环"。同时，有些科研人员也会出于种种原因急于发表自己的科研成果，而受上述期刊篇幅或发表要求的限制无法发表其学术成果，只能发表在业内名誉相对较低的一些期刊或其他有一定相关性的期刊上，从而形成了文献分散的情况。这种文献的集中与分散现象就造成了核心期刊与非核心期刊相互依存，有时又相互转化的局面。

4.1.3 核心期刊遴选对于图书馆的意义

核心期刊是某一学科领域刊载大量学术文献且利用率较高的少数重要期刊。对于图书馆而言，遴选这样的期刊通常有以下几点重要的意义。

（1）有利于满足图书馆学术期刊管理需求

学术期刊作为图书馆文献资源建设的一个重要组成部分，是衡量图书馆馆藏质量的重要参考，也是代表图书馆馆藏特色的标志。然而，由于学术期刊具有类型复杂、品种多、价格高、载体形态不一、质量参差不齐等情况，

---

❶ GARFIELD E. Citation analysis as a tool in journal evaluation[J]. Science,1972,178(4060):471-479.

因此，图书馆在进行馆藏建设时存在很多困难。

首先，由于学术期刊种类繁多、售价昂贵，并且每年都有较高的涨幅，因此许多图书馆每年都会将很大比例的馆藏建设经费用于采购学术期刊。然而，各图书馆馆藏建设经费的涨幅远远跟不上学术期刊的价格涨幅，图书馆购买力的下降与期刊价格的节节攀升形成了较为尖锐的矛盾。大多数图书馆每隔几年，甚至每年都会对学术期刊的订购结构进行调整。

其次，据《乌利希全球连续出版物指南》统计，全球在发行中的学术期刊高达 20 余万种。学术期刊的连续性、专业性、规律性、系统性等特点造就了其令人惊叹的增长速度和数量。早在 20 世纪 80 年代，就有学者对学术论文的增长数量进行了统计，当时全世界每年发表的科学论文便达到了 500 万篇，平均每 35 秒一篇。❶ 就我国而言，与上述数字相比，学术期刊订购品种数最多的图书馆也不过近万种而已，并且图书馆之间多有重复。❷ 如何才能在众期刊中选出符合馆藏发展政策、满足广大用户需求、节约馆藏建设经费的品种，成了采访馆员乃至整个图书馆的棘手问题。

因此，图书馆对学术期刊的质量进行研究、对核心期刊进行遴选、确定馆藏采选重点，既可以提高馆藏建设的准确性与合理性，又可以提高图书馆学术期刊的管理水平。

（2）有利于满足图书馆文献情报服务需求

对于图书馆而言，除馆藏建设外，为用户提供及时、准确、高效的文献情报服务是不可或缺的重要职能。如前所述，学术期刊种类繁多，出版质量参差不齐，因此文献信息服务人员只有充分了解不同学术期刊的特点、优点、缺点，掌握重要学术论文发表的规律，熟悉各种文献搜集工具、途径和策略，才能够有针对性且高效地向用户提供咨询服务。而充分挖掘各学科领域的核心期刊信息，熟悉并利用各类学术期刊评价工具，恰好是在节省人力、物力、财力的情况下，做到有的放矢，提高文献情报服务工作效率和工

---

❶ 段玉思. 国外学术期刊商业化出版竞争格局演进分析 [J]. 中国科技期刊研究，2007（6）：981-983.

❷ 齐东峰. 外文连续出版物采访工作手册 [M]. 北京：国家图书馆出版社，2017：156-157.

作质量的重要保障。

(3) 有利于满足图书馆用户的阅读需求

全球的学术期刊品种有 20 余万种, 学术论文数量数以亿计, 每年的增长数量也多达数百上千万。对于图书馆的用户而言, 在这样一个海量学术信息包围着的世界中, 要想通过阅览特定领域范围内的所有文献资料的方式, 从而获取自己所需要的文献, 几乎是不可能完成的任务。他们必须有重点地阅读和查找本学科领域的重要文献, 来辅助自己的科学研究, 才能事半功倍。因此, 最好的方式即通过运用科学合理的学术期刊评价及核心期刊遴选工具, 掌握本学科领域及相关领域的核心期刊情况, 从而以较少的精力获取更多的、更加准确的文献信息。

4.2 前评价时期的外文学术期刊采选

4.2.1 学术期刊诞生初期的外文学术期刊采选

学术期刊的诞生, 为图书馆期刊的采选工作提供了对象和条件, 奠定了物质基础。但与图书相比, 期刊这种载体形式的文献, 产生的时间要晚得多。又由于学术期刊出现之前的手书新闻、手抄小报、印刷刊物的品种和数量均有限, 传播范围狭窄, 因此当时的图书馆并不重视期刊的收藏与利用, 更谈不上有条理或系统地进行期刊采选工作。

1663 年, 德国汉堡神学家与诗人约翰·理斯特创立了《启发讨论月刊》。1665 年, 法国议院参事戴·萨罗创办了《学者杂志》, 英国皇家学会首任秘书长亨利·奥尔登伯格创办了《哲学汇刊》。它们标志着世界上学术期刊的诞生。此后, 学术期刊很快在欧美各国成长起来, 并表现出了强劲的影响力与生命力。至 18 世纪末时, 全世界出版的学术期刊已有 755 种, 19 世纪末, 增至 10000 种, 学科领域也已经涉及数学、物理、化学、生物、医学、动物学、人类学、工程、地质学、考古学、语言学、经济学、政治学等。此时, 学术期刊在社会、科学、经济发展方面的作用逐渐显现, 逐渐受到了人们的重视。图书馆也开始重视期刊的收集、整理、典藏与利用, 逐步形成了较为条理、系统的学术期刊采选工作。因此, 对图书馆而言, 学术期

刊采选工作自产生至今，仅有 100 多年的历史。❶

20 世纪 30 年代中期，我国图书馆界专家曾对世界各国国立图书馆概况进行了研究。研究发现，当时国外许多国立（国家）图书馆还均未设立独立的期刊或报刊部门，甚至有些图书馆还未对期刊进行单独的馆藏统计。❷换言之，在学术期刊诞生初期，学术期刊评价理论诞生之前，图书馆的期刊采选工作几乎是没有以独立的组织机构来进行的，多是与图书等其他文献采选工作混在一起的。

我国图书馆界的报刊采选工作也是如此，大约是在 19 世纪末开始萌芽，在 20 世纪 20 年代逐渐引起重视，形成独立的期刊采选体系雏形。例如，对于外文学术期刊的收藏，京师图书馆在 1912 年时开始出现重视的端倪，这在京师图书馆呈教育部的报告中可见一斑，"（京师图书馆）略仿欧美通俗图书馆之制，除将馆内学者必须浏览之书分别择置外，再行添购各项杂志及新出书籍"❸。1915 年 8 月，京师图书馆分馆增设新闻杂志阅览室，搜集国内外新闻杂志；8 月 10 日，教育部批文第 1051 号核准了"京师图书馆分馆新闻杂志阅览室规则"❹。1926 年，京师图书馆改名北京图书馆，并在年报中提出了"专门杂志尤必搜求全份不使零残"的重要原则，其中"最重要者如《英国考古学杂志》《亚里士多德学会研究录》《现代历史》……等，均以全帙购入焉"❺。这标志着北京图书馆已经开始真正重视外文学术期刊的采选工作，并初步建立了外文学术期刊的采选政策。1929 年，新改组合并的国立北平图书馆成立期刊部，"下设中文期刊、西文期刊二组，并执掌

❶ 张厚生，吉士云. 报刊管理与利用 [M]. 北京：国家图书馆出版社，2013：49-57.

❷ 见《文华图书馆学专科学校季刊》第七卷第三四期合刊"世界各国国力图书馆馆藏概况专号"。

❸ 北京图书馆业务研究委员会. 北京图书馆馆史资料汇编（1909-1949）[M]. 北京：书目文献出版社，1992：33-34.

❹ 李致忠. 中国国家图书馆馆史资料长编（上）[M]. 北京：国家图书馆出版社，2009：44.

❺ 北京图书馆. 北京图书馆第一年度报告（缩微品）：民国十五年三月至十六年六月 [M]. 北京：全国图书馆文献缩微中心，2005：11.

期刊之采购事项"❶，同时规定"鉴于各馆藏书最感缺乏者为自然科学与整部之专门杂志，故年来对于此类书之搜集颇费辛勤，凡成套之期刊或丛刊均为一般购置中之最先事件。近三年来所得成套之专门期刊约一百五十种，皆自创刊号起至最近止"❷。这说明，国立北平图书馆不仅在建制上，而且在采选优先级别上对外文期刊给予了高度的重视。再如，1932 年，燕京大学图书馆设立杂志部；1933 年，江苏省立图书馆编制出版了《杂志目录之部》等。❸ 这些都是我国图书馆界学术期刊采选工作逐渐开始形成一定体系的重要标志。

这一时期，全球的国民教育，尤其是欧美国家，逐步开始普及。社会的文明程度逐步提高，交通运输、通信技术迅速发展。学术期刊也因此得到了较快的发展，出版量初具规模。一方面，对于各国的科学家和技术实践人员而言，他们需要能够迅速且方便地接触到一切有关的最新科学成果。另一方面，对于图书馆而言，他们已意识到搜集学术期刊文献的重要性，因为这正是满足科学家和技术实践人员需求的重要工具。然而，彼时的学术期刊，虽然有了较快的发展，但全世界范围内也不过数千种而已，并没有形成具有规模和系统的销售体系，各图书馆需要做的事情是极尽自身情报获取之能事搜集这些学术期刊，无法避免"采此不采彼"的情况，且主要采取了"专门杂志尤必搜求全份不使零残"的原则。

这一时期，对于西方尤其是欧洲的图书馆而言，学术期刊的采选工作要容易得多。因为无论是学术期刊出版信息的获取还是物流运输，它们都具有地域和语言优势。对于我国各图书馆而言，这一时期的学术期刊采选则存在着诸多的困难。当时东西方的沟通与交流方式受限，因此，最早的学术期刊相关的出版信息及部分期刊是外国传教士带来的。第一次世界大战后，资产阶级思想冲破了闭关锁国的重重障碍，被中国的一部分知识分子所接受，欧

---

❶ 李致忠. 中国国家图书馆馆史资料长编（上）［M］. 北京：国家图书馆出版社，2009：129.

❷ 国立北平图书馆. 国立北平图书馆馆务报告（缩微品）：民国十八年七月至十九年六月［M］. 北京：全国图书馆文献缩微中心，2005：14.

❸ 张厚生，吉士云. 报刊管理与利用［M］. 北京：国家图书出版社，2013：51-53.

美科学文化与东方文化产生了冲撞，中国革命运动因此发生了新的变化。这导致中国知识分子留洋学习的浪潮产生。这时，学术期刊的出版信息主要通过留洋人士传递或由图书馆内懂外文的馆员向国外图书馆及出版机构发送信函的方式获取。图书馆获取信息后，再以订购、交换、征集捐赠等方式获取所需学术期刊。例如，1919 年，京师图书馆中央公园图书阅览所的馆员就是通过一本外文杂志通讯录（外国文杂志底本）给国外出版社和学协会发送采选期刊函件的。❶ 再如，1938 年，国立北平图书馆上海办事处"托德人 Dr. Read 征到《中国文化情报》13 期及受赠《华美晨报》《大英夜报》《大〇晚报》等报纸"❷。

由此可见，在学术期刊诞生后的 200 余年中，图书馆的期刊采选工作主要在于"采"，即期刊的采集与寻访，尚没有在"选"的工作上深入进行。由于图书馆等机构在学术期刊"选"的工作上尚未产生较大的需求，期刊通讯录、期刊目录等工具就足以支撑图书馆的期刊采选工作。然而，20 世纪二三十年代，是第一次世界大战后科技快速发展的时代，这给学术期刊的快速发展提供了肥沃的土壤。不同学科领域之间的联系越来越紧密，对其之间"边缘地带"的研究也更加深入，学术期刊也从最初产生之时单种期刊几乎包含所有自然哲学等学科领域文章的情况，逐渐地越分越细，越来越专，期刊数量越来越多。学术期刊出版体系逐渐开始建立，从而给学术期刊评价理论的发现打下了物质基础。

4.2.2　检索工具对外文学术期刊采选的影响

4.2.2.1　对外文学术期刊的报道作用

文摘和索引的诞生是早于学术期刊的，但它们真正应用于揭示、报道、检索期刊文献是从 19 世纪初开始的。最初，文摘或索引等二次文献类期刊

---

❶ 李希泌、张椒华. 中国古代藏书与近代图书馆史料（春秋至五四前后）［M］. 北京：中华书局，1982：277.

❷ 图书馆学通讯资料组. 抗日史料征辑工作拾零［J］. 图书馆学通讯，1982（3）：50-51.

的产生，主要目的在于发现存世的学术期刊并让更多的需求者获取相关信息，并没有特意针对哪些期刊更加重要、更具价值等方面的问题去收录或编制文摘或索引。

早期的文摘，可分为指示性文摘（indicative abstract）和报道性文摘（informative abstract）。[●] 指示性文摘是对期刊刊载文章标题的补充说明，主要交代论文探讨问题的范围与目的。报道性文摘是对文献中情报的浓缩，需要真实地反映论文具有创新性的内容。但无论是指示性文摘，还是报道性文摘，它们都以及时、有效地报道一定时期内某一学科领域的新发现、新成就、新研究进展为重要原则。通过文摘类期刊，科研工作者可以大致看出自己研究学科领域的发展趋势、了解相关文献的增长速度等，图书馆也可以大致了解世界上某一学科领域相关学术期刊的出版发行情况。如早期的《地质和古生物学文摘》与《矿物学文摘》等，它们主要以简练、摘要的形式较为系统地报道和积累了相关学科的学术文献信息，一方面能够使科研工作者用较少的时间和精力掌握有关领域研究的现状和文献的基本内容；另一方面能够使图书馆从文摘期刊中发现更多相关学科领域的期刊并纳入馆藏中去。因此，文摘除用简短的语言概述一篇文献的重要内容外，还要列出文献的出处（来源期刊、年卷期、页码等）等信息。

早期的期刊索引工具，更像一种目录，只是它能够以某种或某几种便于读者检索利用的排列方式对期刊目录或期刊所刊载的论文进行排序，形成一个辅助检索系统。早期的索引主要分为篇目索引和内容索引。内容索引最初主要应用于图书文献中所包含的人名、地名、学术名词等，后来随着索引的发展，也应用于学术期刊论文中用于揭示其中更为深入的内容。篇目索引是早期应用最为广泛的索引形式，主要报道期刊及其刊载论文的题名、作者、出处（来源期刊、年卷期、页码等）等信息。但从表征上讲，篇目索引描述的信息虽然比文摘简单，却更具有报道文献的"快"与"全"的优势。如早期的《普尔期刊文献索引》等，它主要以题名、作者、学科主题等信息为内容，按一定的原则和方法将这些文献信息排列起来。一方面，科研工

●　陈光祚，焦玉英，何绍华. 科技文献检索 [M]. 武汉：武汉大学出版社，1987：51-55.

作者可以"按图索骥"地获取各种文献资料的出处；另一方面，它又以期刊目录的方式揭示了某一领域或地域范围内出版的较为完整的、系统的学术期刊清单，便于图书馆从中发现符合其馆藏政策的期刊。后来美国威尔逊公司（The H. W. Wilson Company）编制出版的《期刊文献读者指南》（*Readers' guide to periodical literature*）及其增刊《国际期刊索引》（*International Index to Periodicals*）、鲍克出版公司的《期刊指南》更是如此，主要以收集期刊出版信息为主。

早期的文摘或索引期刊等检索工具，主要具备的是文献收集尽可能全面、内容介绍尽可能精简、读者利用尽可能便利、信息报道尽可能及时四个特征。它们所具备的这些功能，正是报道文献出版信息的组成要素，因此也就成为期刊诞生早期图书馆采集相关信息的重要途径。

4.2.2.2 对外文学术期刊的筛选作用

20 世纪初，社会的文明程度逐步提高，科学技术快速发展，尤其是自然科学领域，如数学、物理、化学、冶金、机械、交通运输、采矿和电子电器等学科领域，科学研究的经费投入越来越高，科学发现和科研产出越来越多。全球的学术期刊品种数量，尤其在发达国家，呈现出了螺旋上升的趋势。19 世纪中叶，欧美各国的科技期刊仅有 1000 余种，19 世纪末时全世界达 10000 种，到 20 世纪中叶，该数字已猛增到 35000 种。学术期刊，不仅数量在不断地发生着变化，涉及的学科领域也越来越广，很多期刊的品质越来越高。与此同时，相同领域的不同学术期刊之间也出现了一定的质量或业界口碑的差距。

受此影响，文摘索引类期刊也不断地随之变化。一方面，大量的文摘索引类刊物应运而生，截至 20 世纪 60 年代，全球的文摘类期刊已达到了 1500 余种。另一方面，在许多学科领域，为了适应学术期刊刊载内容的精细化发展，文摘类期刊开始分辑出版，从每种出版一辑增至多辑，有的文摘期刊甚至出版几十至上百辑。然而，即便文摘索引类期刊能够随着学术期刊出版的迅速发展而发展，但它们作为检索工具已不能且不应该将世界上某一学科领域的所有论文文献都收录进来。说不能收录全面，是因为进入 20 世纪后，发表在学术期刊中的学术成果开始呈几何倍数增加，除欧美国家外，其他国家的学术期刊也逐步进入发展期，因此任何一种检索工具都很难达到"大而全"或"小而全"的规模。说不应该收全，则是由于在学术期刊快速发展的阶段，大多数期刊品质在逐步提升的同时，部分学术期刊则因为在编辑出版的过程中存在着一定的问题，从而导致办刊水平的相对低下。因此，一些文摘索引类期刊及其检索工具开始制定选择来源期刊的标准，有选择性地对学术期刊及其刊载论文进行收录。这些检索工具对编辑出版、论文评审制度、学术期刊刊载论文的质量、编委、是否采用同行评议等方面均有一定的要求，在某些学科领域甚至对期刊刊载论文自身的时效性和国际性也有一定的要求。因此，它们除具备文献检索、为学术期刊评价提供基础数据的功能外，这种对学术期刊的筛选，也间接地起到了期刊评价的作用。

4.2.2.3 图书馆期刊采选的重要参考依据

在19世纪至20世纪初的100余年中，文摘索引类期刊及其检索工具经历了从产生到稳步发展的过程。它们在科研领域及图书馆情报界中所发挥的作用也从单一的揭示、报道、检索文献，逐渐发展到辅以一定的学术期刊筛选功能。从学术期刊的评价层次上而言，虽然这一类检索工具并不能被称为是具有科学、客观、系统的学术期刊评价体系，但它们作为二次文献，实际上已经具有了一定的评价功能，或称为文献的筛选功能。当然，在学术期刊科学的评价理论诞生之前，它们对期刊评价的目的尚不够明确，评价功能非常有限，评价的作用也相对较低，但是在当时的历史发展阶段，这一类检索工具却是图书馆发现、采选学术期刊必须参考的重要依据，也为后来学术期刊评价体系的建立提供了重要的数据源。

19世纪中叶，美国图书馆学家威廉·弗雷德里克·普尔编制出版了著名的期刊论文索引《普尔期刊文献索引》，收录了欧美学术期刊450余种。该索引出版后，深受图书馆界欢迎，初版的500个复本很快销售一空，第二版的1000个复本同样在短时间内售罄。后来，《普尔期刊文献索引》陆续再版，索引内容也逐步延伸。虽然这一索引工具并没有公布明确的来源期刊收录标准，但却被公认为是19世纪中期至20世纪初最为重要的期刊检索工具，被誉为 19 世纪期刊文献中极有价值的一把"钥匙"，因此成为当时众多图书馆采选学术期刊的重要参考工具。

很多专业性的文摘期刊，在相关专业图书馆的期刊采选工作中更是起到了不可或缺的作用。以 1907 年创刊的《化学文摘》为例，国内很多综合性图书馆、高校图书馆以及与化学、化工相关的专业性图书馆均订购了该文摘，并且将它奉为化学领域最重要、最完整的检索工具，许多化学领域的学术期刊也把被《化学文摘》收录视作被业界认可的一种标志。因此，图书馆学术期刊采选工作通常将《化学文摘》作为采选化学领域期刊的重要工具，被该文摘收录的期刊则拥有更大被入选馆藏的可能性。

甚至，学术期刊检索工具对图书馆期刊采选工作的影响一直延续至今。例如，《水科学和渔业文摘》（*Aquatic Sciences and Fisheries Abstracts*）虽然创刊于 20 世纪 70 年代，但它却一直是海洋、水产界科研工作者必备的检索工具，也是相关领域图书馆参选学术期刊的重要参考。自该文摘诞生至 20 世纪末，我国的国家海洋信息中心一直将它作为本馆外文海洋文献收藏、报道与服务的重要文献源，并依据《水科学和渔业文摘》所收录的期刊建设馆藏。❶ 再如，21 世纪初，科技部联合财政部等六部门建立的国家科技图书文献中心（National Science and Technology Library，NSTL），在外文学术期刊馆藏建设方面仍以文摘索引等二次文献库的收录情况作为重要的采选依据，通过对比馆藏期刊与《科学引文索引》《工程索引》《化学文摘》、MEDLINE、《生物学文摘》等文摘索引工具收录期刊的重复情况，对新增和调整馆藏学术期刊品种进行指导。❷❸

4.3　单一指标评价时期的外文核心期刊遴选

由于文摘索引期刊等检索工具对学术期刊评价的作用非常有限，其评价

❶　杨鹰. 《水科学和渔业文摘》（ASFA）对国内馆藏西文期刊文献的报道率统计——兼论我馆馆藏外文海洋文献数据库的建设 [J]. 海洋通报，1992（4）：82-86.

❷　张秀梅，曹勇刚. 国家科技图书文献中心的西文期刊馆藏与国外著名索引系统的收录交叉分析 [J]. 大学图书馆学报，2008（3）：12-17.

❸　张爱霞，王娜，潘晓蓉，等. NSTL 收藏期刊被七大二次文献数据库收录的实证研究 [J]. 图书馆论坛，2012（1）：29-32.

功能很低，因此，学术期刊进入快速发展时期后，为满足学术期刊质量的区分，通过一定的具有针对性的文献分析方法对学术期刊进行评价成为时代的需求。19 世纪末至 20 世纪初，文献与情报研究人员在《普尔期刊文献索引》与《谢泼德引文》的基础上对文献计量分析开始了尝试性的工作。1917 年英国动物教授、文献学家弗朗西斯·科尔与动物学家内莉·伊尔斯首次利用文献统计的方法对 1543—1860 年间欧洲各国学术期刊上发表的比较解剖学文献进行了分析，论述了文献统计分析的功能与作用。1922 年，英国专利局图书馆学家爱德华·温德姆·休姆提出了"统计书目"的说法，并对丛书《国际科技文献目录》中收录的期刊部分进行了统计分析，列出了生理学、细菌学、血清学与生物学四个学科领域的学术期刊排序表。1927 年，P. L. K. 格罗斯与 E. M. 格罗斯通过对化学教育学术期刊的引文进行统计分析，将被引期刊按被引次数的多寡从高到低排序，列出了核心期刊表。这些既是用文献计量的方式阐明现代文明发展的新方法，也是初步利用文献统计的方式进行期刊评价的尝试，并为单一指标评价方法的发现及核心期刊概念的形成起到了非常重要的启示作用。20 世纪 30 年代初至 60 年代末，国外文献计量学专家和学者先后在发现了布拉德福定律、加菲尔德定律、普赖斯指数和特鲁斯威尔定律等学术期刊评价理论的基础上，建立了载文量法、文摘量法、引文量法、流通统计法等基于学术期刊单一指标的核心期刊遴选方法。

4.3.1　载文量法

4.3.1.1　载文量法及其具体操作方法

载文量是指某学术期刊在一定时期内所刊载论文的数量，是反映学术期刊信息含量的指标，主要衡量期刊在刊载论文数量方面的贡献，与期刊学术质量没有必然的联系。虽然如此，由于它能够反映学术期刊对外部文献资源的吸附能力，因此是衡量期刊吸收和传递信息能力的重要指标。作为计算其他定量指标的基本数据，载文量也是各种学术期刊评价体系所采用的基本指标之一。

载文量法是运用学术期刊载文数量与分布情况对期刊进行分析评价的方法，是布拉德福定律为核心期刊遴选提供的一种定量研究方法。最初，塞缪尔·克莱门特·布拉德福提出分散与集中定律时，载文量只是用来计算期刊文献分散规律的基础数据。后来，随着学术文献价值与期刊质量评价的发展，它逐渐成为期刊评价一个最基本的计量学指标，几乎与其他所有的评价指标都或多或少地有着不可分割的联系。一般来说，用载文量法遴选核心期刊通常有四种具体的做法。

（1）区域分析法

区域分析法是指以学术期刊载文量的多寡来划分区域，并据此筛选核心期刊的方法。具体的操作方法如下：首先，选定一个时间范围，分别统计某一学科领域内各种学术期刊的载文量；其次，根据布拉德福定律中描述的等级排列技术，即期刊载文量的多寡，对该学科领域的所有期刊进行排序；最后，根据具体的载文情况，将这些期刊分成若干区（一般至少为三个区），并使每个区内各期刊载文总量之和大致相等。第一区的期刊即为该学科领域的核心期刊。❶

（2）图像分析法

图像分析法即根据学术期刊载文量统计数据制作相应的分布曲线图，并利用图像分析结果来取定核心期刊的方法。图像分析法以布拉德福定律的图像描述为依据，即将某一学科领域各种期刊按载文量多寡排列后，形成两组数据。一组为期刊数量累积数，用 n 表示；另一组为相应载文量的累积数，用 $R(n)$ 表示。然后，以期刊数量累积数的自然对数 $\ln n$ 为横坐标，以相应载文量的累积数 $R(n)$ 为纵坐标，进行绘图后得到一条曲线，称作布拉德福曲线（图4-1）。若将布拉德福曲线的直线部分与上升部分的交点设为 C，C 对应横坐标设为 $\ln n_c$，则期刊数量累积数 n_c 即为该学科领域的核心期刊数量，排在该点之前的 n_c 种期刊即该学科领域的核心期刊。❷

❶ 叶继元. 核心期刊概论［M］. 南京：南京大学出版社，1995：109.
❷ 邱均平. 文献计量学［M］. 2版. 北京：科学出版社，2019：97-98.

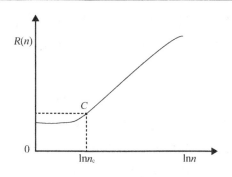

图 4-1　布拉德福曲线示意

（3）相对载文量法

相对载文量法是将某一学科领域各种学术期刊按相关文献载文量与其全部刊载文献量的百分比的大小进行排列遴选核心期刊的方法。无论区域分析法还是图像分析法，都仅仅是以期刊刊载某一学科领域论文的绝对数量作为统计和排序依据，很容易将那些发行频率低、每期刊载文献总量少的小型专业期刊排除在核心期刊之外。采用相对载文量法，可以弥补前述两种方法的缺陷，因此这种方法又被称作"百分比补偿法"。它的具体计算方法是：首先统计某一学科领域相关学术期刊中每种期刊所刊载该学科领域的论文数量及其占该刊总载文量的百分比，然后根据百分比的大小对期刊进行排序，最后再根据需求选定一个合适的百分比作为标准（例如 50%），高于该比例的期刊即可确定为该学科领域的核心期刊。❶ 与区域分析法和图像分析法相比，这种方法避免了在遴选核心期刊时受期刊载文总量规模的影响，使那些载文总量小却与某一学科领域紧密相关的期刊拥有了入选核心期刊的可能。这更贴近各学科领域实际使用学术期刊的情况。

（4）累积百分比法

累积百分比法，也称作"百分之八十法"，是根据某一学科领域相关载文累积量占所统计全部学术期刊总载文量的百分比遴选核心期刊的方法。它首先将某一学科领域的学术期刊按相关载文量的多寡排序，再依次累积排在

---

❶　陈光祚. 布拉福德定律在测定核心期刊中的局限性［J］. 情报科学，1981（1）：54-57.

前面的若干种期刊的载文量，然后求出该累积载文量占所统计全部期刊载文量的百分比，直到达到 80% 时即止。被累积到 80% 的那些期刊即为核心期刊。❶

以上四种方法都是以学术期刊某一学科领域相关载文量为统计标准进行筛选。这些方法均考虑了期刊相关载文量的数量，在一定程度上能够满足遴选核心期刊的需求，并且操作方法相对简明，易于执行。然而，这些操作方法仅重视论文的绝对数量或相对数量，未考虑期刊的其他因素，尤其是没有对每一种学术期刊的质量进行评价，容易造成一些载文量不大、出版频率较低但学术质量较高的重要期刊被漏选，因此存在着一定的局限性。

4.3.1.2　载文量法的应用及其局限性

图书馆在制定学术期刊采选策略时，最希望达成的目标是把有限的资源建设经费合理地分布于符合馆藏发展政策的核心期刊上。而如何合理地利用经费，是一个非常值得研究且一直在不断完善的课题。

对于图书馆而言，若想获取与某一学科领域相关的所有学术期刊，需要采集大量的情报信息。对于大多数图书馆而言，达到 100% 收藏某一学科领域内的学术期刊几乎是不可能完成的任务。另外，即使某一个图书馆拥有超级强大的采集信息的能力，可以收全相关学术期刊，但就投入成本和产出效益的角度而言，这样的做法也是不可取的。就某一学科领域而言，一个图书馆收藏的学术期刊由 80% 相关载文量所对应的品种增至 100% 相关载文量所对应的品种时，其经费投入可能将翻倍，甚至更多。这不仅会给图书馆资源建设经费带来压力，同时也会大大降低经费的优化配置。因此，遴选核心期刊，有两个重要的问题需要解决。一是如何根据经费能力确定能够采购的期刊数量，二是采用何种方法能够尽可能地确定所采购的期刊能最大限度地满足用户需求。

根据布拉德福定律可知，某一学科领域绝大多数相关论文都分布在少量的核心期刊中，因此图书馆搜集期刊信息的基本原则应为优先搜集那些刊载

---

❶　叶继元. 核心期刊概论 [M]. 南京：南京大学出版社，1995：109.

相关论文量高的学术期刊信息。为了达到馆藏建设目标，图书馆可以利用前述区域分析法、图像分析法、相对载文量法、累积百分比法来确定优先采选的期刊清单，同时再根据资源建设经费的分配情况确定是否可以覆盖遴选出来的所有核心期刊。

当然，基于布拉德福定律的载文量法除有前述漏选载文量不大、出版频率较低但学术质量较高的重要期刊的可能性外，在应用时还会受到一些如下因素的制约：❶

1）学术期刊刊载论文的学科领域是否清晰地划定。

2）目标学科领域的相关期刊清单以及这些期刊中所刊载的相关论文是否充分地被统计分析。

3）为保证相关论文统计分析数据的一致性，目标学科领域相关期刊刊载论文的统计时间段是否清楚地限定。

布拉德福定律为后来的核心期刊遴选提供了理论基础，而基于布拉德福定律的载文量法则提供了相应的方法论支撑。它们成为核心期刊遴选乃至所有学术期刊评价的榜样，是学术期刊评价史的真正开端，无论是学术期刊评价领域还是文献计量学领域，都有着十分重要的地位。

4.3.2　文摘量法

4.3.2.1　文摘量法及其具体操作方法

文摘量是指学术期刊某一期次或某一时间段内所刊载的论文被文摘检索类期刊或工具摘编的篇数。❷ 文摘量的多寡可以较为有效地反映出该文摘期刊或工具对被摘编期刊的重视程度。遴选核心期刊的文摘量法即根据文摘类期刊或工具摘编论文量的多寡对学术期刊进行排序，并以此形成目录清单，将它作为某一学科领域学术期刊重要程度的依据。被文摘检索类期刊或工具摘编论文量较大的期刊，即可被测定为核心期刊。

采用文摘量法遴选核心期刊时，首先需要选定一种或几种文摘检索类期

---

❶　邱均平. 文献计量学［M］. 2 版. 北京：科学出版社，2019：117-118.

❷　丁明刚. 学术期刊评价研究［M］. 济南：黄河出版社，2010：31.

刊或工具。通常，被选定的文摘检索类期刊或工具应在遴选核心期刊所对应学科领域内具有国际性和权威性，如化学、化工领域的《化学文摘》，生物科学领域的《生物学文摘》等。当某一学科领域有两种或两种以上的文摘检索类期刊或工具时，则尽量选择被业界认可度更高的一种作为统计分析对象。其次，确定被选文摘检索类期刊或工具的统计分析年代或时限时，一般采用其最近出版的卷、期，时限取一年或多年。这是因为，论文摘编本身带有一定的偶然性，如果统计时间太短，所获得的样本数据数量越少，根据这些数据进行统计分析得出的结果则更会存在失准的可能。最后，根据统计数据中文摘量的多寡对学术期刊进行排序，同时统计排在前面的期刊的累积文摘量占总文摘量的比例，计算出累积文摘率。累积文摘率达到 70% 时（一般取此标准），相对应的期刊则可被确定为该学科领域的核心期刊。❶

4.3.2.2　文摘量法的应用及其局限性

文摘量法与载文量法相比，其核心期刊遴选的准确性略有提高，因此成为 20 世纪中下叶较为重要的核心期刊遴选方法。不过在图书馆学术期刊采选的实际操作中，可能会遇到一些较难处理的问题，如某一学科领域可能会存在几种不同的国际著名的权威性文摘检索类期刊或工具，会造成实际统计过程中样本选择困难。如果遇到这种情况，在利用文摘量法遴选核心期刊时可考虑在选择其中一种形成核心期刊清单后，再以另外一种或几种作为辅助，形成用以比较的核心期刊清单，多相验证。尤其是在资源建设经费不足的情况下，可以通过核对几个核心期刊清单，保留重复出现的期刊，剔除各核心期刊清单中不重复的期刊，以达到节省资金的目的。此外，通过交叉对比，所得出的核心期刊清单将更加具有准确度和可信度。

然而，与载文量法一样，文摘量法也有其自身的局限性，主要表现在以下几个方面：❷

1）用文摘量法测定某一学科领域的核心期刊，必须有适合于该学科领域的文摘检索类期刊或工具，否则就无法开展测评。

❶　陆伯华. 用文摘法确定核心期刊及其局限性 [J]. 情报科学，1983 (3)：35-36.
❷　邓福泉. 谈谈文摘法的局限性 [J]. 图书情报知识，1993 (3)：34.

2）文摘量法是按照期刊论文的绝对被摘编量进行排序的，因此一些小型的专业期刊将很难进入核心期刊的行列，而一些大型的综合性期刊或载文量大的其他学科领域的期刊可能会被选为该学科领域的核心期刊。

3）文摘检索类期刊或工具往往注重摘编学术性强、理论水平高的文章，而一些具有较多读者和较高使用价值的科普性强、实用性强、技术性强的文章则往往不予重视。这可能会导致一些注重实践经验交流与推广的学术期刊未能入选核心期刊。

4）文摘量往往会受到文摘源期刊和文摘员素质等种种条件的限制，从而导致一些比较重要的期刊和论文被漏摘，从而影响核心期刊遴选的准确性。

总体来看，虽然文摘量法也存在一定的缺点，但在20世纪中期至80年代，仍是简单易行的遴选核心期刊的方法，且多数文摘检索类期刊或工具都是遵循择优摘编的原则，在一定程度上能够反映出学术期刊的质量，因此也是当时学术期刊采选工作的常用方法。20世纪末至21世纪初，随着计算机技术和网络技术的应用和普及，许多文摘检索类期刊或工具逐步走向在线数据库的形式。一方面，这使得文摘量及累积文摘率的统计变得更加方便快捷。另一方面，由于电子数据库的形式不同于纸本期刊，它不再囿于版面对摘编论文数量的限制，从而使文摘检索工具从少而精向大而全发展。因此，采用文摘量法遴选核心期刊也变得越来越不够准确。

4.3.3　引文量法

4.3.3.1　引文量法及其具体操作方法

引文量法，又称引文分析法或引文法，是根据某一学科领域的学术期刊在一次文献中被引用次数的多寡对期刊进行排序，被引用次数达到某一限度的期刊则被认定为该学科领域的核心期刊。❶

在科学文献体系中，尤其是学术期刊体系中，文献之间并不是孤立的，而是存在着一定的联系。它们之间的相互关系，有一个非常突出的表现，即

---

❶ 李继晓，蔡成瑛. 对各种核心期刊评价方法的分析［J］. 中国科技期刊研究，2006（2）：253-256.

引用和被引的关系。这种引用和被引的关系就是引文分析的主要依据。引文分析最早是在 20 世纪 20 年代后期由 P. L. K. 格罗斯与 E. M. 格罗斯提出的。他们曾针对化学类期刊的参考文献进行了分析，并将被引期刊按被引次数的多寡从高到低排序，列出了核心期刊表，从而为图书馆订购化学领域的学术期刊提供了定量的决策依据。1972 年，尤金·加菲尔德在前人研究的基础上，基于多年深耕于《科学引文索引》的研究经验与发现，提出了"引文集中定律"，创造性地以引文为依据来评价文献和期刊质量。后来，随着文献计量学的逐步发展，引文量法得到了业界广泛的重视和应用。随着该方法的广泛应用，其具体操作方法也不断地丰富，逐步完善。根据其具体做法的不同，引文量法主要分为以下三种情况。

（1）一步引文量法

所谓一步引文量法，即选择某一学科领域的一种或多种具有权威性的期刊作为母本，统计其 1~3 年内（或更长时间）发表的论文及其参考文献数据，然后分析这些参考文献的出处（被引期刊），并将这些被引期刊按被引次数的多寡排序，被引次数达到一定限度的期刊则被列为核心期刊。或者，再根据被引次数由高到低的顺序累积被引次数，用被引次数除以总参考文献量，计算出被引文率，当累积被引文率达到 70%~80% 时，相对应的期刊则可被确定为该学科领域的核心期刊。

（2）多步引文量法

多步引文量法，即在一步引文量法遴选出的核心期刊列表的基础上，从中选择排在前面几种的核心期刊作为引文统计源，并按照一步引文量法再次进行筛选。具体筛选次数，可根据需求设定。这样反复筛选后，将得出的多个核心期刊清单进行交叉比较，在多个核心期刊清单中重复出现的期刊或出现频率较高的期刊可列为核心期刊。

（3）直接法

直接法，即直接利用现成的引文工具的方法，如利用始创于 20 世纪 60 年代的《科学引文索引》的副产品《期刊引证报告》所筛选出来的期刊清单直接选择某一学科领域的核心期刊。1971—1972 年，尤金·加菲尔德及其科学信息研究所的同事们对《科学引文索引》1969 年第四季度的 2200 种学术期刊中近 100 万篇引文的文献记录进行了分析，得出了"所有学科的核心期刊加在一起不会超过 1000 种，实际上，各学科最重要的核心期刊总和甚至少于 500 种"的结论。1975 年，当时还以印刷形式出版的《科学引文索引》增加了一卷内容，即《期刊引证报告》。这一年的《期刊引证报告》不仅对 1974 年《科学引文索引》收录的 2400 余种期刊的 40 多万篇论文提供了详细的期刊间引用关系，同时也首次发布了完整的期刊影响因子列表。❶ 根据《期刊引证报告》提供的数据，图书馆或文献情报研究人员不仅可以分析某种学术期刊的被引次数，也可以分析期刊中每篇论文的平均被引次数。这些数据，既可以用来评价期刊质量，也可以形成许多更加具体的引文分析方法来确定某一学科领域内的核心期刊。

4.3.3.2 引文量法的应用及其局限性

由于引文量法是从被论文作者利用的角度去衡量期刊质量的，其统计分析结果相对较为客观，因此它成为图书馆在学术期刊采选工作中确定核心期刊的重要方法。对于专业图书馆而言，由于所涉及的学科领域相对较为单一，因此它们可以充分利用引文量法的各种不同做法，针对其涉及的学科领域做成期刊列表，测定核心期刊。对于综合性图书馆、公共图书馆、大部分高校图书馆而言，由于它们涉及的专业和学科领域较为广泛，因此需要确定许多不同学科领域的核心期刊。若分别利用上述不同的引文量实操方法——去统计分析，难度可想而知。如果利用诸如《期刊引证报告》等现成的引文工具，则可以大大减轻繁重的统计工作，其准确性也有很大的提高。基于以上原因，引文量法自诞生以来一直有着较为广泛的应用。

虽然引文量法长期以来受到了广泛的重视和应用，但它同时也存在着一定的局限性。这是因为，论文作者引用文献的过程其实也是他们个人的思考和判断的过程，会受到诸多因素的影响，如信息获取能力、语言、学科专业、期刊权威性等。所以，作为论文作者参考他人科研成果的表现形式的引用文献，仅仅是一种宏观的表面测度，并不能准确地证明被引用多即绝对重

---

❶ GARFIELD E. Preface and introduction to journal citation reports[J]. Science Citation Index,1975,9(annual):1-20.

要。总体而言，引文量法的局限性主要表现在以下几个方面：❶❷

1）期刊论文的被引次数多寡与论文及其所在期刊的重要性和质量不能画绝对的等号。例如，有些论文，其观点或结论存在瑕疵或错误，后继研究者可能因为评价或修正的原因需要引用它们，从而导致这样的论文的被引次数很高，这种情况就不能证明该论文的重要性。同样地，有些论文的被引次数可能不高，很可能是受到了语言、所刊载期刊的传播能力、学科领域特征等诸多因素制约所导致，此时也不能断定该论文不重要。总之，就个体而言，被引次数的微小差别并不能完全说明期刊及其论文的质量优劣，它具有更大的随机性。因此，只有被引次数的巨大差别或期刊被引的平均次数的较大差别，才相对地能说明一定问题。

2）论文作者引用文献可能受多种因素制约，存在一定的随机性。一方面，著者选用引文会受到可获得性的影响，在选用参考文献时以方便为准则，以占有为优先，引文并不一定是最好的。早在 1976 年，索普（M. E. Soper）就有类似的研究发现，即在著者最新发表的论文中，其所引用的文献绝大部分是个人藏书，小部分是所属部门或单位图书馆藏书，而来自其他来源的文献则很少。❸ 目前有许多研究表明，开放获取期刊比传统期刊被引用的次数多，同一期刊上开放获取论文比未开放获取论文的引用次数多。这也在一定程度上说明上述问题。此外，作者在获取和引用文献时，还会受到诸如个人信息获取能力、语言、学科专业、自身年龄、二次文献报道情况等方面因素的制约和影响。

3）统计时间范围问题。许多不朽之作在其发表后许多年，人们才注意并频繁引用。如哥白尼的《天体运行论》（*De Revolutionibus Orbium Coelestium*）、爱因斯坦的《论动体的电动力学》（*On the Electrodynamics of Moving Bodies*）和塞缪尔·克莱门特·布拉德福的《专门学科的情报源》（*Source of Informa-*

---

❶ 邱均平. 文献计量学 [M]. 2 版. 北京：科学出版社，2019：312-313.

❷ 杨思洛. 引文分析存在的问题及其原因探究 [J]. 中国图书馆学报，2011（3）：108-117.

❸ SOPER M E. Characteristics and use of personal collections[J]. The Library Quarterly：Information，Community，Policy，1976(4)：397-415.

tion on Specific Subject）等，都是经历了多年的低被引而转为高被引的文献，属于所谓的"睡美人"现象文献。❶ 此外，还有许多重大的科技进展被融汇为普遍承认的常识，本应很高的被引次数却没有持续下去，如爱因斯坦的相对论、有关 DNA 双螺旋结构的论文就是典型。这给引文量法评价期刊功能的准确性带来了一定难度和误差。

4）无法区分施引文献对被引文献的重要性。论文作者引用文献的原因有很多种。虽然不同的论文可能都引用了同一篇早期的文献，但它们有的可能是引用了早期文献中的方法，有的可能引用的是其数据。同样地，它们在引用同一篇论文时，有的可能发生在引言中，有的可能发生在正文中，有的可能发生在结论中。这些不同的情况，在目前的引文统计分析中，都是同等对待的，没有区别对待。此外，有些作者在自己的论文中，还会存在引而未用、用而未引等情况。这些现象都会影响到引文分析的应用和效果。

5）引用偏见的影响。出于各种原因和目的，论文作者可能存在伪引、漏引，尤其是为拔高著者身份的自引、互引或为掩遮某种联系的漏引，都会给引文分析带来误差。此外，人们往往以"名著""权威"作为选择引文的标准。例如，一种期刊因为发表名人的文章而为众人所大量引用，以致引起连锁反应，使其引文率很高。这些现象均掩盖和影响着文献引用的真实性，不能客观地评价论文的价值。

虽然引文量法也有较多的局限性，但它的几种具体操作方法，与载文量法、文摘量法等相比，无论是理论支撑还是逻辑和理性上都有着较大的完善，因此仍是目前遴选核心期刊较好的方法。

4.3.4　流通统计法

流通统计法，也称利用率法，是根据学术期刊被用户使用（借阅、复制等方式）的频率筛选核心期刊的方法。❷

有文献记载的图书馆馆藏文献流通数据的统计分析始于 1946 年。一位名为波彻（Postell）的图书馆员针对路易斯安那州立大学医学图书馆的期刊

---

❶ 叶鹰. "睡美人"释义［J］. 中国图书馆学报，2014（2）：51.
❷ 邱均平. 文献计量学［M］. 2 版. 北京：科学出版社，2019：323-324.

借阅和使用情况进行了调研分析，认为用图书馆文献使用数据评价期刊比
1927 年 P. L. K. 格罗斯与 E. M. 格罗斯提出的引文分析的方法更准确。1964
年，托马斯·弗莱明与弗雷德里克·克尔格针对哥伦比亚大学医学图书馆近
2000 种期刊和耶鲁大学医学图书馆的 1500 多种期刊的流通情况进行了分
析，形成了一个生物医学期刊核心集，认为这些期刊足以满足哥伦比亚大学
和耶鲁大学医学图书馆的大多数使用需求。这是学术期刊评价史中较早使用
流通统计法遴选核心期刊的做法，但并没有形成规则或法则。1968 年，特
鲁斯威尔对托马斯·弗莱明与弗雷德里克·克尔格的部分数据重新发掘与分
析，得出了另一个新的重要发现，即这两个图书馆的馆藏中约 20% 的期刊
满足了 80% 的用户使用。1969 年，他将这一新的重要发现以题为《图书馆
用户的一些行为模式：80/20 定律》的文章公开发表，提出了文献利用的二
八定律。

文献的使用率可以反映图书馆用户利用文献的实际情况。统计一定时期
内馆藏期刊的流通、阅览、外借、复制次数，在线电子期刊产生后还可以统
计期刊的浏览、下载次数等，并根据使用量的高低对期刊进行排序，是可以
作为遴选核心期刊的依据的。此外，在分析学术期刊流通情况时，还可以考
虑馆际互借、用户申请借阅时发现的图书馆未收藏的学术期刊的需求情况
（在线电子期刊出现后，使用统计标准中也有"被拒访问量"的统计数据）。

使用学术期刊流通数据衡量期刊的质量，并据此确定核心期刊的方法实
操性强，也比较符合图书馆的用户需求。但是这种方法只能测定流通数据对
应图书馆既有期刊的质量，即便是可获取申请借阅被拒或在线访问被拒数据
情况的图书馆，也仅能有限度地补充确定一部分核心期刊，仍无法从根本上
避免受本机构、本地区用户影响的情况。另外，还有一些特殊情况会影响评
价结果，如在某些图书馆，知识性、通俗性期刊的利用率往往高于专业性期
刊，而后者明显具有更高的学术质量。由此可见，该方法也尚有其局限性。

不过，流通统计法的可贵之处在于，它给图书馆评价馆藏学术期刊提供
了新的思路，从最初着眼于期刊的专业性、刊载文献的数量、被引频次等与
期刊及其论文自身更加相关的数据研究转向了从用户的角度、以用户对馆藏
期刊的实际需求为出发点的研究。后来的数据库 COUNTER 统计标准，文献

的用户驱动采购、需求驱动采购、循证采购等采选方式，均是在这种方法的基础上发展而来的。

上述几种不同的单一指标评价方法，均能够针对某一学科领域形成一份核心期刊清单。确定了一定数量的核心期刊，在一定程度上就能够实现学术期刊质量的分区，从而为图书馆学术期刊采选工作提供参考依据。

4.4　多元指标评价时期的外文核心期刊遴选

20 世纪 80 年代以来，全球科学技术水平的快速发展，特别是全球一体化格局的不断深入，使科技创新进一步被推进，整个世界逐渐步入了知识化、信息化的时代。这给学术期刊的发展带来了巨大的机遇和挑战。学术期刊的品种数因此在不断地增加。根据《乌利希全球连续出版物指南》统计，全世界共有 80 余万种连续出版物，其中在发行中的学术期刊有 20 余万种。在如此庞大数量的学术期刊中，采用单一指标来反映期刊的影响力、声誉和质量，已无法满足图书馆、科研工作者、出版社等学术期刊评价利益相关群体的需求，亟须综合各种指标形成多元指标的评价方法——通过科学的方式将多种学术期刊评价指标组织起来，取各评价指标的优点和长处，补其他指标的缺点和短处，形成更为科学合理的遴选核心期刊的方法。目前使用较多的多元指标方法均在一定程度上结合了数学的相关算法，对不同指标数据进行综合处理，具有代表性的多元指标评价方法有综合作图法、综合加权筛选法、层次分析法等。

4.4.1　综合作图法

在单一指标评价方法中，学术期刊的被摘编、被引用、在图书馆的流通情况都是它们被利用的数据和证明，均可以用作判断期刊重要性、是否为核心期刊的依据。但如前所述，这些数据及其对应的文摘量法、引文量法、流通统计法等，分别有着各自的局限性。为了弥补各种单一指标评价方法的不足之处，取长补短，提高核心期刊遴选的准确性和有效性，有学者因此提出了将文摘量法、引文量法和流通统计法的结果相比较，形成综合考量的方法，即综合作图法。● 综合作图法的思路与具体操作如下。

将通过文摘量法、引文量法和流通统计法所得到的某一学科领域核心期刊的结果用字母 Q、P、R 表示，分别画圆。三个圆相交可得到一个三圆共同交汇区、三个两两相交区、三个不相交区，共计七个区域（图4-2）。

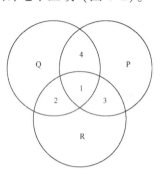

图中"1"区为 Q、P、R 三部分相交形成的共同区域，代表着被摘编、被引用和流通情况均较多、较好的期刊，因此属于核心期刊中的核心期刊。

图中"2"区为 Q、R 两部分相交形成的共同区域，代表着同时被摘编较多、流通情况较好，却很少被引用的期刊。一般而言，这些期刊往往会是一些新刊或科普性期刊等。

图 4-2　综合作图法示意

图中"3"区为 P、R 两部分相交形成的共同区域，代表着同时引用较多、流通情况较好，却很少被摘编的期刊，说明这些期刊尚未被文摘索引工具发现或由于某些原因不能被摘编，如内部刊物、私人交流刊物等。

图中"4"区为 Q、P 两部分相交形成的共同区域，代表着同时被摘编和被引用较多，而流通情况较少的期刊，说明虽然这些期刊通过文摘量法和引文量法被测定为核心期刊，但统计时间范围内本图书馆用户对于该部分期刊使用的频次却并不高，即本图书馆用户对这些期刊的利用需求暂时没有或较低。

未与其他任何部分交汇的 Q 区、P 区、R 区则分别代表仅被摘编较多、仅被引用较多、仅流通情况较好的期刊。

图书馆在实际的学术期刊采选及续订工作中，可以先根据重要程度对以上各区进行排序，并以此作为采选和续订期刊的依据。各区重要程度排序一般为：

1）"1"区，即被摘编、被引用和流通情况均较多、较好的期刊。

● 叶继元. 核心期刊概论［M］. 南京：南京大学出版社，1995：112-113.

2）"2"区，即被摘编较多、流通情况较好，却很少被引用的期刊。

3）"3"区，即被引用较多、流通情况较好，却很少被摘编的期刊。

4）R 区未交汇区，即仅流通情况较好的期刊。

5）"4"区，即被摘编和被引用较多，而流通情况较少的期刊。

6）P 区未交汇区，即仅被引用较多的期刊。

7）Q 区未交汇区，即仅被摘编较多的期刊。

在实际工作中，若图书馆用到此方法，说明该馆受文献资源建设经费、馆藏空间等因素的制约，需缩减图书馆采选核心期刊的数量，因此通常不会再考虑 P 区未交汇区和 Q 区未交汇区的期刊。

4.4.2　综合加权筛选法

综合作图法主要利用不同单一指标所得到的某一学科领域核心期刊的结果进行相互比较并取交集，根据期刊的重复性判定期刊的重要性。综合加权筛选法则是利用不同单一指标获得某一学科领域的核心期刊清单后，再根据学科需求、专家调研等方式对不同的指标赋予不同的权重，进行加权平均排序，综合筛选出一个核心期刊列表的方法。下面以《国外科学技术核心期刊总览》中电子技术与通信领域核心期刊的筛选为例，简述其思路与具体操作方法。❶

1）选取指标。该综合加权筛选法选取了文摘量、引文量和影响因子三个指标。

2）采集数据并获取各单一指标相应的核心期刊清单。以《电气与电子文摘》（*Electrical and Electronics Abstracts*，EEA）为数据源，以三年为统计时间段，统计有关电子技术和通信期刊文章的摘要，获得所涉及期刊的总清单；将这些期刊按被摘次数多寡排序，取被摘种数 70% 的覆盖率，获取该区域范围内文摘所涉及的期刊清单，即文摘量法核心期刊清单。对《科学引文索引》中有关电子技术和通信的期刊的引文量进行排序，获得第二个核心期刊清单。根据《期刊引证报告》中的影响因子大小对该学科领域的

---

❶　叶继元，袁水仙. 国外科学技术核心期刊总览（2003 版）[M]. 北京：世界图书出版公司，2003：553.

期刊进行排序，获得第三个核心期刊清单。

3）以专家评定法选取权重。在学术期刊的综合评价体系中，由于每种评价指标的评价功能均有一定的差异，这样就必须对评价体系选中的每个指标进行重要性排序。为了便于计算，通常给每个指标赋予不同的权重，再对权重进行加权处理，从而将适当比例的期刊选入核心期刊区。因此，关于《国外科学技术核心期刊总览》的电子技术与通信领域部分，先筛选出三个核心期刊清单后，再送交给该学科领域相关权威专家，进行评定、打分；根据专家的打分结果，计算出每个指标的权重。

4）综合排序。根据专家的打分结果，《国外科学技术核心期刊总览》中电子技术与通信领域核心期刊遴选所用文摘量、引文量和影响因子三个指标的权重分别为 0.25、0.35、0.4。研究人员根据相关数据及权重进行加权平均排序，获得综合筛选后的核心期刊清单。

5）专家评审与修正。将筛选方法、步骤、统计数据及筛选结果送交专家评审。学科专家鉴定该核心期刊清单是否符合本学科的实际情况，并出具相关意见。相关人员综合各评审专家的意见，并根据意见对清单进行调整和修正，形成最终的核心期刊列表。

虽然《国外科学技术核心期刊总览》在电子技术与通信领域核心期刊的遴选过程中选取了文摘量、引文量和影响因子三个指标，而在图书馆的实际采选工作中，相关人员可以根据本馆的实际情况选取不同的指标，抑或直接将前述采用相关方法形成的核心期刊工具（清单）作为本馆学术期刊采选的重要参考依据。

4.4.3　层次分析法

层次分析法（analytic hierarchy process，AHP）是由美国运筹学家、匹茨堡大学教授萨蒂（Thomas L. Saaty）提出的一种将总是与决策有关的元素分解成目标、准则、方案等层次，在此基础之上进行定性和定量分析的决策方法，是为分析复杂社会、经济以及科学管理领域中的问题提供的一种新颖、简洁、实用的决策方法。运用层次分析法遴选核心期刊，是将传统层次分析法中的多级模糊模型应用到期刊评价中，建立期刊质量的综合评价模型，逐步求出不同层次目标的最优解，再将这些最优解进行加权评价，以得到期刊综合质量排序。

层次分析法作为综合评价学术期刊形成核心期刊清单的一种方法，与综合加权筛选法一样，是建立在学术期刊单一评价指标对于期刊评价而言并不是同等重要的思想的基础之上的，因此不同的指标被赋予了不同的权重系数。层次分析法与综合加权筛选法的不同之处在于，它首先需要把核心期刊遴选看作一个多目标的系统，再把总目标分为多个子目标，同时把各个不同的单一指标划归到相应的子目标中。下面选取学术期刊的载文量、被摘量、被引量、流通量、影响因子五个指标作为例子，简单介绍该方法的具体操作步骤。

1）建立层次结构。依据期刊评价的经验和知识，按照自上而下的原则将评价目标分解成若干层次，如将最上面的一层定为目标层，中间的一层定为准则层，最下面的一层定为指标层。目标层在最顶层，即对评价对象的总的评价结果。准则层即对评价对象进行评价所依赖的准则。指标层即评价对象所依赖的具体指标（表4-1）。❶

表 4-1　遴选核心期刊层次结构示意

目标层	准则层	指标层
遴选核心期刊（A）	影响力（B_1）	载文量（C_1）
		被摘量（C_2）
	传播力（B_2）	被引量（C_3）
		流通量（C_4）
	学术水平（B_3）	影响因子（C_5）

2）构建判断矩阵。层次结构建立之后，问题分析即转化为某种意义下的排序问题，从第二层开始，对于从属于上一层的每一个因素的同一层诸因素进行两两比较。假设上一层的元素 A 与下一层次中的元素 B_1，B_2，…，B_n 有联系，R_{ij} 表示元素 B_i 和元素 B_j 相对于元素 A 进行比较时元素 B_i 比元素 B_j 具有"何种重要程度"模糊关系的隶属度，则可以得到判断矩阵 R

（表4-2）。❶一直重复上述步骤，直到所有判断矩阵全都构造完毕为止。再根据0.1~0.9比例标度法对重要程度赋予权重值（表4-3），其中矩阵满足 $R_{ii}=0.5$，$R_{ij}=1-R_{ji}$（i，$j=1$，2，…，n）。❷

表4-2　判断矩阵模型

R	B_1	B_2	…	B_{n-1}	B_n
B_1	B_{11}	B_{12}	…	$B_{1(n-1)}$	B_{1n}
B_2	B_{21}	B_{22}	…	$B_{2(n-1)}$	B_{2n}
⋮	⋮	⋮	⋮	⋮	⋮
B_{n-1}	$B_{(n-1)1}$	$B_{(n-1)2}$	…	$B_{(n-1)(n-1)}$	$B_{(n-1)n}$
B_n	B_{n1}	B_{n2}	…	$B_{n(n-1)}$	B_{nn}

表4-3　判断矩阵标度、含义模型

标度	含　义
0.5	两因素相比，因素 i 与因素 j 相比具有"同样"重要性
0.6	两因素相比，因素 i 与因素 j 相比具有"稍微"重要性
0.7	两因素相比，因素 i 与因素 j 相比具有"明显"重要性
0.8	两因素相比，因素 i 与因素 j 相比具有"非常"重要性
0.9	两因素相比，因素 i 与因素 j 相比具有"极端"重要性
0.1	
0.2	反比较，即若元素 B_i 与元素 B_j 相比较得到判断 R_{ij}，
0.3	则元素 B_j 与元素 B_i 相比较得到的判断为 $R_{ji}=1-R_{ij}$
0.4	

3）通过对各判断矩阵进行计算，依次得到各指标的权重值。对上述所得到的判断矩阵逐个进行一致性检验。如未通过一致性验证，则要重新构建新的判断矩阵，并计算新的判断矩阵的权值和重新进行一致性检验，直到所得的判断矩阵符合一致性为止。最后，依据上面得到的各指标的权重值进行综合评定，获取学术期刊的综合得分。

❶ 田艳玲，梁丽华，李彦丽. 基于层次分析法的高校图书馆电子资源综合评价体系的构建及分析 [J]. 图书情报导刊，2019（6）：33-38.

❷ 李明珍，宋晓丹. 基于FAHP的模糊综合评判法在期刊评标中的应用 [J]. 图书馆学刊，2011（12）：31-34.

4）根据各学术期刊的综合得分，将其分为不同的等级，从而遴选出核心期刊清单。

与载文量法、文摘量法、引文量法等单一指标评价方法相比，层次分析法采用综合方法，结合了定量和定性分析，考虑了学术期刊内容、形式等各种因素，并进行全面评价。因此，用该方法遴选核心期刊有着较高的科学性。

4.4.4　多元指标评价方法的特点与局限

除以上介绍的多元指标评价方法外，业界还有诸如因子分析法❶、主成分分析法❷、模糊数学法❸等。诸多多元指标评价方法的评价目的、评价方法、评价范围都是同中有异。

就相同点而言，主要有以下三个方面。其一，它们的评价与遴选目的基本相同，都是遴选核心期刊、促进期刊质量的发展，为读者阅读刊物、科研工作者投稿提供服务。其二，从各种多元指标评价方法的指标选择上看，这些综合性评价方法都有一个共同的特点，即避免采用单一指标评价学术期刊的片面性，采用多个指标综合交叉评价或某一指标为主加其他指标辅以验证的评价方法。这样才能够相对准确地反映某一学科领域学术期刊的水平高低。其三，它们有一些共同的选择评价指标的原则，即各多元指标评价方法所选择的评价指标都具有一定的代表性，具有较高的区分度，均遵循学术期刊属性的某一规律且在某一评价方面具有较强的评价功能和效度。例如，各种方法在选取被引指标时，均趋向于选择"影响因子"或"总被引频次"等国际通行的、被业界认可的指标。

就不同点而言，主要表现在研究方法和所采用指标上的差异。有的评价方法所选取的指标多一些，有的则少一些；有的对于所选取的指标并无重要度的区分，有的则对不同的指标赋予不同的评价权重；有的是先以多个单一

---

❶　杨艳宏，马加佳. 期刊综合评价方法的实证比较 [J]. 中国科技期刊研究，2011（1）：83-85.

❷　王引斌. 测定核心期刊的新方法—主成分分析法 [J]. 情报学报，1998（5）：395-398.

❸　王敬福. 高校图书馆期刊订购的模糊数学方法 [J]. 山东图书馆学刊，1988（2）：43-45.

指标评价方法获取不同的核心期刊清单后再对核心期刊清单进行二次遴选，有的则是用多个指标对某一学科领域内的期刊逐一评价后再排序形成核心期刊清单。

此外，随着学术期刊逐步走向电子化、在线化，学术期刊数据库也越来越多。这些数据库既包括各出版社的自有期刊全文库，也包括由集成商搭建的期刊集成平台；既包括以揭示引文关系为主的期刊引文数据库，如《科学引文索引》《社会科学引文索引》等，也包括以揭示期刊出版信息为主的目录型期刊数据库，如《乌利希全球连续出版物指南》，还包括以揭示期刊文章摘要为主的期刊文摘数据库，如《剑桥科学文摘》《科学文摘》等。有了这些期刊数据库，许多学术期刊评价定量指标的数据获取变得更加方便、快捷，数据样本数量变多，数据自身的可分析性以及与其他数据交叉分析的能力也逐步增强。这为学术期刊评价创造了更为有利的条件，使得大规模的学术期刊评价成为可能。

虽然如此，上述多元指标评价方法在很多方面仍无法达到完善的程度，仍需要不断地进行探索，在核心期刊遴选的过程中仍需要注意以下几个问题。

1）不同评价指标的归一化处理。众多的评价指标最后如何合理地放在一起评价，这是所有多元指标评价方法都需要注意的问题。例如，期刊的总被引频次、载文量、下载量的数值可能成千上万，而影响因子、即年指标等指标的值可能还不足1。对各个指标进行归一化以后，所有的数据才能在一个水平上进行科学的评价。

2）即便多元指标评价方法均选取了多个评价指标，但它们仍存在着简单的数量化倾向。换言之，各种综合评价方法所选取的指标，如载文量、被摘量、引文量以及通过引文和载文关系计算出来的影响因子等，看起来貌似科学、客观，实际上仍然属于期刊的外在因素，属于文献分布和利用的表面现象，并不是表明期刊质量的内在决定因素，不能真正、直接地证明其学术价值的高低。因此，对于图书馆而言，采用这些方法遴选核心期刊，其实更是一个大概率问题，只是将文献资源配置做到尽可能最优化的一种方法，它同时需要参考图书馆自身的一些其他因素，如图书馆使命与职责、用户群体的需求调研等。

3）学术期刊的学科分类现状会导致多元指标评价方法产生的遴选结果出现偏差。通常，学术期刊依据其办刊宗旨刊载某一个或多个相关学科的学术论文，有些综合性刊物则会刊载更多学科领域的学术论文，因此其学科分类往往会出现分歧，出现某些刊物刊载有某一学科领域的重要文献，却未被划归到该学科领域期刊清单中，甚至导致其未作为来源期刊参与遴选的情况。此外，由于不同学科领域的学术期刊，其文献计量指标可能会存在较大的差别，当它们因为学科分类的问题被列入同一学科领域进行评价时，这种文献计量指标的差别可能会导致相关指标在比较时不具有可比性而产生评价不公的现象，从而使图书馆漏选或错选馆藏期刊。

4）多元指标评价方法更多的是定量评价，相对缺少定性评价指标。所谓学术期刊的定性评价就是利用专家的知识、经验和判断，通过记名表决进行评审和比较，从而对期刊评定出相关等级的评标方法。定性评价强调观察、分析、归纳与描述。而各种多元指标评价方法在选择评价指标时，均过多地依赖于定量的方法评价出学术期刊的等级，只有少数评价方法吸收了专家对学术期刊评价结果的修正意见。专家的定性评价在遴选核心期刊的实际操作中所起的作用相对较低，因此容易存在遴选的核心期刊与实际需求不符的情况。

4.5　替代计量学与外文核心期刊遴选

在传统科学研究的环境中，文献引用行为会在引文中被记录下来，从而产生了引文分析的理论和方法。在网络时代，许多科学研究的行为都被记录在了网络学术平台和网络学术工具中。于是，越来越多的科研工作者、文献计量学家、图书馆员开始追踪学术行为在网络中留下的痕迹，捕捉和分析学术成果在网络环境下产生的影响。替代计量学正是在这样的背景下诞生的。

4.5.1　替代计量学概述

4.5.1.1　替代计量学的含义

替代计量学的英文名称为"altmetrics"，这一英文名称本身经历了不断的演化过程。20 世纪末，随着信息网络时代的到来，学术期刊评价的计量指标研究对象与范围已不再囿于传统的计量指标，逐步扩展到网络领域，这为替代计量学的出现提供了数据与技术环境支持。如前所述，在"替代计量学"这一术语出现之前，已经有许多学者开始思考有别于传统文献计量的概念和方法，如阿曼德（Almind）与英格文森（Ingwersen）于 1997 年提出的"网络计量学"、卡梅隆·内伦（Cameron Neylon）与雪利·吴（Shirley Wu）于 2009 年提出的"单篇论文评价计量"、杰森·普里姆（Jason Priem）与布莱利·黑明格（Bradley Hemminger）于 2010 年提出的"科学计量 2.0"假说等。在以上这些概念与假说的基础上，杰森·普里姆于 2010 年又提出了"替代计量学"这一术语，并联合塔拉博雷利（Taraboreli）等学者发表了"替代计量学"宣言，进一步为替代计量学的深入研究和发展奠定了基础。

随着研究和认识的发展，替代计量学已经发展成了一门新兴的独立计量学分支学科。在替代计量学的发展过程中，许多学者对它的定义都有过不同的见解。美国国家信息标准组织（National Information Standards Organization，NISO）经过专门的项目研究，汇聚来自企业、学术界、出版商、图书馆等各方面的观点、建议和智慧，对"替代计量学"做出了定义，即"替代计量学是一个宽泛的术语，囊括与学术成果相关的一系列多样化的数字化指标，这些指标来源于学术生态系统（包括公共空间）中各种不同利益相关者和学术成果的活动和交互"❶。我国计量学者邱均平等也对替代计量学做出了定义，即"从广义角度看，替代计量学是面向学术成果的全面影响力评价的指标体系，是对传统的、片面的、仅依靠引文指标的定量评价体系的替代；从狭义角度看，它是专门研究相对于传统引文指标的在线型计量指标体系，是尤其重视社交网络数据的计量方法"❷。

---

❶ 余厚强. 替代计量学：概念、指标与应用 ［M］. 北京：科学技术文献出版社，2019：3-4.

❷ 邱均平，余厚强. 论推动替代计量学发展的若干基本问题 ［J］. 中国图书馆学报，2015（1）：4-15.

4.5.1.2 替代计量学的产生背景

任何学科的产生和发展都是由一定的科学背景和特定条件所决定的。社会实践的需要是学科产生的根本动力,而替代计量学的产生则是受其他学科解决不了的问题和任务所驱动,在特定的社会背景和科技背景下形成和发展起来的,是社会发展的需要和必然产物。❶

(1)互联网发展的社会背景

互联网的发展不但改变了政治、经济、文化等领域,也在逐渐改变着科研领域,改变着科研工作者之间的交流方式和科研成果的传播方式。在网络环境下,学术交流体系由文献的印刷形式向互联网开放出版的模式转变,科学交流的方式由传统的线下交流方式转向在线社交网络。一方面,科研工作者们正在通过互联网来提高自身及其科研成果的可见度;另一方面,学术期刊的出版步入了数字时代,出版速度大大加快,电子期刊传播速度与传统印刷型期刊也不可同日而语。同时,互联网环境下的学术交流,使得在传统方式下无法捕捉和记录的许多痕迹都能够得以保存和获取。而这些痕迹恰恰可以形成丰富的评价数据来源,构成一些替代性计量指标,为建立替代性评价方案提供了可能性。

(2)学术与技术发展的科技背景

在学术期刊评价方面,随着时代的发展,用于学术期刊评价的传统文献计量方法越来越受到人们的质疑,甚至连《科学引文索引》的创始人尤金·加菲尔德也告诫人们对引文分析用于学术期刊评价时要保持慎重的态度。❷ 传统的文献计量用于期刊评价,主要存在几个问题。一是引文统计有时滞过长的问题,无法及时反映科研成果的影响力;二是影响力评价相对片面的问题,虽然传统的评价指标也有很多种,但无法体现学术成果在网络新时代通过各种新媒体传播途径产生的影响,只能表现出科研成果的部分影响力;三是作为传统评价头部指标的引文分析有着自身的缺陷,无法自动识别

---

❶ 杨思洛,等. 替代计量学:理论、方法与应用 [M]. 北京:科学出版社,2019:60.

❷ GARFIELD,EUGENE. The history and meaning of the journal Impact factor [J]. JAMA,2006,295(1):90-93.

引用动机，产生引用偏见。在这种情况下，建立新的、能够更为全面地反映学术成果影响力的评价方法，成为学术评价发展的必然趋势。在科学技术方面，尤其是在计算机技术、网络技术、可视化技术、数据挖掘技术、信息处理技术和数据追踪技术等各种先进的技术取得了重要进展之后，充分考虑网络环境下学术成果的综合影响力成为可能。这些新的技术为替代计量学的产生提供了有力的技术支撑。

4.5.1.3 替代计量学的发展历程

替代计量学的产生、发展及演进过程，大致可分为萌芽阶段、奠定阶段、成长阶段三个阶段。❶❷

（1）萌芽阶段

2006 年，由美国梅隆基金会与美国国家科学基金会联合资助的学术资源使用计量项目（metrics from scholarly usage of resources，MESUR）从用户使用行为出发，通过研究用户、作者、使用数据、引用数据和目录数据之间的关系，并对许多基于引用和使用的期刊评价指标表达科学影响的能力进行了比较，创建了大型的、多样化的学术资源使用数据的数据库。该项目的实施过程主要包括构建学术交流模型、创建和收集相关的参考数据集、研究分析以数据集为基础的语义网络的结构和特性、定义各种基于使用数据的指标去评价多种学术交流载体（如文章、期刊、会议论文等）。2008 年，塔拉博雷利做了一项研究，发现互联网时代人们对以同行评议和影响因子为主的学术期刊评价方式的争议越来越多，于是将社会网络软件与分布式科学评价结合起来，提出了"软同行评议"（soft peer review）的概念，认为基于社会标签分布式的科学评价模型将能够解决传统评价模型在覆盖率、评价效率等方面存在的问题。2009 年，学者卡内伦和雪利·吴以公共科学图书馆（public library of science，PLoS）和英国生物医学中心推出的"生物学/医学专家推荐文章数据库（Faculty of 1000）"为例，提出了"单篇论文评价计量"的概念，认为它可以弥补传统计量方法时滞过长、评价过程缺乏客观性的问题，并从计

---

❶ 赵蓉英，等. Altmetrics 理论与实践 [M]. 北京：科学出版社，2019：18-24.

❷ 杨思洛，等. 替代计量学：理论、方法与应用 [M]. 北京：科学出版社，2019：62-66.

量数据来源和专家评论的激励机制两个视角论证了该方法的可行性。以上这些项目与研究，均是学者们根据自己的理解和研究成果探索替代传统文献计量及其对学术期刊评价的尝试，不仅取得了一定的成果，也为替代计量学的诞生和成长打下了基础。

（2）奠定阶段

替代计量学的正式出现与定名，有一个较为明确的时间。如前所述，2010年，在杰森·普里姆与布莱德利·黑明格提出了"科学计量 2.0"假说的基础上，杰森·普里姆又在自己的推特上首次使用"altmetrics"一词，并联合塔拉博雷利等人发表了文章《替代计量学：宣言》（Altmetrics：A Manifesto）。这一文章的发表，标志着"altmetrics"的正式提出。在上述宣言中，他们呼吁业界开展基于社交媒体整合在线交流数据、定量评估学术论文影响力的研究。他们对替代计量学愿景的描绘，得到了大量学者们的热议和认可。自此，有别于传统计量的新计量和评价方法有了统一的命名，从而促使业界形成了一种研究热潮。这一热潮又被称为替代计量学运动（altmetrics movement）。

（3）成长阶段

2011 年，第一次替代计量学学术研讨会在美国加利福尼亚大学圣迭戈分校（University of California，San Diego）召开。这是替代计量学发展过程中具有标志性意义的会议。此后，以替代计量学为主题，探究科学交流在网络时代的变革方向的各种学术会议陆续召开。据不完全统计，自 2011 年至 2013 年年初，相关国际学术会议达到了 11 次之多。● 频繁的替代计量学学术活动促进了替代计量学理论、工具、实践三个方面的深化发展。在理论方面，目前替代计量学研究的重点已经从探索性、介绍性的研究转移到了替代计量指标的探讨及其与传统计量指标的关系研究等深层次的内容。在工具方面，科研人员与文献计量机构结合网络环境下的学术交流模式，开发了Altmetric.com、ImpactStory、PlumX Metrics、PLoS ALMs 等替代计量学平台与工具，通过收集和分析互联网上的相关数据，不仅提供了计量指标，还被许多科研工作者用来辅助过滤和评价学术成果，甚至被部分研究人员非正式

● 邱均平，余厚强. 替代计量学的提出过程与研究进展 [J]. 图书情报工作，2013（19）：5-12.

地用来评估自己的学术影响力。在实践方面，许多科研人员与文献计量机构已经开始利用 Altmetric.com、ImpactStory、PlumX Metrics、PLoS ALMs 等平台和工具，甚至是推特、微博、博客等互联网自媒体上的数据，开展相关研究，验证各种工具及数据源网站的优势和不足。

4.5.2　替代计量学的评价指标体系

4.5.2.1　替代计量学的指标类型

若要将替代计量学作为传统文献计量学的有益补充，充分应用在科学评价、科技管理、科学预测等诸多方面，首先需要解决的就是替代计量指标的科学选取和计量指标体系的合理建立的问题。根据前述替代计量学的定义可以知道，替代计量学的指标主要来源于学术生态系统（包括公共空间）中各种不同利益相关者和学术成果的活动和交互。从狭义上讲，它们通常是相对于传统引文指标的在线型计量指标，尤其是一些社交网络数据的计量指标等。由此可见，替代计量学的研究单元主要是由网络上相关数据来源平台的数据构成，如基于推特平台上的科学推文等数据可以构成推特替代计量指标（twitter altmetrics）、博客上对于学术成果的提及数据可以构成博客替代计量指标（blogs altmetrics）等。然而，替代计量学计量指标数据来源的平台众多，平台之中的指标可谓纷繁复杂，指标之间的交叉性、重复性和模糊性又增加了替代计量学的研究难度，因此在替代计量学产生之初，各大权威平台就已经对其指标进行了或粗略或细致的分类。例如，Altmetric.com 平台将计量指标分为社交媒体平台、参考管理数据库和读者图书馆、发布学术评述的各类学术博客、面向公众的媒体报道四大类，ImpactStory 与 PLoS ALMs 则将计量指标分为浏览、保存、讨论、推荐和引用五大类。❶ 除了权威平台外，国内外许多研究替代计量学的学者也均对相关指标进行了不同的分类，有的根据指标应用对象按层级分为单篇学术成果指标（侧重个人学术贡献）、聚集地指标（侧重产生个人学术成果的场所）、作者层面指标（侧重作者的学术成

---

❶ 杨思洛，等. 替代计量学：理论、方法与应用［M］. 北京：科学出版社，2019：148.

果影响力）、机构指标（侧重机构学术成果产出的评价）❶，有的根据学术成果传播的不同类型将计量指标分为使用、获取、提及、社交媒体传播等❷。由于替代计量学的计量指标有着若干种分类方法，且其指标类型将随着互联网的发展仍会不断地增加，这里无法穷举所有分类方法及其相应的指标，因此下文对一些较为常用的替代计量指标类型划分方法加以梳理和介绍。

　　有学者按数据来源和活动类型对替代计量学指标进行分类，并将常用的替代计量指标以列举的形式列出（表4-4）。❸

表 4-4　替代计量学指标分类（以数据来源和活动类型为分类依据）

分类依据	指标名称	内　涵
数据来源	博客替代计量指标	基于博客对学术成果的提及数据及其情境（Context）数据所构建的频次指标
	推特替代计量指标	基于推文对学术成果的提及数据及其情境数据所构建的频次指标
	Mendeley 阅读替代计量指标	基于 Mendeley 平台学术论文阅读数据及其情境数据所构建的频次指标
	新闻替代计量指标	基于新闻媒体平台对学术成果的提及数据及其情境数据所构建的频次指标
	政策文件替代计量指标	基于各种公开政策文件对学术成果的提及数据及其情境数据所构建的频次指标
	脸书替代计量指标	基于脸书平台对学术成果的提及数据及其情境数据所构建的频次指标
	视频替代计量指标	基于视频平台对学术成果的提及数据及其情境数据所构建的频次指标
	同行评议替代计量指标	基于同行评议平台对学术成果的提及数据及其情境数据所构建的频次指标
	问答平台替代计量指标	基于问答平台对学术成果的提及数据及其情境数据所构建的频次指标
	⋮	⋮

❶　ROEMER R C, BORCHARDT R. Meaningful metrics: a 21st century librarian's guide to bibliometrics, altmetrics, and research impact [EB/OL]. [2020-12-31]. http://library. iyte. edu. tr/dosya/kitap/meaningful. pdf.

❷　姜春林，魏庆肖. 人文社会科学代表性论文评价指标体系建构及其实现机制 [J]. 甘肃社会科学，2017（2）：97-106.

❸　余厚强. 替代计量学：概念、指标与应用 [M]. 北京：科学技术文献出版社，2019：73-80.

续表

分类依据	指标名称	内　涵
活动类型	阅读替代计量指标	基于互联网对学术成果的阅读行为产生的数据所构建的指标
	下载替代计量指标	基于互联网对学术成果的下载行为产生的数据所构建的指标
	收藏替代计量指标	基于互联网对学术成果的收藏行为产生的数据所构建的指标
	分享替代计量指标	基于互联网对学术成果的分享行为产生的数据所构建的指标
	提及替代计量指标	基于互联网对学术成果的提及行为产生的数据所构建的指标
	评论替代计量指标	基于互联网对学术成果的评论行为产生的数据所构建的指标
	复用替代计量指标	基于互联网对学术成果的复用行为产生的数据所构建的指标
	⋮	⋮

有的学者则从获取、互动和利用的角度对替代计量指标进行分类，并将常用的替代计量指标以列举的形式列出（表4-5）。❶❷

表4-5　替代计量学指标分类（以获取、互动和利用为分类依据）

分类依据	指标名称	内　涵
获取	点击指标	学术成果链接的点击数
	浏览指标	学术成果所包含的文摘、全文、图像、表格、数据等的浏览数
	下载指标	学术成果文件本身、数据、摘要等的下载次数
	⋮	⋮
互动	分享指标	学术成果的分享次数
	推荐指标	学术成果的推荐次数
	讨论指标	学术成果在相关统计平台上的讨论帖数
	评论指标	学术成果在相关统计平台上的评论帖、评论短文、评级、打分、评阅数
	提及指标	学术成果的提及次数
	⋮	⋮

---

❶　赵蓉英，等. Altmetrics 理论与实践［M］. 北京：科学出版社，2019：50-54.
❷　杨思洛，等. 替代计量学：理论、方法与应用［M］. 北京：科学出版社，2019：159-176.

续表

分类依据	指标名称	内　涵
利用	引用指标	学术成果在互联网各相关平台收录的报告、综述文摘、论文中的引用数
	⋮	⋮

4.5.2.2　替代计量工具

在网络环境下，替代计量学建立了相关的指标体系后，还需要相应的工具去获取这些指标数据并对其进行处理和分析，从而对学术成果给出合理、可靠的分析结果。随着对替代计量学的应用研究逐渐深入，许多致力于改进科学交流和科学评价的替代计量工具不断涌现。目前相对具有影响力和知名度的替代计量工具主要有 Altmetric. com、ImpactStory、PlumX Metrics、PLoS ALMs、Dimensions 等。

（1）Altmetric. com

Altmetric. com 是麦克米伦出版集团旗下数字科学（Digital Science）公司开发的产品，主要通过追踪学术内容在互联网中所受关注的状态，提供爱思唯尔、施普林格·自然、约翰威立等大型学术出版社及 PLoS、英国医学生物中心等开放获取出版平台的学术期刊论文在社交媒体、文献管理工具等网络平台上被提及或关注的相关数据，并通过综合计算某一篇学术期刊文献被新闻、博客、谷歌以及推特等互联网信息源上访问、引用、提及等的数据，得出该论文的综合影响力分值。

（2）ImpactStory

ImpactStory 是由杰森·普里姆与希瑟·皮沃瓦（Heather Piwowar）联合开发的，通过收集和归并评价对象的统计数据，如保存、引用、推荐、讨论等，并据此生成报告，其主要评价对象包括论文、数据集、软件及演示文稿等。ImpactStory 的数据来源较为广泛，如推特、Mendeley、Delicious、CiteULike、F1000、SlideShare、GitHub 等。它可以识别的数据格式有许多种，如可以通过 DOI、PubMed ID、SlideShare 的 URL 等识别学术成果。此外，ImpactStory 还可以生成任何一种学术成果的替代计量报告，显示该学术成果在开放获取网站、社交媒体网络中被提及和被讨论的状况。ImpactStory 输出的替代计量报告是以 URL 的形式出现的，且该 URL 是稳定的，因此该替代计量报告可以永久传播、实时更新。

（3）PlumX Metrics

PlumX Metrics 由安德拉·米卡雷克（Andra Michalek）与迈克·布施曼（Mike Buschman）创建，是整合传统引用指标与替代计量指标的评价工具。它将传统引用量和替代计量数据整合在同一界面上，形成学术成果影响力鸟瞰图，旨在为学术成果提供更为全面的影响力评价。其评价对象非常广泛，包括论文、数据集、报告、图书及其章节、网络课程、期刊、会议论文、网页、临床试验、政府文件、手稿、专利等。PlumX Metrics 通过追踪各种类型的学术成果，能够汇聚有关学术成果更加全面、更加及时的影响力评价数据，为科研工作者、文献研究机构、科研资助机构等提供数据支撑。

（4）PLoS ALMs

PLoS ALMs 全称为"PLoS Article-Level Metrics"，是由著名的高质量开放获取期刊出版者 PLoS 与社会科学领域的预印本论文开放获取在线存储机构 SSRN 所提供的替代计量数据和指标形成的评价工具，能够追踪 PLoS 出版的所有学术论文影响力的相关信息，包括每一篇论文的下载量以及该论文在社交媒体和博客上被提及、被评论、标注、评级等相关数据。PLoS ALMs 的数据完全开放，允许用户在可视化界面中检索任意 PLoS 平台出版的学术成果的文章及替代计量数据，并可以自动生成计量报告。

（5）Dimensions

Dimensions 也是麦克米伦出版集团旗下数字科学公司开发的产品，旨在通过变革研究过程，实现一个覆盖整个科学研究过程的集成数据库，包括从资助机构到研究成果，从学术成果出版到学术成果的被关注、应用等，并将这些不同维度的数据统一到一个平台之下。Dimensions 与 100 多家开发伙伴密切合作，如开放存取期刊目录、美国国立医学图书馆数据库（PubMed）、巴西科学在线图书馆（SciELO）、自然指数期刊等，不仅实现了平台的全文检索，允许研究者检索学术论文，同时利用自然语言处理、机器学习、人工智能算法等实现了文章级的数据分类。值得一提的是，Dimensions 既可以像传统学术期刊评价工具一样提供常见的载文量、总被引频次、篇均被引频次等指标，也可以提供同领域引用比（field citation ratio，FCR）、相对引用比（relative citation ratio，RCR）等归一化指标和替代计量分值（altmetric attention score，AAS）。

4.5.3　替代计量学对外文学术期刊评价及核心期刊遴选的影响

4.5.3.1　替代计量学应用于外文学术期刊评价及核心期刊遴选的可行性

作为伴随着学术成果网络化而诞生的新型计量学，替代计量学在传统评价方法的基础上提供了更多的评价维度和视角，能够更为全面地测度学术成果的影响力。互联网时代，学术成果在互联网环境中被不断关注、传播、评论甚至使用，从而产生点击、下载、提及等行为。点击量、下载量、提及次数等各项指标不仅描述了研究人员的科研活动踪迹，也在一定程度上反映出学术成果的影响力。而基于互联网产生的这些数据，具有多维度、获取便捷、实效性等众多有利于反映学术成果影响力的特点，对学术期刊评价及核心期刊的遴选既能够起到重要的补充评价的作用，又具有很强的可操作性。

（1）多维度评价指标的选择

由于替代计量指标是基于互联网来源的数据形成与建立的，因此依据不同的数据来源可以构建不同的替代计量指标。此外，在基于原始频次（如点击频次、下载频次、提及频次等）数据构建的指标的基础上，学者们还通过进一步的拓展和标准化，建立了更多的衍生指标。因此，替代计量指标具有数量多、类型多、维度多的特点。例如，Altmetric.com平台能够呈现的替代计量指标有四大类近20个分指标，PLoS ALMs平台则有五大类24个分指标。

（2）数据获取更加便捷

随着替代计量学的应用研究逐渐深入，许多致力于改进科学交流和科学评价的替代计量工具不断涌现，如Altmetric.com、ImpactStory、PlumX Metrics、PLoS ALMs等。随着替代计量指标来源的不断发展与更新，这些替代计量工具也在发展过程中不断完善，并持续为替代计量学指标数据的获取带来便利性。以 Altmetric.com 平台为例，在该平台获取数据的过程中，用户除了可以使用基本的检索方式外，还可以通过高级检索方式进一步筛选所需数据。在高级检索界面中，用户也可以通过出版商、学术论文的数字对象唯一标识符、期刊题名、关键词、主题词等方式来检索，同时还可以对出版时间、数据类型进行限制。此外，在检索结果页面，该平台不仅能够用可视化图形来展示数据结果，也可以通过导出功能来下载用户所需数据。

（3）数据更新更具实效性

替代计量学与传统计量学的一个主要差别，即数据获取时间与获取方式的不同。一方面，由于在线学术期刊的文献获取方式不同于传统纸质文献的传播，它可以通过相关平台被浏览、下载，其传播的时效性和便利性远比传统纸质文献高；另一方面，替代计量指标是基于互联网来源的数据形成与建立的，该数据在其发生的那一刻即被记录并可以通过相关平台获取。因此，在互联网及计算机技术的支持下，替代计量工具可以不分昼夜地收集大量的替代计量指标数据源，在数周甚至数天就能够形成可以利用的规模，从而及时地反映用户对学术期刊使用的情况。

4.5.3.2 替代计量学应用于外文学术期刊评价及核心期刊遴选的优势

如今，采用传统文献计量学指标对学术期刊进行评价仍然具备科学性和有效性，只是基于传统文献计量学指标的评价方法和工具的局限性长期受到业界的诟病。尤其是随着互联网技术的快速发展，在线电子期刊逐步崛起、期刊出版理念和出版模式逐渐转变，传统的评价方法已无法反映部分新型学术成果的影响力，也无法反映学术成果的全面影响力。作为学术文献的载体，学术期刊的评价指标离不开学术论文，期刊刊载的学术论文在被关注、传播、评议到使用的过程中所涉及的阅读量、推送量、推荐量、评论量等各项替代计量指标都可以整合成为学术期刊的评价指标。同时，由于学术论文在获得关注的基础上才能够被广泛传播，从而带来研究人员的获取需求，甚至引起学者的引用行为，因此可以说，学术论文从关注、传播到引用的过程，正是其影响力不断深化的过程。

　　传统的学术期刊评价主要以载文量、文摘量、被引量及基于这些数据形成的影响因子、即年指标等要素来定量评价的方法和以同行评议、专家评审等为代表方式的定性评价方法为主，而对于学术期刊所刊载文章被阅读、推荐、分享等行为和数据均没有涉及。换言之，传统的学术期刊评价主要关注的是期刊刊载文献的学术影响力维度，而没有关注其社会影响力及其对科研工作者以外的文献受众的影响力。而替代计量学涵盖的基于互联网的有关获取、利用、互动等方面的指标所评估的学术期刊的影响力全面且多样化，包括媒体讨论产生的影响力（如被新闻媒体提及）、大众讨论产生的影响力（如在脸书、推特上的讨论与传播）、同行学者的影响等，这些数据恰恰可以实现更广的社会影响力及提高除科研工作者以外的文献受众的影响力的测度，能够较为充分地体现更大社会性的评价。因此，学术期刊评价及核心期刊遴选，若在传统的期刊评价方法的基础上引入替代计量指标，则能够在传统的载文量、被摘量、被引频次、影响因子、专家定性评审等指标的基础上增加新的评价数据源和测度维度，使期刊评价的结果更加科学、合理、公正、客观。

第5章 外文学术期刊评价方法
在采选工作中的应用分析

现代文献信息资源的类型多种多样，图书馆收藏的正是各种类型文献信息资源的总和。正是这些种类繁多、数量庞大的文献信息资源体系，满足了社会各界及不同层次读者的需求。对国家图书馆、大型综合图书馆、专业图书馆、高校图书馆等机构而言，在图书馆收藏的众多类型的文献信息资源中，学术期刊因其在政治、经济、文化以及科学技术等领域所发挥的不可替代的作用而占有重要的地位，是图书馆广大读者获取最新知识信息、科研成果，进行科学研究与交流的重要渠道。学术期刊评价是在全球学术期刊数量的急剧增长给文献管理与利用带来越来越大的困难的背景下诞生的，是以学者们发现的文献数量与质量的规律为依据的。因此，学术期刊评价的主要目的虽然有帮助科研工作者充分了解与利用学术期刊、提高学术期刊编辑出版管理水平、促进科学评价理论与方法的发展完善等不同方面，但对于图书馆而言，其作用主要是优化图书馆馆藏和指导读者重点阅读服务。实践中，学术期刊评价随着学术期刊的发展而逐步演化的各个阶段，也均为文献收藏机构选择与收藏学术期刊提供着重要的依据，使其所提供的学术期刊服务更具有针对性和有效性，为相应的科学研究与发现提供有力的保障。

5.1 学术期刊在图书馆馆藏中的地位与作用

5.1.1 学术期刊的重要性

自 1665 年世界上第一种学术期刊诞生以来，学术期刊已经有 350 余年的发展历史了。期刊最初的功能就是记录研究活动和科学事实，传播科学知识。❶ 然而，随着社会的进步，科技的发展和学术期刊产业的逐步完善与成熟，学术期刊的重要性不仅仅体现为它是学术信息的载体，它同时具有促进学术发展、培养与教育人才和反哺社会发展的重要作用。

5.1.1.1　学术期刊作为学术信息载体与促进学术交流和发展的原始意义

文献信息资源是学科技术研究的物质载体，是人类从事社会活动的智力资源。它具有区别于任何其他天然物质资源的特殊性能，能够被全社会共享和公用。同时，它也是一切科学技术研究的起点。随着科学研究者在数学、天文学、物理学、化学、生理学、医学、建筑学等各学科领域的研究和探索逐步取得了丰硕的成果，他们更希望通过一种文献载体报道科学研究成果、交流科学研究经验、反映科学研究的最新动态。学术期刊因此而诞生。学术期刊是与时代同步的产物，是人类社会发展的一面镜子和催化剂。它的产生是科学技术的发展与学术研究成果交流的需求，能及时反映世界科学技术水平和动态，也是科学研究人员获取科研信息的主要源泉。自诞生以来，学术期刊的发展变化就一直围绕着它作为创新知识的载体的角色和服务于学术的发展而进行。

第一，学术期刊作为一种连续出版物，连续性地承载和传播了某一学科领域的最新科研成果、发展前沿与趋势。它既能够以较快的速度披露某一学科领域的相关成果，又有利于创新知识迅速传播，能够让相关研究人员通过查阅学术期刊，在学习和借鉴他人的研究成果的同时明确自己的科研方向、策划好选题，在科研过程中少走弯路，避免重复别人已经做过的研究。

第二，从所刊载的学科内容来看，学术期刊的分类越来越精细化，既有走向特定学科领域的期刊品种，又有适应现代学术研究的大量边缘性、交叉性、横断性和综合性的期刊。甚至，每种学术期刊在每一期都设有固定的研究栏目，专门致力于选载某一学科在某一方向上的研究成果。因此，学术期刊除了在出版形式上具有连续的卷期外，在内容上也使前后相关的学术成果

---

❶ 赖茂生. 学术期刊的功能和使命——贺《图书情报工作》创刊 55 周年 [J].
图书情报工作，2011（15）：15-19.

有了紧密的联系，既能够反映某一学科领域在不同时期的不同研究热点，又能够反映某一研究方向的历史、现状甚至未来。任何学科的研究与知识的创新，都需要对本学科研究内容和方法历史进行继承，需要建立在前人对于本学科知识发现的基础之上。而如今，几乎所有学科领域的新发现、新发明及对应的学术成果，均是首先在学术期刊上向同侪展示的。因此，学术期刊作为学术研究成果刊载载体与学术交流的阵地，对于学科知识的积累与传承、学科知识的创新及科学的发展，都有着不可替代的作用。

5.1.1.2 学术期刊是辅助高等教育、培养与发现学术人才的信息园地

现代科学技术的进步与发展，使专业学术期刊的数量日益增多。学术期刊作为某一专门学科领域学术活动的重要平台，不仅对促进本学科领域的学术发展有着重要的意义，同时对高等教育的学科建设与学术人才培养等方面也起着重要的作用。

（1）辅助教学的作用

学术期刊作为科学技术进步的重要前沿阵地，不仅向人们展示了学术最前沿的成果与发现，也记录了科学技术发展的历史。它不仅对社会的发展有着举足轻重的作用，对于高等教育同样有着不可估量的价值。高校作为传播知识的场所、培育人才的摇篮，具有教书育人与科学研究的双重任务，对学术期刊的需求是不言而喻的。学术期刊以其连续性、专业性、时效性的特点，与高校的师资、设备、校舍等资源一样，成为影响教学科研质量和水平的一种不可或缺的基础性资源。

对于教育工作者而言，除本身迫切需要用新知识、新思想、新理论充实自己并提高自己在教学与科研方面的水平外，也需要利用学术期刊中的内容辅助自己达到教学目标、完善教学活动，获得理想的教学效果。教育工作者们利用学术期刊所获得的补充材料和专业信息，能够让受教育者更准确地理解和把握教材，同时又可以通过传播学术期刊中先进、独特、新颖的学术见解、研究方法去启发受教育者形成自己的学术意识。

对于高校的受教育者而言，他们不同于中小学生，其最大的特点就是可

以更多地依靠自学来完成学业，除在课堂上领悟所学专业的知识外，课后还要阅读大量的专业资料。学术期刊所刊载的学术成果的连续性及其历史文献的积累，不仅能让受教育者获取最前沿的学术动态、研究热点和科研成果，同时也是他们掌握所在专业或学科领域的国内外科技发展历史的重要信息来源和辅助工具。

（2）辅助形成与展示教学科研成果的作用

学术期刊作为科学技术进步的重要前沿阵地，不仅向人们展示了学术最前沿的成果与发现，也是辅助形成与展示高等教育机构教学科研成果的有力媒介。

对于高等学校的教育工作者而言，他们承担着教学与科研两方面的任务。一方面，随着科学技术的快速发展，教育改革的不断深入，他们迫切需要用新知识、新观点、新理论充实自己，需要在自己的研究领域取得较高水平的研究成果。而要实现这些，必须以其所涉及学科领域的学术期刊作为开展研究的知识基础。另一方面，作为工作在教育与科研第一线的高校教育工作者，他们将自身的经历、社会阅历、具体实践、思维方式等形成有价值的学术成果后，也需要通过学术期刊充分地向人们展示出来。目前世界上的学术期刊种类繁多，既有自然科学，又有人文社会科学，涉及各个学科领域。如此种类繁多的学术期刊总能让高校教育工作者与科研人员找到适合发表自己研究领域成果的期刊。

对于高等学校的受教育者，尤其是对于攻读硕士、博士学位的学生而言，他们除通过课堂学习本专业的知识外，还需要在课外阅读大量的专业资料，掌握最新的知识与技术，将教师讲授的知识与课外自学的内容结合起来，深入研究专业理论，取得具有一定的新颖性与创造性的学术成果。因此，学术期刊可以帮助受教育者从中攫取自己所需要的知识点、学习新理论与新技术、挖掘新的研究角度，同时也是刊载与展示其最新科研成果、获取社会认同的平台。这既有利于增强他们的专业素养和学识，又有利于他们走向社会后的事业发展。

（3）辅助培养与发现学术人才的作用

首先，学术期刊作为展示科研成果的重要媒介，是科学技术发展和创新的重要途径，对人才培养起到重要的助推作用。学术期刊作为科研人员科研思想和科研成果的刊载媒介与保存媒介，是科技文明传承的重要载体，是科研工作者获取知识与信息最便捷、最有效的方式，是培养专业人才的知识基础。学术期刊经过一系列选题与策划后，以严密的组稿流程为广大读者追踪、报道学术热点以及那些具有重要价值的文章，积极引导科研方向，推动科研创新。而科研工作者们从学术期刊文献中获得灵感，找到适合自己研究的切入点，形成自己的研究计划，在广泛搜集、阅读、归纳、整理、理解、消化大量文献的基础上，创造出对已有知识深入探索、变革甚至颠覆的成果。此外，学术期刊具有维护学术诚信、保证研究结果的真实性、准确性和可靠性的崇高职责。这一职责要求学术期刊选择有创新思维、实用价值、较高学术水平的文章。基于此，科研工作者必须以求真务实、脚踏实地、勇于创新的精神提高自己科研成果的含金量与可读性，从而培养自己的科研能力、提高自己的科研水平。

其次，学术期刊作为展示科研成果的重要媒介，也是发现人才的重要渠道之一。科研工作者将自己的学术成果在学术期刊上发表之后，经过时间、同侪、实践等多方检验，它对科学与社会是否具有价值，终会得到体现。高水平科研成果的作者也终将会得到同侪与学术界的认可。例如，1905 年，年仅 26 岁的爱因斯坦就是因为在德国的《物理学记事》（*Annals of Physics*）上发表了有关分子运动论、狭义相对论和光量子假说等方面具有划时代意义的论文，而闻名于世。[1] 再如，仅有初中文凭的数学家华罗庚，也是因为自己在上海的《科学》杂志上发表的文章而被时任清华大学数学系主任熊庆来破格提任为助教。[2] 由此可见，科研工作者是否能够在学术界获得较高的名望，一定程度上离不开学术期刊对其科研成果的传播。

---

[1] 杨庆余. 萨尔茨堡会议——爱因斯坦进入物理学家核心层的开端 [J]. 大学物理, 2009（1）: 44-47.

[2] 许清. 交叉应用，尽显数学魅力——著名数学家华罗庚、王元侧记 [J]. 科学新闻, 2015（12）: 52-55.

5.1.1.3　学术期刊促进社会发展的反哺作用

如前所述，学术期刊的产生并不是偶然的。它的诞生不仅是科学知识交流与传播的需求，同时也是社会文明的进步和科技发展的必然结果，是以社会经济的发展作为必要的物质条件，以社会思想文化的发展作为智力支持的。作为社会发展的产物，学术期刊的产生与发展在推动人类社会文明进程中起着不可估量的作用。学术期刊促进社会发展的作用主要源于其自身的内在价值功能。内在的价值功能是学术期刊能够不断存续发展的基石。这主要体现为它作为一种知识载体，既能够能适应人类思想发展的需要，逐步积累人类文明，又具有发表学术研究成果、传播学术信息、影响科技发展与科技成果转化的作用。

（1）是人类现代文明积累的重要载体

人类文明的发展，是建立在人类对知识日积月累的基础之上的。学术期刊对于人类的知识积累，尤其是对于科研成果的积累，起到了举足轻重的作用。曾担任过《发现》（*Discover*）、《英国化学工程》（*British Chemical Engineering*）、《化学》（*Chemistry*）三个杂志编辑的威廉·迪克（William Dick）曾这样形容学术期刊在人类现代文明积累过程中的作用："自 17 世纪以来，定期期刊是报道新发明和传播新理论的主要工具。甚至说，假如没有定期期刊，现代科学将会以另一种途径和缓慢地多的速度向前发展"。❶ 从现代人类文明的进程来看，除一些极为特殊的非正常期刊外，大多数学术期刊都是秉承着维护学术诚信，保证研究结果的真实性、准确性和可靠性的原则对科研成果进行甄别与发表。这些成果，正是人类文明积累过程中一点一滴的知识。现代人类社会的文明步伐，也正是在这种日积月累之下向前迈进。例如，1866 年，生物学家格雷戈尔·孟德尔（Gregor Mendel）在《布尔诺自然史学会杂志》（*Journal of the Brno Natural History Society*）上发表了他的实验结果《植物杂交试验》（*Experiments in Plant Hybridization*）。然而，由于在当时没有人能读懂，因此他的科研成果在期刊中沉睡了 30 余年，直至 1900

---

❶ 周汝忠，杨小玲. 科技期刊在西方科学技术发展中的作用 [J]. 编辑学刊，1988（4）：71-76.

年才重新被人发现。❶ 由此可见，如果没有学术期刊对科研成果的甄别、发表与保存，这么重要的遗传定律可能不会为人所知。

（2）是科学技术信息传播的重要工具

随着科技的发展与时代的进步，人类知识的积累、传播越来越离不开容量巨大、运转快捷、传递准确的传播工具。而作为重要的文献信息载体、强大的信息源，学术期刊最重要、最直接的功能就是传播功能。

通常，学术类期刊的出版周期要比学术图书短，比新闻报道类文献周期长，所以它既能够及时、快捷地反映学术研究动态及其新思路、新观念和新方法，又能够客观地体现学术研究的深度与广度以及学术成果的可信度。虽然学术期刊所刊登的文献具有一定的随机性、发散性和碎片性，但它们往往是对学术问题的深入综合分析，能够体现作者对学术问题的深刻认识，具有系统性、新颖性和前沿性。同时，学术期刊直接将学术创新成果进行传播的方式，能够减少科研中概念、逻辑与方法等方面的模糊性和间接性，使之与人类文明前进的脚步产生"共振"，进一步激发学术期刊相关领域人员（编辑、作者、读者）继续努力前行。❷ 此外，科学创新的交流一般而言是围绕某一个或几个具体的科学问题展开的，参与者多来自业内的学术研究团体或个人。学术期刊是业内科研人员所使用的正式学术信息传播渠道，是他们进行创新交流的重要工具，能够准确地将学术信息生产者与需求者连接起来，是其他任何媒介无法取代的。❸

（3）是学术成果转化为生产力的重要催化剂

学术创新成果往往都是由分散在各个科研或生产单位不同岗位的工作者通过努力取得的。这些成果被整理、加工后，只有及时有效地进行传播，才能转化为生产力，实现其本身具有的价值。学术期刊在承担积累文明知识、传播功能的同时，也在学术成果转化为生产力的过程中起到了催化剂的作用。

事实证明，学术创新成果的传播主要以学术期刊为载体，学术信息的质

❶ 陈小华. 论学术期刊的人才发现和培养功能 [J]. 编辑学报，2014（1）：22-24.

❷ 陈萍. 关于学术类期刊"双重文化价值"传播功能的三维辩证 [J]. 西北大学学报（哲学社会科学版），2014（5）：76-81.

❸ 颜帅. 学术期刊的社会作用刍议 [J]. 北京林业大学学报，1995（S4）：96-99.

量、传播速度直接影响到学术成果向生产力的转化，影响到科学技术的发展。因此说，学术期刊在学术创新成果转化为生产力的过程中扮演着重要的催化剂角色。❶ 在学术期刊的辅助下，人们对自然、社会、思想、科学的认识也发生着巨大的变化。有价值的学术创新成果通过转化、开发、催化、过渡而逐步实现由潜在到显性的现实转化，成为可以为社会所用的工具或方法，推进着社会向前发展。甚至可以这样说，没有学术期刊，就没有人类知识长期、系统的积累，就没有将科学技术新发现转化为生产力的媒介。学术期刊在学术成果向为社会所用的现实生产力转化的过程中发挥着巨大、全方位的作用。

5.1.2　学术期刊在图书馆馆藏中的地位

图书馆是搜集、整理、收藏文献信息资源，并为用户提供阅览、参考的机构。早在公元前 3000 年时，图书馆就已经出现，一直延续着其保存人类文化知识、开发文献信息资源、参与社会教育等方面的职能。图书馆的建立，总要根据一定的目的与功能去建设。其中，搜集、收藏文献信息资源并保存人类文化知识，即所谓的馆藏建设，是图书馆开展后续各种服务活动的基础。

5.1.2.1　学术期刊的馆藏发展政策

馆藏发展政策（collection development policy）起源于 20 世纪 50 年代，当时又称作采选政策（selection policy），是图书馆通过系统地、有计划、有组织地分析图书馆使命与定位、现有馆藏、服务对象和读者需求，研制出的图书馆馆藏长期发展的策略；其目的主要是应对出版物审查制度的检查，保护知识的自由。后来逐渐形成一个有机的体系，主要界定图书馆的使命与指责、分析服务对象和需求、明确馆藏采选细则以及馆内部门职责等。因此，馆藏发展政策则是践行馆藏建设的根本依据，是合理安排各种资源，以符合读者需求、提供更好服务的指南。

---

❶　史庆华. 科技学术期刊的社会功能及其变异［J］. 现代情报，2007（1）：19-20，22.

20世纪70年代，以美国为主的西方图书馆界购置经费大量缩减，这要求各图书馆对每一笔经费的使用都要得当，因此，馆藏发展政策的研究与实践得到了图书馆界的高度重视。1976年美国图书馆协会颁布了《馆藏建设政策规范指南》（ *Guidelines for the Formulation of Collection Development Policies* ）。随后奥斯本（Osburn）论述了馆藏发展政策的功能、目的及达到目的所应注意的问题，并提出制定馆藏发展政策的工作计划。❶ 20世纪80年代后，馆藏发展政策得到了进一步的发展，美国图书馆协会于1996年颁布了《馆藏建设政策规范指南》的第二版，更名为《馆藏建设政策编制指南》（ *Guide for Written Collection Policy Statements* ），自此，馆藏发展政策的研究与实践逐渐达到了高峰。截至1993年，美国72%的高校图书馆和78%的公共图书馆均已制定了馆藏发展政策。❷ 同时，馆藏发展政策成为美国各类型图书馆关心的课题，也成为图书馆馆长任期内的一项基本工作。图书馆学家在这样的背景下，进一步探讨了馆藏发展的定义、目标、价值功能、基本框架、内容范围、方法和模式、政策评价、网络环境的影响和政策的调整等。

从传统图书馆的馆藏结构看，图书、期刊、报纸都是馆藏文献的重要组成部分。随着原生电子资源的大量产生以及数字化文献的不断增加，图书馆馆藏的载体类型在不断地发生变化。但总体而言，学术期刊作为我国图书馆用户了解国外最新信息的重要渠道，是科研人员从事学术研究活动的重要文献获取途径和各行业研究进展及科研发展动态交流的平台，一直以来都是各图书馆馆藏中最重要的文献类型。

由于不同类型图书馆的使命、馆藏发展政策、读者对象都有着各种差异，因此它们在学术期刊的馆藏建设上分别有着不同的需求。

（1）国家图书馆的馆藏发展政策

国家图书馆是综合性、研究型图书馆，是国家总书库；履行搜集、加

---

❶ OSBURN C B. Planning for a university library policy on collection development［J］. International Library Review,1977,9(2):209-224.

❷ FUTAS E. Collection Development Policies and Procedures,3rd ed. ［M］. Phoenix, Ariz.:Oryx Press,1995.

工、存储、研究、利用和传播知识信息的职责。作为一个综合性、研究型图书馆，它的职能和使命主要是：第一，致力于图书馆事业研究，服务于中央党政军领导机关、科学研究部门和重点生产建设单位；第二，履行搜集、加工、存储、保护、保存国内全部有价值文献的功能；第三，承担国外重点文献的收藏职责，国外的一些重要文献，特别是一些学术期刊，可能因为受众极少而国内其他图书馆均不收藏，但国家图书馆却应该收藏❶；第四，承担着信息时代图书馆界主导者和协调者的角色。❷

为履行这些职责，国家图书馆在外文报刊方面的采选政策主要为：

在注意保持馆藏，尤其是多卷集、期刊、报纸等文献的连续性和完整性的原则下，重点采选对各学科有参考价值、对图书馆学与信息管理等有参考价值的学术刊物，有关我国周边国家政治、经济、文化、民族、宗教、军事、地理等情况的学术刊物等；适当采选科普类、旅游与娱乐类报刊；为节约馆藏空间，适当采选国外报刊的缩微制品，并替代印刷型原本。对于外文数据库，重点采选收录范围广或在某学科领域具有一定权威性、工具型或学术型的数据库；就内容选择而言，应注重与馆藏其他类型文献的协调互补，重点采选有关中国的外文数据库、我国重点发展的支柱产业所需文献的外文数据库和学术价值较高的外文数据库。❸

馆藏发展政策是外文学术期刊馆藏建设的主要依据。国家图书馆不仅要从其服务对象的信息资源需求出发，还要从外文文献资源国家保障的角度，分析图书馆资源购置经费与全球文献出版状况，寻求相对合理的外文学术期刊建设方案，即国家图书馆外文学术期刊的采选要站在全国外文文献资源保障体系建设的高度，承担起文献资源共建共享排头兵的职责。

（2）公共图书馆的馆藏发展政策

公共图书馆通常以本地区公民为主要服务对象，其用户不分户籍、性

❶　刘兹恒. 对国家图书馆信息资源建设的一些思考 [J]. 国家图书馆学刊，2008（3）：75-79.

❷　吴慰慈，蔡箐. 国家图书馆发展战略研究 [J]. 国家图书馆学刊，2008（2）：15-20.

❸　国家图书馆. 国家图书馆年鉴 2011 [M]. 北京：国家图书馆出版社，2011：276-285.

别、年龄、职业、教育程度以及宗教信仰，均具有平等使用图书馆的权利。公共图书馆以满足服务对象的信息资源需求为己任，通过分析图书馆用户的信息资源需求来确定图书馆的定位和馆藏发展方向。通常情况下，公共图书馆扮演着地区公共文化服务和活动空间的角色，通过多元化的馆藏资源向用户提供教育机会，传播文化知识并满足用户的休闲需求。

公共图书馆馆藏发展政策的制定主要以满足所服务对象的信息资源需求和地方社会发展需求为依据，并在参考图书馆自身条件的前提下，遵循文献资源建设的相关原则，构建适合当地特色的多元化、多层次、可持续发展的馆藏资源体系。因此，其外文报刊的采选主要以兼顾知识性和娱乐性，能够满足用户一般生活、休闲、学习和工作所需的期刊和报纸为主，同时根据资源协调和馆藏特色的需求，采选满足地区发展需求和符合地区特色的学术刊物。

（3）高校图书馆的馆藏发展政策

教育部颁布的《普通高等学校图书馆规程（修订）》指出，高校图书馆作为学校的文献信息中心，是服务于教学和科学研究的学术性机构，履行教育职能和信息服务职能，其建设和发展应与学校的建设和发展相适应。高校图书馆资源建设相关的主要任务是：建设包括馆藏实体资源和网络虚拟资源在内的文献信息资源；组织和协调全校的文献信息工作，实现文献信息资源的优化配置；积极参与各种资源共建共享，发挥信息资源优势和专业服务优势，为社会服务。❶

高等学校图书馆的馆藏发展政策需根据学校的发展目标和教学、科学研究的需要，根据馆藏基础及地区或系统文献资源布局的统筹安排，制订文献信息资源建设方案，形成具有本校特色的馆藏体系；在文献采集中需兼顾纸质文献、电子文献和其他载体文献，兼顾文献载体和使用权的购买；保持重要文献和特色资源的完整性和连续性，注意收藏所属学校以及与该校有关的出版物和学术文献。此外，高校图书馆的资源建设还需根据学校教学和科研

---

❶ 教育部关于印发《普通高等学校图书馆规程（修订）》的通知（教高〔2015〕14号）[EB/OL].［2020-3-13］. http://www.moe.gov.cn/srcsite/A08/moe_736/s3886/201601/t20160120_228487.html.

的需求，根据馆藏特色及地区或系统文献保障体系建设的分工，开展特色数字资源建设和网络虚拟资源建设，整合实体资源与虚拟资源，形成网上统一的馆藏体系。

高校图书馆的用户群体主要以教学人员、科研人员、学生为主，因此高校图书馆外文学术期刊的馆藏建设需求主要分为三种情况。

1）教学相关的知识获取。学术期刊具有内容新颖、涉及领域广、学术成果报道迅速及时、出版数量大等特点，而这些特点也正是它们受到用户青睐的重要因素。高等学校的教学人员、大学生等，由于自身文化素质和认知水平相对较高，往往比较侧重于获取外文文献，尤其是外文学术期刊的相关信息，从中吸取教学的方法、理论和成果。因此，高校图书馆通常会以本校的学科设置、各学科师生数量、学科建设目标等因素为依据，采选相应的外文学术刊物。

2）科研相关的文献需求。科学研究也是大多数高等院校的重要职能之一。尤其是改革开放以来，随着我国高等教育事业的不断发展，科学研究在高校的地位不断提升，科研成果的种类、数量、水平业已成为高等学校综合实力的重要体现。因此，高校图书馆对于本校科研相关的学术资源，尤其是外文学术期刊的采选也越来越重视。在学术期刊的馆藏建设上，高校图书馆在保障学科专业及相关科研文献获取的前提下，实施分学科、分层次、分等级的采选方针，做到各学科期刊的比例协调、统筹合理、馆藏优化，满足各层次用户的需求。❶

3）馆藏建设体系的需求。很多高校图书馆的外文学术期刊收藏都有着悠久的历史，即使是新组建的高校图书馆，其期刊的馆藏建设也会保持连续性。因此，高校图书馆的外文学术期刊馆藏建设都会立足于馆藏结构的整体布局，形成期刊与图书相协调、印刷型与电子型期刊相协调、现刊与过刊相协调、各学科专业品种相协调的可持续发展的馆藏体系。

（4）专业图书馆的馆藏发展政策

专业图书馆是指专门为某一学科领域或某些学科领域的研究人员（群

---

❶　丁明刚. 高校图书馆学术期刊管理概论［M］. 合肥：合肥工业大学出版社，2011：17.

体）提供信息资源服务的图书馆，其馆藏建设具有学科专门化的特点。在我国，专业图书馆主要指政府部门、学会、协会、科学研究机构、事业单位、社会群众组织、博物馆、商业公司、工业企业和其他有组织的集团所属的图书信息机构，如中国科学院系统所属的图书馆、中国社会科学院系统所属的图书馆、部队系统所属的图书馆以及文化馆、博物馆系统所属的图书馆等。专业图书馆是直接为其所属的机构服务的，因此其职责主要是为所属机构科研人员提供专门的资源服务。

由于专业图书馆的服务对象相对固定，用户所需信息资源也通常以某一个或几个学科领域为主，所以其馆藏建设也多侧重于某一个或几个学科领域及其相关学科的信息资源。因此，专业图书馆的馆藏建设任务首先要注重本专业的资源收藏，并结合本馆的文献信息资源特色、经费状况、设备、人才等具体实际，确定本馆的特色项目，集中力量办出特色、办出效益。❶

专业图书馆是直接为其所属的机构服务的，其工作本身就是所在机构科研工作的组成部分，因此专业图书馆在外文学术期刊采选的需求上应紧密结合本系统、本单位、本专业的研究方向和任务，重点采选相关学科领域的外文学术期刊，有选择地采选其他学科领域的刊物，同时注意印刷型期刊与电子期刊之间的协调发展。

5.1.2.2 学术期刊的经费分配

学术期刊作为信息的载体是图书馆馆藏中最重要的文献类型，可以说它是图书馆馆藏的物质基础。学术期刊固有的学术特征使其成为各类型图书馆重点收集的文献资料。如果体现在图书馆的经费投入上，学术期刊的馆藏建设经费应在图书馆整体的经费中占有较大的比例。据北美研究图书馆协会（Association of Research Libraries，ARL）统计❷，2009—2018 年，其成员馆在连续性资源（以学术期刊为主）方面的平均经费投入由 7192136 美元增

---

❶ 李以敏. 专业图书馆信息资源建设浅谈 [J]. 中国图书馆学报，2003（3）：99-100.

❷ ARL. ARL Statistics Survey Statistical Trends – Expenditure Trends in ARL Libraries 1998-2018 [EB/OL]. [2020-11-03]. https://www. arl. org/arl-statistics-survey-statistical-trends/.

至 9811225 美元，占图书馆运行总经费平均值的比例也由 30.52% 上涨到 38.73%（表 5-1）。

表 5-1 ARL 成员馆 2009—2018 年连续出版物经费平均值及其占图书馆运行总经费平均值比例

年度	连续性资源经费平均值/美元	占图书馆运行总经费平均值比例/%
2009	7192136	30.52
2010	7204235	31.66
2011	7451080	30.98
2012	8202158	34.03
2013	8742614	35.28
2014	8803752	35.70
2015	9111324	36.96
2016	9190984	37.28
2017	9417823	37.41
2018	9811225	38.73

在我国，学术期刊的经费投入同样具有类似的特征。据有关资料显示，国家图书馆、科研机构图书馆、高校图书馆、大型公共图书馆等国内各系统规模较大的图书馆每年在外文学术期刊采购方面的经费均超过千万元人民币。据 2015—2019 年国家图书馆年鉴统计[1]，国家图书馆 2014—2018 年度外文报刊采购经费一直维持在三四千万元，在其资源建设总经费中占比为 20% 上下（表 5-2）。

表 5-2 国家图书馆 2014—2018 年度外文报刊采购经费及其占资源建设总经费比例

项目	2014 年	2015 年	2016 年	2017 年	2018 年
外文报刊经费/万元	3455.65	2957.92	4052.00	4339.53	4129.00
占资源建设总经费比例/%	21.63	17.63	23.91	25.13	23.91

从经费上看，学术期刊的投入在各研究型图书馆和综合性图书馆总运行

---

[1] 国家图书馆. 国图年鉴 [EB/OL]. [2020-10-28]. http://www.nlc.cn/dsb_footer/gygt/ndbg/nj2018/.

经费或资源建设总经费投入中所占的比例较大，且其年度涨幅通常也比其他类型的资源偏高。这也是学术期刊文献在图书馆馆藏建设中占据重要地位的佐证。

5.1.2.3 学术期刊的用户利用

从印度图书馆学大师阮冈纳赞的"图书馆学五定律"来看，服务用户可以说是图书馆所有业务的核心。只有使用户充分利用图书馆的文献资源，图书馆的功能才能真正得到发挥。图书馆文献资源利用的高低在一定程度上能够反映用户对图书馆文献资源建设的认同度。图书馆用户对学术期刊的利用也反映了学术期刊在图书馆馆藏中的地位和作用。

从引文的角度看，由于无数推动人类进步的科学发现与科学成果，都是通过学术期刊公诸于世的，因此在科学论著中，更多的引文都源于学术期刊。有学者曾选取一定数量的博士论文作为样本，并对其参考文献的文献类型进行了统计，发现在所有的参考文献中，学术期刊文献是博士论文撰写的主要文献参考源，占所引用文献总量的 87.28%。❶

从图书馆文献流通的角度看，相比其他类型的学术文献，学术期刊在借阅、下载、复制、文献传递等方面的流通均有着较大的优势。对于传统的印刷型文献，图书馆很难统计其用户的实际利用情况，尤其是对于开架阅览的文献。因此，图书馆往往通过文献复制、文献传递的情况对文献的流通利用进行统计。李春艳和毕东对云南高校图书馆联盟文献传递服务进行统计分析后发现，2010—2015 年，云南省 12 所高校在"云南省区域图书馆参考咨询管理平台"提交的文献传递申请量中，非书资料（以学术期刊为主）的申请量不仅远超图书资料，且呈逐年快速递增的趋势（表 5-3）。❷ 随着网络技术的快速发展，电子期刊及其全文数据库逐渐成为图书馆利用学术期刊的重要渠道。在线电子资源的出现，在某种程度上解决了图书馆员对用户使用

---

❶ 吴明智等. 基于引文分析的博士学位论文参考文献调查与分析 [J]. 情报探索，2018（1）：74-79.

❷ 李春艳，毕东. 云南高校图书馆联盟文献传递服务统计分析 [J]. 农业图书情报学刊，2016（7）：152-155.

情况的统计难题。大多数都图书馆可以通过统计电子资源的检索量、下载量等数据来衡量图书馆用户对图书馆资源建设的认同度。我国高校图书馆数字资源采购联盟（Digital Resource Acquisition Alliance of Chinese Academic Libraries，DRAA）每年都会针对联盟所采购外文数据库的类型及其使用情况进行统计。其统计发现，在 DRAA 所引进的外文数字资源中，电子学术期刊历年的下载量均高于其他类型数据库。以 2019 年为例，该年度 DRAA 共牵头引进各类型外文数据库 136 个，用户（图书馆）数量 9410 个，其中电子学术期刊用户数占 46.71%，电子期刊论文的下载量也均远远高于其他类型的全文数据库。❶

表 5-3　2010—2015 年云南省区域图书馆参考咨询管理平台文献传递申请量　单位：份

2010—2011 年		2012 年		2013 年		2014 年		2015 年	
图书资料	非书资料	图书资料	非书资料	图书资料	非书资料	图书资料	非书资料	图书资料	非书资料
55626	74752	57474	116544	64114	173002	59213	200891	55102	225323

以上不同角度所反映出的学术期刊利用情况，可以让我们从期刊利用的角度看到，作为图书馆重要的馆藏文献，学术期刊在馆藏建设中有着重要的地位，同时也发挥着重要且积极的作用。

5.2　外文学术期刊评价与图书馆期刊采选

5.2.1　图书馆外文学术期刊采选的流程

5.2.1.1　外文学术期刊采选的原则

图书馆学术期刊的采选，应该在遵循馆藏资源建设总体目标的前提下，以用户需求原则和成本效益原则为基础，将资源利用率和用户信息反馈作为重要依据，运用各种评估手段将全球化信息资源进行细致的甄选。

---

❶　崔海媛. 2019 年高校引进资源集团采购状况/2020 年引进数据库用户满意度调查［R/OL］.［2020-11-04］. http://file. lib. pku. edu. cn/upload/616cfcca-6719-4591-ac70-f0806c4b7fa4/files/DRAA2019 年度工作报告-发布版 .pdf.

（1）价值需求原则

价值需求原则，又称作实用性原则，就外文学术期刊的采选而言，主要是指图书馆所采选的学术期刊要符合馆藏资源发展政策、适合图书馆的使命要求、适合图书馆的用户需求。

不同类型的图书馆有着不同的收藏范围和特点。例如，国家图书馆作为国家资源总库，其馆藏总原则是中文求全，外文求精；中文为主，外文为辅；通用性资源外购为主，特色资源自建为主。因此，学术期刊的采集过程也是一个对学术期刊文献与馆藏发展政策和图书馆使命相匹配的过程。适用性原则还要求采访馆员需着眼现在，放眼未来，具有前瞻性。由于学术期刊具有持续出版的特点，因此它的馆藏建设不是一蹴而就的，需要长期积累，应随内外部环境、网络信息的变化而不断变化、充实、扩展和完善；同时，还需要通过补充和整合资源以对馆藏进行更新，以适应未来的动态需求。

此外，对于外文学术期刊而言，由于其价格相对昂贵，而任何一个图书馆的资源建设经费都是有限的，所以在学术期刊的采购上要实现"投入最少，效益最大"的目标，就必须以图书馆馆藏建设重点需要为核心，根据用户需求不断做出调整，充分利用图书馆经费预算。

（2）系统性原则

系统性原则主要是指外文学术期刊馆藏在内容和结构上的系统性以及学术期刊采购计划的系统性。

首先，系统性是指图书馆馆藏内容和结构的系统性。任何图书馆的馆藏资源建设都有所侧重，例如，国家图书馆对于海外中国学、法律类文献资源要全面系统地收藏。因此，从宏观的馆藏建设上讲，采访馆员要在馆藏经费预算内，确定各种学术期刊的取舍及各学科的采购比例，这种比例既要依据馆藏结构需求，如学科主题、文献类型、文种、时间等，又要注意馆藏体系内容和结构上的系统性。只有如此才能够确保经过长期积累，形成具有最佳结构和功能的馆藏体系。同时，还要注重馆藏特色专题文献资源采集的系统性和全面性。

其次，系统性是针对学术期刊的持续出版而言的。对于图书馆学术期刊的馆藏建设而言，每一种学术期刊的采购都需要谨慎行事，因为一旦确定一种学术期刊的订购后，如果没有客观原因，图书馆就应该持续地订购下去。学术期刊所刊载的内容是持续不断地针对某一个或几个特定领域的内容，通常有其固定的读者，是很多专业人员跟踪学术前沿和热点问题的重要信息来源，一旦停止订购或更换品种，会使信息产生断档，给读者的研究工作带来麻烦。此外，断档的学术期刊，尤其是实体文献，不仅会造成图书馆馆藏文献的残缺，还会给图书馆的编目、典藏等工作带来一定的困难。

（3）协调性原则

协调性原则，又称互补性原则，主要是指学术期刊馆藏在建设过程中的工作协调与文献互补。其中包括馆际协调、图书馆内各部门之间的协调、文献载体形式之间的协调、文献语种的协调及与其他采集途径的协调。

受经费和语言的限制，任何图书馆都不可能把全世界出版的所有学科领域的学术期刊订购齐全，因此，图书馆与图书馆之间应根据馆藏重点的不同，相互形成互补结构的馆藏建设合作。这种合作可以是国家性的，也可以是区域性的或是一个系统内的。其目的是充分发挥一个地区甚至是一个国家的整体经济实力与资源建设能力，建立起一个完善的文献资源共享、共建体系，通过提升整体的文献资源保障水平来提高个体图书馆的文献资源提供能力，做好本系统、本地区、甚至全国范围的资源共建共享。

图书馆作为保存和传播人类知识和文明的殿堂，其所有馆藏资源必须服务于所有用户，以促使其目标和任务的实现。随着网络技术的发展，电子资源已经成为图书馆馆藏建设的重要组成部分，电子资源与纸本资源的协调发展是实现图书馆目标和任务的必然选择。因此，电子资源的采选工作需要与传统印刷型文献的采选工作进行必要的沟通与协调。电子资源和纸本文献二者之间肯定存在着交叉和重复，采集时必须注意二者的协调，以避免造成资金的浪费和采集的盲点。

此外，多数图书馆的外文学术期刊采选途径是多样化的，如外购、交换、受缴、捐赠和托存等。所以外文学术期刊的订购必须与各种采选方式进行协调。

（4）权威性原则

权威性主要是指学术期刊内容的价值和质量。其实早在 17 世纪末，德国的图书馆学家莱布尼兹（Leibniz）就曾提出类似的原则：图书馆需及时、连续、均衡地补充和采购具有学术价值的新书刊。这一原则一直影响着历代图书馆员。

图书馆采选的学术期刊首先必须具有较高的学术价值和收藏价值。考量它们的条件主要包括出版商信誉度、编辑水平、同行评审、是否被著名索引文摘数据库收录、期刊影响因子等诸多方面。

5.2.1.2 外文学术期刊的馆藏资源建设调研

（1）馆藏调研

图书馆外文学术期刊的收藏体系一般是经过多年积累的结果，所以图书馆采访馆员在掌握所在馆馆藏发展政策的同时还要熟悉图书馆学术期刊收藏历史，了解其建设的发展脉络、馆藏范围、收藏重点、收藏特色、收藏方向等，并且以此做出学术期刊的建设方案。开展馆藏调研可以从两个方面入手：①馆藏发展政策的延续与变化；②馆藏历史与现状，即历年学术期刊采选的经费分配、品种、学科分布等。

馆藏发展政策是图书馆资源建设的重要依据。通常一个图书馆馆藏发展政策是指图书馆对于馆藏资源的评价、选择、采购、使用、维护、保存等方面的一系列原则、标准和规定。它是图书馆馆藏建设和发展的指导性文件。建立馆藏发展政策有助于图书馆以科学、合理的方式和方法建立馆藏体系，平衡图书馆各类型馆藏的发展，满足用户的现实和潜在的信息需求。馆藏发展政策是一个综合的概念和体系，其内容主要包括文献资源的采选原则与方式、经费分配政策、馆藏发展目标与规划、馆藏管理政策、馆藏开发与利用政策、馆藏保护政策、剔除政策等。随着时代的发展与社会的进步，图书馆用户的需求也会随之发生变化，图书馆的馆藏发展政策也会因此而有一定的修订。熟悉图书馆本身的政策演变历史以及现行的发展政策有助于采访馆员理解目前的馆藏格局是如何形成的。

馆藏历史与现状的调查实际上是一个摸家底的过程，主要包括馆藏数量和馆藏质量两方面的调查工作。馆藏数量调查，即调查馆藏学术期刊的收藏总量，包括它在图书馆所有类型馆藏文献中所占的比例、各种核心期刊的收藏数量比例、馆藏流通量、是否存在复本等。馆藏质量调查，主要从图书馆馆藏整体的科学价值上考虑，包括各学科领域学术期刊的入藏比例、馆藏政策所划定的重点学科核心期刊收集的完成程度、用户需求的满足情况等；尤其应针对上一年度订购的学术期刊的利用情况进行调查，并据此分析是否有误订、漏订等。

在这个过程中，采访馆员能够清楚地勾勒出各历史时期图书馆在学术期刊采购上的经费分配情况、收藏品种、学科比例、语种比例等详细的馆藏状况。这不仅可以使采访馆员对馆藏状况有一个清楚的认识，还可以发现各时期图书馆对学术期刊的重视程度甚至是各时期的采访馆员对馆藏政策的理解程度。

（2）用户需求调研

图书馆馆藏建设的重要目的就是最大限度地满足用户对文献的需求。因此在学术期刊采选的调研中，用户需求的分析是必不可少的。不同类型的图书馆有着不同的用户群体，如高校图书馆的主要用户是本校师生与科研人员，而公共图书馆的用户则是一个相对松散的综合性群体。不同的用户群体对文献的需求不同，因此，不同图书馆的馆藏建设也不尽相同。此外，在不同的时期和阶段，图书馆用户类型以及他们的需求都会发生一定的变化，这就要求采访馆员时刻关注并了解他们的需求，并根据用户需求修订采选方案。了解用户需求的方法主要有以下几种。

1）调查问卷。根据采选工作需求制作调查问卷，通过分析问卷结果的方式了解用户的需求。为使调查结果更加准确地反映出具有普遍性的用户需求，所采集的样本要尽量多一些。

2）用户座谈会。根据用户的不同文化层次，分别召开不同层次的用户座谈会，比如到馆读者座谈会、专家座谈会等。这种面对面的交流可以更加深入地了解用户的意见和需求，但缺点是不能大范围地与用户交流，形成的用户需求结果往往会与用户的普遍性需求有所偏差。

3）用户推荐单。图书馆的用户一般对自己所研究领域的现状和发展方向及国际上出版的本专业的重要学术期刊都有一定的了解。通过让用户填写推荐单的方式可以具体了解到用户认可的高质量的学术期刊信息，并作为订购的重要依据。

4）文献流通和使用统计分析。对某一时间段内用户使用学术期刊的情况进行统计，从中分析图书馆用户对现有馆藏的利用率及各学科学术期刊的利用情况，为其续订和新订提供依据。但由于很多图书馆都采用开架阅览的形式，这些统计数字一般很难获取。学术期刊在线形式的出现，在某种程度上解决了图书馆员对用户使用情况的统计难题。当前的学术期刊平台多具有规范的使用统计功能，图书馆的网站与资源整合工具也具有一定的资源利用统计与分析功能。电子期刊利用率的高与低在一定程度上也反映了用户对图书馆资源建设的认同度，能够对图书馆进一步的资源建设提供依据。近年来，随着图书馆对电子馆藏的重视，图书馆电子期刊的收藏也逐渐增加，电子期刊的使用统计也逐渐在学术期刊采选工作中发挥了重要的作用。

用户需求调研与分析不仅仅是数据收集、分析和处理，它更重要的作用是作为评估资源建设合理性的重要指标。通过对文献流通和使用数据的分析，图书馆可以更加深入地了解用户信息需求，从而更好地规划资源建设方案、调整馆藏资源布局。

5.2.1.3 外文学术期刊的信息采集

这里所谓的信息采集，主要是指图书馆在新增学术期刊品种时通过各种渠道搜集的相关信息。信息采集的途径主要包括收集征订目录、出版社新刊介绍、读者推荐单等信息来源。

（1）征订目录

学术期刊的征订目录主要分为两大类，一是原版进口的外文学术期刊目录；二是国内出版的外文学术期刊目录。

原版进口的外文学术期刊征订目录是由国家授予外文原版文献进口资质的公司制作，根据图书馆的采购需求向图书馆提供的学术期刊目录信息。受国家进口授权的限制，目前具有外文报刊代理商资格的进口公司并不多，在我国约十几家，主要有中国图书进出口（集团）公司、中国教育图书进出口有限公司、中国国际图书贸易集团有限公司、北京中科进出口有限责任公司等。其征订目录通常为年度更新，或汇集成册或以电子版的方式向图书馆提供。其中，中国图书进出口（集团）公司的《外国报刊目录》不仅是一本征订目录，已经成为一套系统报导国外学术期刊，并被国内图书馆界公认的权威性工具书，共收录了 185 个国家和地区的 7 万余家出版社的学术期刊，涉及约 50 种语言、20 多万种报刊，几乎囊括了世界上各主要出版社的所有的重要期刊。目前，《外国报刊目录》除每年出版光盘版外，还有实时更新的网络版。

（2）出版社信息跟踪

出版社信息跟踪是外文学术期刊信息获取的重要渠道。国外学术期刊的出版社按商业模式主要分为营利性和非营利性出版机构。营利性出版机构主要为商业出版社，而非营利性出版机构主要为学协会出版社、大学出版社、政府机构的出版部门等。由于国外学术期刊的出版已经形成了良好的市场竞争机制，其出版模式与国学术期刊出版模式有着较大的区别。目前，我国的学术期刊出版主要以国家新闻出版署或地方新闻出版署（局）审批、各主管单位负责、各编辑部自行编辑出版发行。而国外的学术期刊出版模式是内容由编辑部负责，其他的出版、发行、销售任务均由编辑部所属出版机构统一负责，形成了较大规模的学术期刊出版体系。此外，对于一些学协会或大学出版社，其期刊出版规模也有几十或几百种不等。部分学术期刊在不同出版机构之间的转出和转入也均成为常态。因此，跟踪出版社的信息不仅是获取新发行学术期刊出版信息的重要渠道，也是获取学术期刊停刊、合并、分出、转社出版等信息的重要渠道。

（3）用户推荐

图书馆馆藏建设的一个重要目的就是满足图书馆用户的信息需求，因此，用户的反馈是馆藏资源建设的重要参考依据。

（4）其他工具

除以上信息获取渠道外，采访馆员还可以通过许多其他渠道获取学术期刊的信息，如国际连续出版物指南、重要的索引或引文工具等。最为著名的国际连续出版物目录当属《乌利希全球连续出版物指南》。该指南迄今已经有 80 年的历史，是一种收录世界各国连续出版物比较全面的工具书，曾有印刷版和光盘版，目前主要以网络版服务于图书馆和相关机构。截至目前，该目录共收录各类型连续出版物 80 多万种，其中在发行中的学术期刊 20 多万种。该平台可以按学科主题、出版国、出版语言等进行分类，用户可以从不同的检索点查找所需信息。

在我国，研究人员使用率较高的外文文摘索引或引文工具主要有 Web of Science 引文索引平台（学术期刊部分主要包含《科学引文索引》《社会科学引文索引》《艺术与人文科学引文索引》《期刊引用报告》等工具）、Scopus、《工程索引》《化学文摘》、MEDLINE 等专业类文摘索引数据库。

（5）学术期刊的出版动态

现代社会飞速发展的同时，信息资源的数量也急剧增长。在这种环境下，出版业呈现出出版量大、载体形态多元化、内容交叉、时效性强等特点。学术期刊的创办、停办、题名变化、合并、分开等情况也频繁发生。此外，受出版社并购的影响，部分出版社的出版风格和特点也发生了变化。为更好地做好采选工作，采访馆员需要及时了解这些出版动态和特点，掌握出版业的发展规律。

（6）纸本与电子学术期刊的出版发行关系

学术期刊的载体形态经过若干年的发展，逐渐由纸本形式向数字化及原生电子学术期刊的形式发展，并形成了一定的规模。与纸本形式相比，电子形式具有传播速度快、检索平台功能强、存取灵活、交流方便等优势，因此与纸本形式一并成为图书馆重要的文献资源，并有逐渐取代纸本形式的趋势。受此变化的影响，学术期刊的采购模式也已不再限于纸本形式的购买，而是产生了"纯纸本→纸本+免费在线电子版→纸本+附加一定费用的在线电子版→按回溯卷期定价的纯在线电子版→分级定价的在线电子版和针对各个订阅户定价的在线电子版"的演变。尽管电子资源代表着未来的发展方向，但就目前的馆藏结构来看，它还不可能完全取代纸本学术期刊，多数图书馆的纸本学术期刊仍是收藏的重点。电子和纸本学术期刊形成了相互依存、相互补充的状态，这种并存的状态给采访馆员的采选工作增加了难度。

5.2.1.4　外文学术期刊的采选评估

图书馆进行学术期刊采选时，采访馆员通常分三种情况对学术期刊进行评估，一是对拟新增学术期刊的采选评估；二是对拟续订学术期刊的评估；三是对拟停订或剔除的学术期刊的评估。

对于图书馆新增学术期刊的采选工作而言，由于学术期刊采选的质量直接影响到图书馆馆藏建设的质量，而全球出版的外文学术期刊又如此之多，采访馆员要从如此海量的信息中选出最适合本馆馆藏政策、最大限度满足用户需求的品种，必须综合考虑科技发展现状与趋势、出版机构的权威性、出版地的特点、期刊质量评价、采购模式、纸电协调、代理商的服务水平及报价等诸多方面。

对于图书馆拟续订的学术期刊而言，除仍需作期刊质量评价外，还需要将图书馆的经费情况、学术期刊的出版变化情况、纸本期刊的到货情况等纳入考量因素中。

对于图书馆拟停订或剔除的学术期刊而言，除考虑经费情况、纸本期刊的到货情况，还需做期刊质量评价、期刊利用评价和图书馆馆藏空间评价等工作。

5.2.2　外文学术期刊评价与采选的关系

从图书馆学术期刊采选的工作流程上，我们可以发现，图书馆在进行期刊采选的过程中，在不同的环境下会多次涉及对期刊的评价，有的是对拟采选期刊的评价，有的是对已采选期刊的评价。同时，在不同的环节中，图书馆对学术期刊评价所采用的方法和指标也各不相同。在学术期刊尚未纳入图书馆馆藏时，图书馆对期刊的评价主要从期刊的载文规律、引文规律、生命周期等方面入手，同时结合图书馆馆藏发展政策、用户需求调研、专家调查等相关因素。在学术期刊被纳入图书馆馆藏后，为保证已入藏的学术期刊符合馆藏发展政策，确保为本馆用户所需的文献，图书馆还要对馆藏期刊的整体状况、相关度、规模、质量及用户利用情况进行分析和评价。虽然学术期刊在纳入图书馆馆藏前和纳入图书馆馆藏后的两个评价过程均是对期刊评价的过程，但在实际工作中，期刊采访馆员通常将学术期刊被纳入图书馆馆藏前的评价称作采前评价，将纳入图书馆馆藏后的评价称为馆藏评价。

5.2.2.1 采前评价与期刊采选

图书馆学术期刊的采前评价，主要是在目标学术期刊信息收集的基础上，对所采集学术期刊的质量作评价。这些采集的学术期刊信息，可以分为两大部分，一是目标学科领域新近创刊的学术期刊；二是目标学科领域已创刊多年但之前未纳入馆藏的期刊。

对于目标学科领域新近创刊的学术期刊而言，其采前评价的主要因素包括以下方面。

（1）科技发展现状与趋势

采访馆员要随时关注世界科技的发展动态和趋势，了解当今世界出现的新学科、新理念。但是，由于采访馆员受自身知识结构的限制，不可能掌握所有领域的专业知识，因此，这就需要采访馆员通过各种渠道，特别是利用互联网技术来搜集和查找相关的前沿信息，以便更准确地选好每一种学术期刊。

（2）出版机构

采选人员可根据学术期刊所属出版机构的出版水平来判断其质量。一些国际性的学术团体，如科学院、学协会、高等学校等，出版的学术期刊一般都具有较高的学术水平，代表了各自所研究学科领域的最高研究水平和最新研究进展。另外，一些比较知名的出版社，如施普林格·自然、爱思唯尔、约翰威立等出版社都有各具特色的核心期刊出版，他们所出版的部分学术性期刊是世界公认的核心出版物。因此在选择学术期刊时，出版机构的知名度和权威性也是考虑的因素之一。

（3）出版地的特点

每个国家或地区在学术期刊出版方面都有其自身的特点。在进行学术期刊采选时，采访馆员应该考虑某些国家或地区的区域特点，采选更加合适的学术期刊品种，比如美国、日本的科技出版发展迅速，法国、意大利等欧洲国家在文化、艺术等方面独具特色等。

对于目标学科领域已创刊多年但之前未纳入馆藏的期刊而言，其采前评价通常依靠前述既有的学术期刊评价方法与工具来衡量。

5.2.2.2　馆藏评价与期刊采选

馆藏评价是指对图书馆已纳入馆藏的资源整体状况及其功能的分析与评价，对于学术期刊而言，即对现有学术期刊馆藏体系所具有的各种属性进行检测和评定。通常，馆藏学术期刊评价会从馆藏数量、馆藏结构、馆藏质量、馆藏服务等多个角度对现有期刊馆藏进行分析和判断。

（1）馆藏数量

馆藏数量是图书馆文献收藏规模的标志，也是文献收藏质量的依托和保障。虽然馆藏质量不一定与数量成正比，馆藏量大的图书馆不一定藏书质量就高，但一定数量的馆藏是图书馆满足读者需求的物质基础。因此，合理的馆藏数量是图书馆评价馆藏的标准之一。馆藏期刊数量包括馆藏期刊总量及年增加量，纸电期刊占比、各学科或主题的期刊数量、各语种期刊的馆藏量等。学术期刊的馆藏量一般可以分为总馆藏量和现刊（年度）入藏/更新量。总馆藏量是指图书馆全部外文学术期刊馆藏数量，现刊（年度）入藏/更新量是指图书馆当年通过各种途径获得的外文学术期刊数量。

（2）馆藏结构

学术期刊的馆藏结构通常指根据馆藏发展政策建立的学术期刊学科结构、语种结构、时间（收藏年限）结构等。学科结构即各学科馆藏的比例及该比例和本馆读者需求相适应的程度。语种结构即馆藏学术期刊语种比例结构以及该比例与馆藏发展政策相符合的程度、与图书馆用户掌握语种状况相符合的情况。对综合性、研究型或专业性图书馆而言，大多数情况下，某学科及语种的外文学术期刊收藏的比例越高，越可以间接地证明该学科科学研究的能力就越强。时间（收藏年限）结构即图书馆在不同年代入藏的学术期刊的数量比例，它既可以反映图书馆学术期刊馆藏的渊远流长，也可以体现图书馆学术期刊馆藏的活力，是馆藏学术期刊历史发展特点、时效性及老化程度的重要体现。

（3）馆藏质量

学术期刊的馆藏质量通常指图书馆学术期刊的学科保障率、学术期刊自身的质量等。学术期刊的学科保障率即图书馆馆藏外文学术期刊所覆盖该学科领域核心期刊的比例，通常可以通过馆藏外文学术期刊与权威学术期刊评价工具（核心期刊清单）进行比较得出。学术期刊自身质量即学术期刊在本学科领域的权威性、知名度、刊载文章质量等，通常以是否被权威学术期刊评价工具收录（核心期刊清单）来加以体现。虽然在学术期刊的采前评价中，图书馆已经通过学术期刊评价方法与工具对拟采选期刊的质量进行过评价，但随着时间的推移，有些学术期刊可能会因为某些原因导致其权威性、知名度及刊载文章质量发生一定的变化，因此在馆藏评价过程中仍有必要重新对期刊质量进行评价，并以此作为学术期刊续订、停订和剔除等工作的重要依据。

（4）馆藏服务

学术期刊的馆藏服务通常指图书馆馆藏学术期刊的利用情况，包括馆藏学术期刊的流通情况、图书馆用户满意度、用户科研成果对馆藏学术期刊利用的体现等。流通情况主要包括流通记录情况，如借阅、浏览、下载、拒借/拒访等数据。图书馆用户满意度，一方面需要通过用户调查等方式进行定性评价；另一方面也需要参考流通情况中的拒借/拒访数据进行定量评价。用户科研成果对馆藏学术期刊利用的体现主要指那些具有固定用户群体的图书馆通过对用户学术成果参考文献与本馆馆藏进行比对分析，所得出的馆藏学术期刊被列入用户科研成果参考文献中的数量及比例情况。

由于馆藏评价是基于已纳入图书馆馆藏的学术期刊的后评价，因此它的评价作用更多地应用于图书馆对学术期刊的续订、停订和剔除等工作中，同样是图书馆学术期刊采选工作中必不可少的环节。

5.3 外文学术期刊评价与馆藏发展政策的矛盾和统一

尽管通过学术期刊评价遴选核心期刊与学术期刊的质量有着非常重要的联系，但通过学术期刊评价遴选出来的核心期刊并不完全等同于选出了所有的真正优秀的期刊。从严格意义上来说，我们只是遴选出了在遵循一定的文献分布、传播规律的情况下某一方面或某几方面具有计量优势的期刊。因此，无论是基于传统计量指标的期刊评价方法，还是基于在网络环境下替代计量学的期刊评价方法，均无法与图书馆的馆藏建设工作形成完美的契合，它们之间总是既存在着矛盾对立又存在着相互统一，需要图书馆资源建设决策人员和采访馆员辩证地看待和加以利用。

5.3.1　外文学术期刊评价与馆藏发展的统一性

学术期刊评价方法遴选的核心期刊即前述核心期刊的概念，是图书馆学家、情报学家们基于对期刊文献分散与集中规律的发现，通过文献计量的方法对学术期刊进行排序后，析出的处于核心区的期刊。一般来说，核心期刊具备体现某一学科或专业领域较高的学术水平的能力，具备在本领域内影响较大、较高的权威性、学术带头的作用的特征，能较系统、全面地反映本学科新成果、新理论、新发展趋势的特征，具备情报信息量大、刊载本学科或专业领域文献量多，以及出版稳定、准时、出版寿命较长的特征。馆藏核心期刊是指图书馆馆藏学术期刊中深受本馆用户欢迎，用户利用较多，最契合本馆馆藏发展政策，对完成本机构重要职责与使命起到作用最大的期刊品种。❶ 一般来说，馆藏核心期刊具备本馆目标用户数量多、利用率高，期刊文献的学术性和知识性与本馆用户的阅读能力相适应且有较强的实用性，紧密契合本馆重要职责与使命需求，具有较强的专业性和针对性及较为连续且完整的收藏年代等特征。

从评价目的和意义上看，学术期刊评价方法遴选的核心期刊与馆藏核心期刊有着许多共同之处。首先，两种核心期刊遴选的目的均是满足图书馆学术期刊管理需求。学术期刊作为图书馆文献资源建设的一个重要组成部分，是衡量图书馆馆藏质量的重要参考，也是代表图书馆馆藏特色的标志。然而，由于学术期刊具有类型复杂、品种多、价格高、载体形态不一、质量参差不齐等情况，因此，图书馆在进行馆藏建设时存在很多困难。无论是哪种核心期刊的遴选，都是图书馆对学术期刊的质量进行研究、对期刊学科和品种进行遴选、确定馆藏采选重点的过程，既可以提高馆藏建设的准确性与合理性，又可以提高图书馆学术期刊的管理水平。其次，两种核心期刊的遴选均有利于满足图书馆文献情报服务需求。对于图书馆而言，除馆藏建设外，

---

❶ 邓福泉. 核心期刊与核心藏刊 [J]. 福建图书馆学刊，1998 (4)：30-31.

为用户提供及时、准确、高效的文献情报服务是其不可或缺的重要职能。文献信息服务人员只有充分了解不同学术期刊的特点、优点、缺点，掌握重要学术论文发表的规律，熟悉各种文献搜集工具、途径和策略，才能够有针对性且高效地向用户提供咨询服务。而充分挖掘各学科领域的核心期刊信息，熟悉并利用各类学术期刊评价工具，恰好是在节省人力、物力、财力的情况下，做到有的放矢，提高文献情报服务的工作效率和工作质量。最后，两种核心期刊的遴选均有利于满足图书馆用户的阅读需求。全球在发行中的学术期刊品种有20余万种，学术论文数以亿计，每年的增长数量也多达数百上千万。对于图书馆的用户而言，在这样一个海量学术信息包围着的世界中，要想通过全部阅览的方式从本学科领域范围内的所有文献资料中获取自己所需要的文献，几乎是不可能完成的任务。他们必须通过有重点地阅读和查找本学科领域的重要文献来辅助自己的科学研究，才能事半功倍。

从评价方法和结果上看，馆藏核心期刊的确定，尤其是图书馆新增核心学术期刊的确定，其评价过程主要依据学术期刊评价方法与工具，所选定的核心期刊从理论上讲均是某一学科领域内具有较高学术水平、拥有较大影响力和权威性、能够较为系统全面地反映本学科领域新成果和发展前沿的期刊。

因此，学术期刊评价方法遴选的核心期刊与馆藏核心期刊之间存在着紧密的联系。两者在同一学科领域的期刊清单理论上应存在着较大的重复性。也就是说，学术期刊评价与图书馆的馆藏发展存在着较大的统一性。

5.3.2 外文学术期刊评价与馆藏发展的矛盾性

谈学术期刊评价与馆藏发展之间的矛盾性，首先需要明确学术期刊评价方法遴选的核心期刊与图书馆馆藏核心期刊的区别。

学术期刊评价是学术期刊及其文献研究发展到一定阶段的必然产物。一方面，学术期刊的数量随着科技的进步日益增多，学科领域日趋复杂，学术文章发表的数量也呈几何倍数增加，科研人员在阅读所需文献时，无法将本学科领域内所有的相关资料搜罗殆尽，必须有甄别地从特定的、信息价值较高的期刊中获取文献。另一方面，当某一学科领域有一定数量的专门的学术期刊时，科研人员在发表科研成果时，总是会优先选择那些影响较大、交流作用较大的期刊。因此，学术期刊评价方法遴选的核心期刊并不针对任何一个单一的图书馆或文献收藏机构，也不针对某特定的用户群体，它更多地是根据期刊的载文规律、引文规律、生命周期所发现的布拉德福定律、加菲尔德定律、普赖斯指数等定量地分析某一学科领域期刊的文献分散与集中情况，从而确定核心期刊清单。例如，布拉德福定律及其学术期刊评价方法从期刊载文量的角度揭示了科学文献的分散与集中，为图书馆核心期刊遴选提供了最基本的理论支持；加菲尔德定律及其学术期刊评价方法从期刊论文与参考文献之间引证关系的角度，为核心期刊遴选提供了重要的量化测度指标；普赖斯指数及其学术期刊评价方法从期刊论文的科学价值及生命周期的角度对引文数据的量化提供了时效性的参考。

馆藏核心期刊是图书馆根据其承担的任务，突破现有馆藏建设的局限，分析用户需求特点，有目的地收藏相应专业或主题范围的特色学术期刊，使其成为馆藏的核心部分，通常需要根据图书馆的用户需求、图书馆特色馆藏建设需求为依托予以确定。因此，馆藏核心期刊的确定，除需要确保学术期刊自身的质量外，还需要考虑图书馆自身的一些特殊因素，这些因素通常包括但不限于馆藏发展政策、用户群体及其主要研究方向、现有馆藏学术期刊的流通情况、经费现状及预期、馆藏空间、资源共建共享、相关学术期刊文献获取渠道的难易程度等。

由此可见，学术期刊评价方法遴选的核心期刊与馆藏核心期刊的定义、特征、评价目的均不尽相同，二者存在相互联系的同时，也有着一定的差别。两者的主要区别在于：

1）概念不同。学术期刊评价方法遴选的核心期刊主要是某一学科领域学术水平和内容质量较高、信息量较大、受本专业领域专家和用户特别关注的学术期刊。馆藏核心期刊则是依据是否符合本图书馆使命职责、是否符合本馆用户需求而确定的连续且长期采选的期刊。

2）确定核心期刊清单考虑问题的出发点不同。学术期刊评价方法遴选的核心期刊是从期刊本身的刊载文献量和文献质量出发，只考虑某一学科领域的学术成果与学术信息在期刊中的分布情况，并不考虑某一个或某一类图书馆的特定用户需求，也不考虑图书馆的经费、馆藏空间等特殊情况。馆藏核心期刊除需要从期刊质量、图书馆使命职责、用户需求的角度出发外，还需要考虑图书馆长远的馆藏发展、经费现状及预期、馆藏空间、资源共建共享等诸多因素。

3）确定核心期刊清单的方法存在差异。学术期刊评价方法遴选的核心期刊通常基于学术期刊的载文规律、引文规律、生命周期等规律及相应的定律，通过载文量法、文摘量法、引文量法或其他综合性评价方法定量地分析某一学科领域的学术期刊，并根据分析数据确定相应的清单。馆藏核心期刊的确定方法则需要考虑更多的因素，虽然目前不同图书馆的做法都不尽相同，但通常都会把馆藏发展政策、用户的使用与期刊质量作为同等重要的参考依据。

通过分析学术期刊评价方法遴选的核心期刊与图书馆馆藏核心期刊的区别，我们可以看出，在实际的学术期刊采选工作中，图书馆是不可以将两者等同视之的。只有正确地认识二者之间的区别与联系，才能够厘清思路，更好地做好图书馆的外文学术期刊采选工作。

5.4　多维度的馆藏外文核心期刊评价与采选

通过对学术期刊评价的历史演进过程进行梳理后，我们发现学术期刊评价的初衷虽然始于解决学术期刊数量的急剧增长给文献管理与利用带来困难的背景，即始自帮助图书馆学家们解决学术期刊订购、利用和优化配置等方面的问题，但是随着学术期刊文献分散、集中规律的进一步发现，学术期刊评价的作用包括却不再限于图书馆的馆藏发展，其对于改进科学评价、促进科学评价理论与方法的发展完善、加快科学发现的进程、提高学术期刊编辑出版管理水平等方面也起到了不可或缺的作用。然而，对于图书馆的学术期刊采选而言，学术期刊评价的各历史时期所产生的评价方法总是存在着一定的局限性，既有数据片面性的问题，又有评价结果与期刊的重要性及其内容质量不能完全匹配的问题，还有多元指标评价难以归一化处理的问题等。此外，随着网络化、信息化、大数据、多媒体等多元技术的快速发展，学术期刊出版的内容呈现方式与传播方式持续发生着深刻的变化。可以说，基于多元技术的全媒体时代已经来临。因此，无论是学术出版领域，还是图书情报领域，相关人员都在针对学术期刊的出版及其传播方式进行着理论的探讨，但同时又在具体的实践中存在着很多分歧和争议。对于图书馆的馆藏建设而言，图书馆在学术期刊出版模式与理念转变的过程中，除了要明晰媒体与技术多元化时代学术期刊出版的发展趋势与路径，还要身体力行地学习新技术、新方法、新理念，充分利用其优势，化解其不利影响，将学术期刊评价合理地应用于图书馆馆藏建设之中。

虽然基于文献计量的学术期刊评价已经有着近百年的历史，但它仍然在蓬勃发展的阶段之中，且一直被学术期刊利益相关者在诸多领域中应用。只是，它更多地是从文献计量的方面反映学术期刊刊载文献的分散与集中情况。对于图书馆的学术期刊采选而言，评价学术期刊既要从文献计量方面考虑学术期刊刊载文献的分散与集中情况，又要因地制宜地考虑馆藏学术期刊的流通情况、经费现状及预期、馆藏空间、资源共建共享、相关学术期刊文献获取渠道的难易程度等诸多因素，所以在采选工作背景下的学术期刊评价应从更多的维度予以考虑。

5.4.1 出版维度

（1）出版机构

目前全世界的连续出版物已有 80 多万种，其中在发行中的学术期刊也已超过 20 万种，所涉及的出版机构数以万计，其中拥有 300 种以上期刊的出版机构就有近百家。虽然学术期刊分布在了如此众多的出版机构中，但真正适合图书馆馆藏建设的出版社还是相对有限的。图书馆可以结合本馆的馆藏发展政策与出版机构的特点，确定一些出版机构作为重点考虑对象，尤其是在图书馆文献资源建设经费有限的情况下，可以优先选择重点出版机构或在某一学科领域具有特色的出版机构的学术期刊。例如，电气电子类学术期刊通常会优先考虑电气电子工程师学会出版社的刊物，化学领域的学术期刊则通常会优先考虑美国化学学会、英国皇家化学学会的刊物等。因此，对于图书馆的采选工作而言，出版机构可作为学术期刊评价的考量因素之一。

（2）出版历史

许多具有悠久出版历史的刊物，随着科技的发展、相关学科领域科研的进步而更体现出了历久弥新、笃行不怠的特点，成为图书馆学术期刊采选的重要选择。当然，这里需要指出的是，出版历史虽然可以作为学术期刊评价的一个指标，但由于科学具有逐步发展和变化的特点，许多新兴学科会因为科学研究的进步而逐渐产生，新兴学科也往往会随之带来相应学科的学术期刊的诞生。因此出版历史这一指标并不适用于新兴学科的学术期刊评价与采选。

（3）主编与编委

学术期刊是否具有权威性以及其声誉度如何，在一定程度上与该学术期刊的主编及编委在业界的权威性和声誉具有正向关系。首先，学术期刊的主编及编委会成员若为某一学科领域较为知名的学者，能够从侧面说明该期刊在选题、审核与选用稿件方面有着天然的质量判断优势。其次，某一学科领域较为知名的学者拥有较大的学术影响力，他们作为学术期刊的主编或编委，有着吸引优质稿源的隐形优势。

（4）评审制度

自现代科学在西方国家诞生以来，科学知识的总量及其复杂程度与日俱增，科学制度、科学活动、科学组织管理也在不断地发展变化。学术期刊作为科学知识的重要载体，长期以来一直被科研工作者所推崇。学术期刊诞生初期，存在稿源不足的问题，尚不存在严格的学术期刊评审制度。随着科学技术的发展，各国政府对科研的投入越来越大，科研产出与日俱增，学术期刊稿源也越来越多。当然，众多稿源中也会夹杂着许多无创新性、重复性甚至存在各种问题的低质量稿件。遵循一定的审稿标准，学术期刊邀请业内专家从稿件的科学性、完整性、创新性等维度进行审稿成为业界广泛认可的标准流程，这就是所谓的同行评议。后来，同行评议经过大量的学术实践，形成了明确的角色安排和标准化操作流程，两个及两个以上的同行专家进行匿名评审成为主流。是否为同行评审期刊也因此成为学术期刊信誉度的重要参考因素。

（5）出版频率

随着科技的发展与进步，不仅学术期刊的品种数有了快速的增加，学术期刊的平均出版频率也随着科研成果发表需求的增加而增加。虽然有学者曾对部分学术论文的增加解释为"切香肠"（salami publishing）现象❶，即有学者会从单一研究收集和发现的数据中得出两篇或更多的文章用来发表，但总体而言，学术期刊出版频率、学术论文数量、论文字数的增加与科学研究从业人员的增加、科学研究过程的进一步完善有关。出版频率的高低、学术论文数量的多寡，从一定程度上可以反映出一种学术期刊在其所在学科领域科研人员中的喜爱度和需求度，因此也可以作为学术期刊评价的考量因素之一。当然，需要注意的是，有极少数纯粹以获利为目的的低品质期刊也具有出版频率高和载文量大的特征，这就需要采选人员在采选时利用各学科领域的掠夺性期刊❷目录加以甄别。

（6）刊载论文类型

发表在学术期刊中的科研成果会分为多种不同类型的论文，这取决于论文撰写的目的。有的论文以讨论和呈现新的科学发现为目的，通常被称为研究论文（articles）。以参与某一专业会议为目的而撰写的与会议主题相关的文章，通常被称为会议论文（proceedings paper）。有的论文以总结与评论某一主题在某一段时间内的研究状况和进展为目的，通常被称为综述论文（reviews）。有的论文以报道某一科研主题最新研究成果和相关信息为目的，通常被称为快报或快讯（letters）。此外，还有评论某些专著的书评文章（book reviews）、修正之前发表过的论文的勘误文章（corrections）、汇集和介绍相关科研主题文献的文献目录文章（bibliographies）等。有学者对收录于 Web of Science 中的 45 种物理类学术期刊的论文类型统计后发现，研究论文是该类学术期刊中最主要的论文类型，占 76.2%，其次是会议论文和综述论文，分别占 19.7% 与 1.1%。❸ 此外，还有学者针对论文类型与学术期刊影响因子的相关性进行了研究，发现影响因子与研究型论文具有显著相关

---

❶ BAGGS G. Issues and rules for authors concerning authorship versus acknowledgements,dual publication,self plagiarism,and salami publishing [J]. Research in Nursing & Health,2008,31(4):295-297.

❷ 此处掠夺性期刊指以盈利为目的且学术信誉低的期刊。

❸ HAUSTEIN S. Multidimensional Journal Evaluation [M]. Berlin/Boston:De Gruyter Saur,2010:32-33.

的关系。❶ 由此可见，对于图书馆的采选工作而言，学术期刊刊载论文的类型同样可作为其评价的考量因素之一。

（7）出版国别和语言

自 19 世纪英国取得了海上霸主地位后，英语开始取代德语和法语走向世界，成为一种国际性语言。同时英语也因此成为国际性科技交流合作、学术文献出版用语。受此影响，目前许多国际性学术期刊评价平台与工具虽然都坚持认为其收录和遴选的区域性期刊符合选刊标准，代表了来自特定国家和地域最好的学术期刊，反映了科学研究全球化的趋势，但事实上很多国际性学术期刊评价平台与工具的期刊来源的地域分布存在着明显的不平衡，通常更偏重美国及母语为英语的国家或地区的英文期刊。据统计，在 1981—2010 年的 20 年间，被《科学引文索引》收录的学术期刊中，以英语作为出版语言出版的学术期刊占比为 93.84%，以德语作为出版语言出版的学术期刊占比为 1.77%，俄语为 1.50%，法语为 1.30%，西班牙语为 0.40%，日语为 0.32%，汉语为 0.31%。❷ 2011—2020 年，该平台收录以英语作为出版语言的学术期刊占比更是逐年增加（图 5-1）。❸

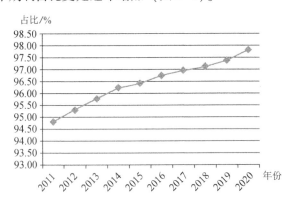

图 5-1　2011—2020 年《科学引文索引》收录英语学术期刊占比趋势

---

❶　方红玲. SCI 收录期刊影响因子预测方法及论文类型与影响因子相关性研究——以 SCI 收录 58 种眼科学期刊为例 [J]. 科技文献信息管理，2014（3）：18-23.

❷　HAUSTEIN S. Multidimensional Journal Evaluation [M]. Berlin/Boston：De Gruyter Saur，2010：45-48.

❸　统计数据来源于科睿唯安（Clarivate Analytics）旗下 Web of Science 平台。

实际上，每个国家或地区在连续出版物出版方面都有其自身的特点，各国出版的学术期刊数量也相当可观，据《乌利希全球连续出版物指南》统计，德国在发行中的学术期刊多达 19000 语种、日本近 7000 种、俄罗斯近 6000 种、法国 4000 余种、韩国 1300 余种。受地域分布和语言障碍等因素的影响，以上国家的许多学术期刊往往无法获得较高的引用率，从而影响了它们在国际学术界的传播，导致依据文献计量方法评价学术期刊的平台和工具无法收录这些期刊。

因此，图书馆学术期刊采选人员在进行外文学术期刊采选时，在以英文学术期刊为主的同时，同时需要考虑到语言障碍及期刊评价偏见产生的影响，针对某些国家或地区的特点，采选更加适合本馆馆藏发展的期刊品种。

5.4.2　文献计量维度

（1）学术期刊评价工具

在外文学术期刊评价理论的基础上，国内外文献信息服务机构、各领域的科学家、出版机构等通过深入的研究与实践活动逐渐形成了一些具有实操性的期刊评价工具。目前比较著名的外文学术期刊评价工具主要有基于 Web of Science 期刊收录与评价体系的《期刊引证报告》、基于 Scopus 期刊收录与评价体系的引用分数排序、西班牙格拉纳达大学科学研究高级委员会研究团队的 SCImago 期刊排名、我国"国外人文社会科学核心期刊研究"课题组的《国外人文社会科学核心期刊总览》（2004 版）以及"国外科学技术核心期刊研究"课题组的《国外科学技术核心期刊总览》（2003 版）。

此类学术期刊评价工具，均是在外文学术期刊评价理论的基础上，采用一种或多种学术期刊评价方法，利用相应的评价指标，对某一学科领域的学术期刊进行排序。例如，《期刊引证报告》利用某一学术期刊前两年发表的论文在《期刊引证报告》报告年中被引用总次数与该期刊在这两年内发表的论文总数的比值作为影响因子衡量学术期刊的影响力。影响因子能够较好地反映期刊被引用的真实客观情况，可以较公平地评价各类学术期刊，深受图书馆馆藏资源评估工作的欢迎。再如，Scopus 期刊收录与评价体系的引用分数沿用了影响因子篇均被引的计算方式，将学术期刊前 3 年发表文献在统计当年的被引用次数与该刊前 3 年发表文献数的比值作为同一学科领域内学术期刊的排序依据，同时它还将期刊中的 Letter、Proceedings Paper、Meeting、Correction 等文献类型均纳入了期刊刊载论文总量进行统计，避免了影响因子只将上述文献类型产生的被引数量纳入统计范围的问题，也逐渐成为图书馆资源建设工作的重要参考工具。《国外人文社会科学核心期刊总览》（2004 版）是我国人文社会科学学者及图书馆情报学领域的专家依据一次文献在期刊中的分布规律、二次文献的分布规律、引文分布规律，通过统计被摘量（被索引量）、被引用量、期刊影响因子等数据和综合筛选，形成的核心期刊列表，填补了国内对外文人文社会科学期刊进行评价的空白，是国内图书馆人文社科类学术期刊资源建设的重要参考工具。《国外科学技术核心期刊总览》（2003 版）以布拉德福定律、加菲尔德文献引用定律为主要理论依据，由北京大学、清华大学、复旦大学、浙江大学、西安交通大学、上海交通大学、天津大学、中国海洋大学、大连理工大学等 20 多所高校的 90 余名专业人员研制，是我国各类型图书馆采选国外科技类学术期刊的重要参考工具。

（2）全球使用数据

在传统纸质文献时代，学术期刊的全球使用情况，通常用出版机构在全球所获取的某一学术期刊的订单量（也称作发行量）衡量。即便到了数字时代，图书一类的文献在统计是否畅销时，仍然使用发行量作为标准。传统文献时代，发行量是衡量一种学术刊物影响力的重要参数。甚至，发行量也是学术期刊刊登广告定价的重要参考指标。对于学术期刊而言，发行量统计标准又分为两种，一种是个人订阅量；另一种是机构订阅量。个人用户与机构用户的区分，一方面是出版机构为了针对不同的用户群体实行不同的销售政策，通常机构用户的订阅价格要高于个人用户的订阅价格；另一方面出版机构通过统计机构用户的数量与类型，进一步掌握其学术期刊在不同地域的需求情况，并以此作为说服新订户订阅的依据。

进入数字时代后，在线电子期刊、多媒体期刊、数据期刊等伴随着互联网技术的不断更新而产生并发展壮大。新载体形态的学术期刊给用户带来便利的同时，也带来了使用数据呈现方式与统计方式的革新。全球的使用数据不再局限于学术期刊的发行量，出版机构能够通过电子期刊平台收集用户访问平台的所有详细信息，甚至包括每一种期刊、每一篇论文的点击、浏览、下载等相关数据。基于出版机构的这些数据，全球性的用户使用数据分析成为可能。据此，有的出版机构会列出旗下某一学科领域全球使用量排名靠前的一些学术期刊，有的出版机构还会列出浏览量或下载量全球排名靠前的一些论文。

同一学科领域内的学术期刊，无论是传统纸质文献发行量的多寡，还是在线电子期刊、多媒体期刊、数据期刊等的使用排名，均在一定程度上能够说明它们在业界的需求度和被认可度，是文献计量角度考量学术期刊影响力的依据之一。

（3）文摘索引工具收录

学术期刊被重要的文摘索引工具收录，可以扩大其传播范围，吸引更多的读者、作者，从而带来更多高质量的稿件，进一步提高学术期刊的学术水平。而文摘索引工具为了保持自己在业界的高价值、先进性、影响力，在选刊时均制定了明确且严格的收录标准，从而保证只收录对本文摘索引工具的功能和质量有促进作用的高质量期刊。这种良性循环，使得被重要的文摘索引工具收录的期刊往往都被学界认为有着较高的学术水准，具有较高的权威性。例如，被《工程索引》收录的学术期刊通常被认为是工程领域内具有较高质量的刊物，被《化学文摘》收录的学术期刊通常被认为是化学化工领域内具有较高质量的刊物。很多图书馆或文献机构在进行馆藏质量分析时，也经常将本馆所收藏的学术期刊是否被著名的文摘索引工具收录作为考量其馆藏学术期刊能否保障用户需求的标准之一。❶❷ 因此，是否被相关学科领域的重要的文摘索引工具收录，也可以作为考量学术期刊声誉及其质量的因素之一。

---

❶ 张秀梅，曹勇刚. 国家科技图书文献中心的西文期刊馆藏与国外著名索引系统的收录交叉分析 [J]. 大学图书馆学报，2008（3）：12-17.

❷ 张爱霞，王娜，潘晓蓉，等. NSTL收藏期刊被七大二次文献数据库收录的实证研究 [J]. 图书馆论坛，2012（1）：29-32.

5.4.3 图书馆馆藏管理的维度

5.4.3.1 用户调研

用户调研可以分为两个方面，一是馆员用户调研，二是读者用户调研。

（1）馆员用户调研

馆员用户是指图书馆内部或相关馆际互借、共建共享机构内部利用学术期刊服务读者用户的图书馆员，如参考咨询馆员、文献资源建设馆员、学科馆员等。一般而言，馆员用户的评价或多或少都会涉及其自身的经验、心得、知识与服务偏好等，调研结果往往具有一定的主观性，因此图书馆应将调研结果与其他的客观数据进行对比后酌情采纳。

（2）读者用户调研

读者用户调研也是外文学术期刊馆藏评价的重要辅助性方法。组织读者用户对馆藏进行评价之前，图书馆应事先拟定需要评价的项目。图书馆可以采用座谈会、调查问卷、网上评价等方式对需要评价的具体内容向用户咨询意见，并了解他们对图书馆外文学术期刊馆藏的认识和利用情况。读者用户是图书馆馆藏文献的使用主体，因此他们对图书馆馆藏文献质量和服务的优劣最有发言权。从文献利用的角度看，他们的评价也会更加具有针对性，更容易让图书馆了解到外文学术期刊馆藏建设工作的优缺点。

5.4.3.2 本地使用数据

一般而言，我国各图书馆馆藏纸本外文学术期刊均不提供外借服务，因此纸本学术期刊的利用主要通过阅览量和文献传递量来衡量；电子学术期刊的利用主要通过使用统计数据来衡量。此外，高校图书馆和专业图书馆还可以将本单位科研人员的发文量和引文量作为外文学术期刊馆藏评价的重要指标。

（1）阅览量

阅览量即图书馆外文学术期刊被用户阅览使用的种类、数量及阅览人次。由于各图书馆的外文现刊馆藏都采用开架阅览的形式，因此除阅览人次

外，其他阅览量的统计都比较困难，通常需要用户的密切配合才能完成。有
的图书馆采用填写复制申请单的方式来统计期刊的有效利用率；有的图书馆
则在阅览书架上粘贴表格，让用户在取刊阅览的同时进行登记。

（2）文献传递量

文献传递量即图书馆学术期刊用于满足馆际之间或远程用户使用文献的
需求的数量，也是反映馆藏学术期刊质量优劣的重要指标。目前，大多数
图书馆都建设有馆际互借和文献传递系统，很容易获取学术期刊的文献传
递数据。

（3）使用统计数据

对于电子期刊而言，多数产品平台都具有标准的使用统计功能。一般而
言，使用统计数据分析包括使用统计项目本身和增长率两个方面的内容。其
中，使用数据一般包括访问量、检索量、下载或浏览量、被拒访问量等。针
对同一产品在不同年份统计时应尽量保持数据标准的统一，而针对不同产品
在同一年份统计时，不用刻意保持统一，但对于不同的度量单位应清楚标
明，以免混淆。增长率是指本年度与上一年度的使用增长情况，包括登录增
长率、检索增长率、全文下载（使用）增长率、被拒访问增长率等。

（4）馆藏成本数据

馆藏成本是指导图书馆管理和采购的重要指标。图书馆通过成本–效益
的分析，可以掌握各类资源的馆藏效益，对制定今后的图书馆馆藏发展策略
具有较大指导意义。由于馆藏成本包括了固定成本、弹性成本和机会成本，
其计算较为复杂。因此在实际操作时，采访馆员可以将其简单化，将某一
年度或某几年度资源采购价格和对应时间段内的使用量相比较，获得单位
使用成本。

（5）本单位作者引用量和本单位作者发文量

本单位作者引用量和本单位作者发文量多用于高校图书馆和专业图书馆
馆藏外文学术期刊的评价。

本单位作者引用量是指图书馆员工和图书馆上级单位所属人员（对高
校图书馆和专业图书馆而言，主要指教职工、学生、科研人员等）在发表
的文章和撰写的学位论文中引用本图书馆所收藏的各种学术期刊的文章数

量。采访馆员既要统计本图书馆收藏所有学术期刊的本单位作者引用量，也要统计各学科领域及单种学术期刊的本单位作者引用量，从而掌握用户对馆藏学术期刊的整体需求情况和个体需求情况。

本单位作者发文量是指图书馆员工和图书馆上级单位所属人员在本图书馆所收藏的各种外文学术期刊上发表的文章数量。采访馆员既要统计本单位作者在图书馆收藏的所有外文学术期刊上发表的文章数量，也要统计在各学科领域及单种学术期刊上发表的文章数量，从而掌握馆藏外文学术期刊对用户的整体价值和个体价值。

5.4.4 基于多维指标的外文学术期刊采选

图书馆学术期刊评价有别于科研评价、学者评价和机构学术水平评价等，主要是从图书馆馆藏发展及满足用户需求的角度出发，以更好地利用有限的资源建设经费、最大限度地满足用户需求为目标，从而达到馆藏学术期刊的优化配置。学术期刊评价及其核心期刊遴选用作科研评价、学者评价和机构学术水平评价等领域时总是存在着各种问题。例如，学术期刊的高质量并不能保证所刊载论文均为高质量论文，科研评价过度依赖学术期刊评价的显性量化指标造成追风式科研、短平快科研、碎片化科研等现象产生，学术期刊评价产生的核心期刊清单成为某些学术期刊敛财的招牌，以刊评文的科研评价方式恶化了学术生态等。客观地讲，所有这些负面的效应均不是学术期刊评价自身带来的，而是由学术期刊评价的误用造成的。因为，学术期刊评价始于图书馆，其评价初衷只有两个，一是为图书馆馆藏学术期刊建设提供参考；二是更好地帮助用户缩小需要阅读的范围满足核心需求。即便如此，学术期刊评价与馆藏发展之间仍然既存在着统一性也存在着矛盾性。换言之，由于评价目的与评价对象基本一致，因此图书馆学术期刊的采选在较大程度上需要依赖学术期刊评价方法与工具，同时又由于学术期刊评价方法遴选的核心期刊与馆藏核心期刊的定义、特征、评价目的均不尽相同，因此图书馆学术期刊的采选又不能完全依赖学术期刊评价方法与工具，需要考虑许多本地因素。从图书馆的角度出发，馆藏期刊遴选与评价应基于三个要素，即学术期刊自身质量、图书馆馆藏发展、用户需求，三者共同构成对学术期刊评价的要素，从而形成图书馆学术期刊采选的依据。前述学术期刊出版、文献计量、图书馆馆藏管理等各维度下的指标，也均围绕着这三个要素展开，并根据图书馆馆藏建设的需求，形成评价与遴选方法。

此外，图书馆的文献资源建设经费是有限的，而图书馆用户对资源的需求却是无限的。用户需求的无限性与经费的有限性是一对永恒矛盾。因此，图书馆在进行资源建设时，需要首先考虑经费的分配问题。学术期刊的采选需要在馆藏经费分配的基础上，综合考虑馆藏使命与职责中对外文学术期刊馆藏建设的指导意见、调查本馆与其他有共建共享关系的图书馆的馆藏情况及协调采选原则，对拟采选学术期刊或拟续订学术期刊进行评价。拟采选学术期刊的评价是基于对未纳入图书馆馆藏的学术期刊的评价，多应用于图书馆学术期刊的新增订工作。拟续订学术期刊的评价是基于对已纳入图书馆馆藏的学术期刊的后评价，多应用于图书馆对学术期刊的续订、停订和剔除等工作。

评价时，可以采用综合作图法从学术期刊出版、文献计量和图书馆馆藏管理的维度进行综合考量，同时对拟采选/续订学术期刊清单进行分区并将各分区期刊按评价结果的重要程度排序，形成采选/续订推荐清单。具体步骤如下。

1）通过信息采集形成拟采选学术期刊清单。信息采集的途径主要包括收集征订目录、出版社新刊介绍、读者推荐单等。该拟采选学术期刊清单可与图书馆拟续订清单合并，也可将两个清单单独评价。

2）针对拟采选/续订学术期刊清单，分别从学术期刊出版、文献计量和图书馆馆藏管理的维度，对不同学科领域的学术期刊分别进行评价，形成对应的三个清单。

在学术期刊出版的维度方面，可以根据学术期刊的出版机构、出版历史、主编与编委、评审制度、出版频率、刊载论文类型、出版国别和语言等指标对拟采选/续订学术期刊清单进行评分，各指标赋予相应的权重，再按综合分值排序，形成学术期刊出版维度的"拟采选/续订清单 A"（表 5-4）。

表 5-4　出版维度拟采选/续订清单评价及排序示意

期刊	出版机构		出版历史		主编与编委		……		综合排序
	评分	权重	评分	权重	评分	权重	评分	权重	
Journal A									
Journal B									
Journal C									
Journal D									
Journal E									
Journal F									
Journal G									

在学术期刊的文献计量维度方面，可以根据学术期刊评价工具收录及排序情况、全球使用数据情况、被文摘索引工具收录情况进行评价。图书馆可以选择与本馆馆藏发展政策相符合的某一个学术期刊评价工具，也可以将不同指标进行评分，对各指标赋予相应的权重，再按分值排序，形成学术期刊文献计量维度的"拟采选/续订清单 B"（表 5-5）。

表 5-5　文献计量维度拟采选/续订清单评价及排序示意

期刊	期刊评价工具		全球使用数据		文摘索引工具收录		综合排序
	排序	权重	排序	权重	收录与否	权重	
Journal A							
Journal B							
Journal C							
Journal D							
Journal E							
Journal F							
Journal G							

在学术期刊的图书馆馆藏管理维度方面，可以根据用户调研和本地使用数据进行评价，具体包括馆员用户调研、读者用户调研、阅览量、文献传递量、电子期刊使用统计数据、馆藏成本数据、本单位作者引用量和本单位作者发文量等，此外还可以参考本馆的被拒借阅记录和电子期刊的被拒访问记录，形成学术期刊图书馆馆藏管理维度的"拟采选/续订清单 C"（表 5-6）。

表 5-6 图书馆馆藏管理维度拟采选/续订清单评价及排序示意

期刊	馆员用户调研		读者用户调研		阅览量		……		综合排序
	评分	权重	评分	权重	评分	权重	评分	权重	
Journal A									
Journal B									
Journal C									
Journal D									
Journal E									
Journal F									
Journal G									

需要说明的是，对于图书馆拟增订的学术期刊，在开展期刊评价前，应先进行馆藏查重，因此拟采选清单中的学术期刊与拟续订期刊清单应不存在重复。

3) 通过统计与分析，分别从学术期刊出版、文献计量和图书馆馆藏管理的维度形成三个清单后，再使用综合作图法，对三个清单相互比较，将比较结果分成七个区域（图 5-2）。

在图 5-2 的学术期刊筛选模型中，A、B、C 三个圆分别代表学术期刊出版、文献计量和图书馆馆藏管理三个维度所形成的期刊清单。三圆相交共形成七个区域，一个三圆共同交汇区，即图中"1"区，三个两两相交区，即图中"2""3""5"区，三个不相交区，即图中"4""6""7"区。

"1"区代表在学术期刊出版、文献计量和图书馆馆藏管理三个维度所形成的期刊清单中均出现的学术期刊，属于图书馆馆藏核心中的核心，应排在最为重要的位置。

"2"区代表在文献计量和图书馆馆藏管理两个维度的期刊清单中均出现的学术期刊，表示无论从全球的使用评价还是从图书馆本地使用评价的角度，都被定义为核心期刊或核心馆藏，因此应排在第二重要的位置。

"3"区代表在学术期刊出版和图书馆馆

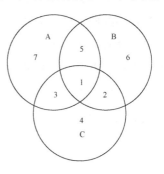

图 5-2 基于多维指标的学术期刊筛选模型

藏管理两个维度的期刊清单中均出现的学术期刊，表示从学术期刊出版角度被认定为质量较好的期刊，同时又是图书馆本地服务和利用方面较好的期刊，因此排在第三重要的位置。

"4"区代表仅在图书馆馆藏管理一个维度出现的学术期刊，表示虽然未从出版或文献计量角度被认定为质量较好的期刊，但却是本地用户调研评价和利用较好的期刊。基于图书馆馆藏资源建设服务用户的角度考虑，因此将这一区域的期刊排在第四的位置。

"5"区代表在学术期刊出版和文献计量两个维度的期刊清单中均出现的学术期刊，表示在学术期刊出版和文献计量两个维度均被认定为质量较高的期刊，但由于图书馆馆藏资源的重要功能是用户服务，因此建议将该区排在"4"区的后面。

"6""7"区分别代表仅在学术期刊文献计量、学术期刊出版各自维度中出现的学术期刊，分别表示在文献计量角度或出版角度被认定为质量较好的期刊。

在文献资源建设经费不足的情况下，图书馆应按"1""2""3""4"的顺序优先选择这四个区内的期刊。在经费充足，需要增订期刊时，图书馆在确保前四区内学术期刊已纳入馆藏的情况下，再按"5""6""7"的顺序增选学术期刊。

在实际工作中，学术期刊的采选会有各种各样的干扰因素出现，如纸本期刊可能会被出版机构绑定了电子期刊一并销售，纯电子期刊可能被出版机构以电子期刊数据库的形式打包销售，电子期刊还会分为永久访问或年度访问等不同的授权访问方式、单馆或集团采购等其他多种销售或采购模式。图书馆在这些干扰因素下做出的决策，有的是受制于对方的销售政策，有的是囿于本馆的资源建设经费，从而导致少部分入藏的学术期刊实际未经历上述评价方法的评价。因此，多维度的馆藏核心期刊评价仅可以应用于图书馆大多数情况下的采选工作中。

参考文献

［1］About Dialog Solutions［EB/OL］.［2020-03-21］. https://dialog. com/about-us/.

［2］About PlumX Metrics［EB/OL］.［2020-09-16］. https://plumanalytics. com/learn/about-metrics/.

［3］About Science & AAAS［EB/OL］.［2020-03-05］. http://www. sciencemag. org/site/help/about/about. xhtml.

［4］ARCHAMBAULT É,LARIVIÈRE V. History of the journal impact factor:Contingencies and consequences［J］. Scientometrics,2009,79(3).

［5］ARL. ARL Statistics Survey Statistical Trends - Expenditure Trends in ARL Libraries 1998-2018［EB/OL］.［2020-11-03］. ttps://www. arl. org/arl-statistics-survey-statistical-trends/.

［6］Article-Level Metrics:Comprehensive Assessment of Impact［EB/OL］.［2020-09-16］. https://journals. plos. org/plosone/s/article-level-metrics.

［7］BAGGS G. Issues and rules for authors concerning authorship versus acknowledgements, dual publication,self plagiarism,and salami publishing［J］. Research in Nursing & Health,2008, 31(4).

［8］BATTERIES L:A Machine-Generated Summary of Current Research［M/OL］.［2020-02-04］. https://www. springer. com/gp/book/9783030167998.

［9］Biodiversity Data Journal［EB/OL］.［2020-02-02］. https://bdj. pensoft. net/.

［10］BJORNER S,ARDITO S C. Online before the Internet:early pioneers tell their stories ［J］. Searcher. 2003,11(6).

［11］BJÖRK B. Open access to scientific publications - an analysis of the barriers to change？［J］. Information Research,2004,9(2).

［12］BRADFORD S C. Sources of information on specific subjects［J］. Engineering,1934, 137(4).

［13］ Cambridge Journals［EB/OL］. ［2020-03-05］. https：//www. cambridge. org/core/what-we-publish/journals.

［14］ CHARLES B. Osburn. Planning for a university library policy on collection development［J］. International Library Review,1977,9(2).

［15］ CHARLES F. Gosnell. Obsolescence of books in college libraries［J］. College and Research Libraries,1944(Mar.).

［16］ CHAVAN V ,PENEV L. The data paper：a mechanism to incentivize data publishing in biodiversity science［J/OL］. ［2021-01-04］. https：//bmcbioinformatics. biomedcentral. com/articles/10. 1186/1471-2105-12-S15-S2.

［17］ CHRISTIAN R W. The electronic library：bibliographic data bases,1978-79［M］. White Plains,N. Y. ：Knowledge Industry Publications,1978.

［18］ CIBER. The journal usage factor：exploratory data analysis(stage2final report)［EB/OL］. ［2020-04-28］. http：//www. ciber-research. eu/download/20110527-The_Journal_Usage_Factor. pdf.

［19］ Clarivate Analytics. Web of Science Confident research begins here［EB/OL］. ［2020-09-01］. https：//clarivate. com/webofsciencegroup/solutions/web-of-science/.

［20］ COLE F J,EALES N B. The history of comparative anatomy：part I—a statistical analysis of the literature［J］. Science Progress,1917,11(44).

［21］ DARMONI S J,et al. Reading factor：a new bibliometric criterion for managing digital libraries［J］. J Med Libr Assoc,2002,90(3).

［22］ Directory of Open Access Journals［EB/OL］. ［2020-02-05］. https：//doaj. org/.

［23］ Earth System Science Data［EB/OL］. ［2020-02-02］. https：//www. earth-system-science-data. net/.

［24］ Elsevier 爱思唯尔［EB/OL］. ［2020-2-5］. https：//weibo. com/3213294213/IbK7F1f3N? type=comment#_rnd1580883352369.

［25］ FEBVRE L. The coming of the book：the impact of printing,1450-1800［M］. London：Verso,2010.

［26］ FLEMING T P,KILGOUR F G. Moderately and heavily used biomedical journals［J］. Bulletin of the Medical Library Association,1964,52(1).

［27］ FUTAS E. Collection Development Policies and Procedures,3rd ed. ［M］. Phoenix,Ariz. ：Oryx Press,1995.

［28］ GARFIELD E,SHER I H. New factors in evaluation of scientific literature through citation indexing[J]. American Documentation,1963,14(3).

[29] GARFIELD E. Citation analysis as a tool in journal evaluation—journals can be ranked by frequency and Impact of citations for science policy studies[J]. Science,1972,178(4060).

[30] GARFIELD E. Is Citation analysis a legitimate evaluation tool? [J]. Scientometrics, 1979,1(4).

[31] GARFIELD E. Preface and Introduction to Journal Citation Reports[J]. Science Citation Index,1975,9(annual).

[32] GARFIELD E. The history and meaning of the journal impact factor[J]. JAMA, 2006,295(1).

[33] GROSS P L K,GROSS E M. Statistical bibliography in relation to the growth of modern civilization[J]. Science,1927,66(1713).

[34] HARDESTY L. Use of library materials at a small liberal arts college[J]. Library Research,1981,3(3).

[35] HAUSTEIN S. Multidimensional Journal Evaluation[M]. Berlin/Boston: De Gruyter Saur,2010.

[36] HIRSCH J E. An index to quantify an individual's scientific output[J]. Proceedings of the national academy of ences of the United States of America,2005,102(46).

[37] Impactstroy:Discover the online impact of your research[EB/OL]. [2020-09-16]. https://profiles. impactstory. org/.

[38] ISO214: 1976(en) Documentation—Abstracts for publications and documentation [EB/OL]. [2020-03-16]. https://www. iso. org/obp/ui/#iso:std:iso:214:ed-1:v1:en.

[39] JOHNSON R,WATKINSON A,MABE M. The STM Report:An overview of scientific and scholarly publishing[EB/OL]. [2020-03-16]. https://www. stm-assoc. org/2018_10_04_STM_Report_2018. pdf.

[40] Journal of Ecology[EB/OL]. [2020-02-02]. https://besjournals. onlinelibrary. wiley. com/journal/13652745.

[41] JOVANOVIĆ M. A short history of early bibliometrics[J]. Information-Wissenschaft und Praxis,2012,63(2).

[42] KURATA K,et al. Electronic journals and their unbundled functions in scholarly communication:Views and utilization by scientific,technological and medical researchers in Japan [J]. Information Processing & Management,2007,43(5).

[43] MACIOTI M,陈喜利. 从印刷业的发展看技术的创新和扩散[J]. 科学对社会的影响,1990(2).

[44] MORRIS S. Open Access:How are publishers reacting? [J]. Serials Review,2004(4).

[45] NEYLON C, WU SHIRLEY. Article－Level metrics and the evolution of scientific impact[J]. PLOS Biology,2009,7(11).

[46] Oxford Journals, About us[EB/OL]. [2020－03－05]. https://academic. oup. com/journals/pages/about_us.

[47] POSTELL W D. Further comments on the mathematical analysis of evaluating scientific journals[J]. Bulletin of the Medical Library Association,1946,34(2).

[48] Read the Budapest Open Access Initiative[EB/OL]. [2020－01－31]. https://www. budapestopenaccessinitiative. org/read.

[49] REDONDI P,范华. 17 世纪的科学革命:新的透视[J]. 科学对社会的影响, 1991(4).

[50] RICHARD N. Trueswell's contribution to collection evaluation and management:a review[J]. Evidence Based Library and Information Practice,2016,11(3).

[51] ROEMER R C,BORCHARDT R. Meaningful metrics:a 21st century librarian's guide to bibliometrics,altmetrics,and research impact[M/OL]. [2020－12－31]. http://library. iyte. edu. tr/dosya/kitap/meaningful. pdf.

[52] Scopus. About CiteScore and its derivative metrics[EB/OL]. [2020－04－28]. https://journalmetrics. scopus. com/index. php/Faqs.

[53] Scopus 内容涵盖范围指南[EB/OL]. [2020－03－25]. https://www. elsevier. com/? a=69451.

[54] SOPER M E. Characteristics and use of personal collections [J]. The Library Quarterly:Information,Community,Policy,1976(4).

[55] Springer Nature. Journal Price List [EB/OL]. [2020－02－05]. https://www. springernature. com/gp/librarians/licensing/journals－price－list.

[56] Springer Nature. What are research data and why is sharing important? [EB/OL]. [2020－02－02]. https://www. springernature. com/gp/authors/research－data.

[57] TRUESWELL R. Some behavioral patterns of library users:the80/20rule[J]. Wilson Library Bulletin,1969,43(5).

[58] TRUESWELL R W. Some circulation data from a research library[J]. College & Research Libraries,1968,29(6).

[59] Ulrichs web Global Serials Directory[EB/OL]. [2020－03－05]. http://ulrichsweb. serialssolutions. com/.

[60] VELTEROP J. Open access publishing[J]. Information Services and Use,2003(23).

[61] What are altmetrics? [EB/OL].[2020-09-16]. https://www.altmetric.com/.

[62] 埃默里. 美国新闻史:报业与政治、经济和社会潮流的关系[M]. 苏金琥,译.北京:新华出版社,1982.

[63] 北京图书馆. 北京图书馆第一年度报告(缩微品):民国十五年三月至十六年六月[M].北京:全国图书馆文献缩微中心,2005.

[64] 北京图书馆业务研究委员会. 北京图书馆馆史资料汇编(1909-1949)[M].北京:书目文献出版社,1992.

[65] 蔡莉静,陈晓毅. 图书馆期刊管理与服务[M].北京:海洋出版社,2009.

[66] 曹立群. 一部系统介绍国外人文社会科学核心期刊的重要工具书——评《国外人文社会科学核心期刊总览》[J]. 大学图书馆学报,1998(4).

[67] 曹明. 国外科技期刊国际化发展的现状与趋势[J]. 中国科技期刊研究,1994(4).

[68] 曹秀英,焦芝兰. 文摘杂志的类别与功能[J]. 图书情报知识,1994(1).

[69] 陈光祚,焦玉英,何绍华. 科技文献检索[M]. 武汉:武汉大学出版社,1987.

[70] 陈光祚. 布拉福德定律在测定核心期刊中的局限性[J]. 情报科学,1981(1).

[71] 陈萍. 关于学术类期刊"双重文化价值"传播功能的三维辩证[J]. 西北大学学报(哲学社会科学版),2014(5).

[72] 陈蕊.俄罗斯《文摘杂志》浅析[J]. 国家图书馆学刊,2002(3).

[73] 陈卫静,郑颖. 期刊引文评价指标 SNIP 与 SNIP2 的对比分析[J]. 情报杂志,2013(12).

[74] 陈小华. 论学术期刊的人才发现和培养功能[J]. 编辑学报,2014(1).

[75] 陈亚维. 卡内基·梅隆大学计划建立一个电子图书馆[J]. 世界研究与开发报导,1989(6).

[76] 陈源蒸. 学术期刊的双轨出版体制[J]. 数字图书馆论坛,2006(5).

[77] 程常现,何远裕. 约翰·谷登堡及欧洲印刷发展史简介[J]. 印刷杂志,2002(7).

[78] 初景利,韩丽. 学术期刊的学术运营[J]. 科技与出版,2018(5).

[79] 崔海媛. 2019 年高校引进资源集团采购状况/2020 年引进数据库用户满意度调查[R/OL].[2020-11-04]. http://file.lib.pku.edu.cn/upload/616cfcca-6719-4591-ac70-f0806c4b7fa4/files/DRAA2019 年度工作报告-发布版.pdf.

[80] 戴龙基,等. 国外科学技术核心期刊总览(2004 版)[M]. 北京:北京大学出版社,2004.

[81] 戴龙基,等. 国外人文社会科学核心期刊总览(2000 年版)[M]. 北京:北京大学出版社,2000.

［82］戴龙基,等.国外人文社会科学核心期刊总览(2004 年版)［M］.北京:北京大学出版社,2004.

［83］戴维民.索引的历史发展与未来趋向［J］.图书馆理论与实践,1993(3).

［84］单文戈.期刊影响因子与论文被引频次的关系研究［D］.北京:中国人民解放军军事医学科学院,2007.

［85］邓福泉.核心期刊与核心藏刊［J］.福建图书馆学刊,1998(4).

［86］邓福泉.谈谈文摘法的局限性［J］.图书情报知识,1993(3).

［87］邓小平.邓小平文选(第三卷)［M］.北京:人民出版社,1993.

［88］丁筠.新媒体、新技术影响下的科技期刊发展趋势［J］.科技与出版,2018(7).

［89］丁明刚.高校图书馆学术期刊管理概论［M］.合肥:合肥工业大学出版社,2011.

［90］丁明刚.学术期刊评价研究［M］.济南:黄河出版社,2010.

［91］董乃强.对索引的哲学思考［J］.中国索引,2005(3).

［92］杜云祥,等.科技期刊的起源和发展［J］.中华医学图书情报杂志,2010(9).

［93］段玉思.国外学术期刊商业化出版竞争格局演进分析［J］.中国科技期刊研究,2007(6).

［94］方红玲.SCI 收录期刊影响因子预测方法及论文类型与影响因子相关性研究——以 SCI 收录 58 种眼科学期刊为例［J］.科技文献信息管理,2014(3).

［95］甘正芳.中西学术考释［J］.江苏理工学院学报,2016(1).

［96］郭刚.Web2.0 环境下学术原生数字期刊导航系统构建研究［D］.重庆:西南大学,2011.

［97］国家图书馆.国家图书馆年鉴 2011［M］.北京:国家图书馆出版社,2011.

［98］国家图书馆.国图年鉴［EB/OL］.［2020-10-28］.http://www.nlc.cn/dsb_footer/gygt/ndbg/nj2018/.

［99］国立北平图书馆.国立北平图书馆馆务报告(缩微品):民国十八年七月至十九年六月［M］.北京:全国图书馆文献缩微中心,2005.

［100］何文.Altmetrics 与引文分析法在期刊影响力评价上的相关性研究［D］.南京:南京大学,2015.

［101］侯汉清.我国古代索引探源［J］.图书馆理论与实践,1986(2).

［102］胡素萍.全球化进程与 20 世纪世界历史整体研究［J］.新东方,2004(9).

［103］黄如花,李楠.基于数据生命周期模型的国外数据期刊政策研究［J］.图书与情报,2017(3).

［104］黄如花,张静.Elsevier 收录期刊可开放存取情况的调查与分析［J］.中国图书馆学报,2009(3).

[105] 贾玉文.《圣经》语词索引及其编制[C]//.中国索引学会秘书处.2004 年度中国索引学会年会暨学术讨论会论文集.厦门,2004.

[106] 江文玉.谈谈索引的产生与发展[J].赣南医学院学报,1990(3).

[107] 姜春林,魏庆肖.人文社会科学代表性论文评价指标体系建构及其实现机制[J].甘肃社会科学,2017(2).

[108] 姜振寰.科学分类的历史沿革及当代交叉科学体系[J].科学学研究,1988(3).

[109] 教育部关于印发《普通高等学校图书馆规程(修订)》的通知(教高[2015]14号)[EB/OL].[2020 - 03 - 13].http://www.moe.gov.cn/srcsite/A08/moe_736/s3886/201601/t20160120_228487.html.

[110] 科睿唯安.期刊引证报告(JCR)的前世今生[EB/OL].[2020-09-01].https://mp.weixin.qq.com/s/C5_fpmhzBvO3diBCgmhFww.

[111] 赖茂生.学术期刊的功能和使命——贺《图书情报工作》创刊 55 周年[J].图书情报工作,2011(15).

[112] 李爱群.中、美学术期刊评价比较研究[D].武汉:武汉大学,2009.

[113] 李春艳,毕东.云南高校图书馆联盟文献传递服务统计分析[J].农业图书情报学刊,2016(7).

[114] 李继晓,蔡成瑛.对各种核心期刊评价方法的分析[J].中国科技期刊研究,2006(2).

[115] 李莉,郑建程.国际学术期刊回溯数据库市场概览[J].图书情报工作,2008(6).

[116] 李莉,郑建程.一种新的期刊定量评价指标——期刊使用因子[J].图书情报工作,2009(6).

[117] 李麟,初景利.开放获取出版模式研究[J].图书馆论坛,2005(6).

[118] 李明珍,宋晓丹.基于 FAHP 的模糊综合评判法在期刊评标中的应用[J].图书馆学刊,2011(12).

[119] 李希泌,张椒华.中国古代藏书与近代图书馆史料(春秋至五四前后)[M].北京:中华书局,1982.

[120] 李晓萌,等.基于层次分析法的计量领域期刊评价研究[J].中国计量,2019(10).

[121] 李以敏.专业图书馆信息资源建设浅谈[J].中国图书馆学报,2003(3).

[122] 李玉军,王春,尹玉吉.中西学刊评价体系比较研究论纲[J].编辑之友,2019(6).

[123] 李致忠.中国国家图书馆馆史资料长编(上)[M].北京:国家图书馆出版社,2009.

[124] 梁延光.浅谈美国《化学题录》[J].图书与情报工作,1994(2).

[125] 刘灿,王玲,任胜利.数据期刊的发展现状及趋势分析[J].编辑学报,2018(4).

[126] 刘凤红,等.数据论文:大数据时代新兴学术论文出版类型探讨[J].中国科技期刊研究,2014(12).

[127] 刘平,杨志辉.人工智能构建科技期刊智慧出版模式[J].中国科技期刊研究,2019(5).

[128] 刘瑞兴.科技期刊学科发展的分析[J].中国科技期刊研究,1992(2).

[129] 刘晓玲.论二次文献的历史与未来[J].晋图学刊,1990(1).

[130] 刘雪立,等.不同学科期刊 CiteScore 与影响因子的比较研究[J].中国科技期刊研究,2017(9).

[131] 刘兹恒.对国家图书馆信息资源建设的一些思考[J].国家图书馆学刊,2008(3).

[132] 陆伯华.国外科技核心期刊手册[M].北京:世界图书出版公司,1991.

[133] 陆伯华.用文摘法确定核心期刊及其局限性[J].情报科学,1983(3).

[134] 陆建平.新中国成立以来我国英文学术期刊的发展和展望[J].出版发行研究,2019(9).

[135] 罗建雄.西方期刊的形成和发展[J].图书馆工作与研究,1992(4).

[136] 马凤,武夷山.关于论文引用动机的问卷调查研究——以中国期刊研究界和情报学界为例[J].情报杂志,2009(6).

[137] 马克思.政治经济学批判大纲(第三分册)[M].刘潇然,译.北京:人民出版社,1963.

[138] 马武仙.期刊文献新概念[M].昆明:云南科技出版社,2003.

[139] 毛大胜,周菁菁.参考文献数量与论文质量的关系[J].中国科技期刊研究,2003(1).

[140] 潘树广.古籍索引概论[M].北京:书目文献出版社,1985.

[141] 平保兴.最先将"索引"一词从英文引入中国的人——论王国维先生在二十世纪中国索引发展中的历史地位[J].中国索引,2010(1).

[142] 齐东峰,宋仁霞.浅析价格高企下的学术期刊危机[C]∥.国家图书馆外文采编部,数字时代的文献资源建设——第四届全国文献采访工作研讨会论文集.北京:国家图书馆出版社,2012.

[143] 齐东峰.外文连续出版物采访工作手册[M].北京:国家图书馆出版社,2017.

[144] (法)乔治·维尔,著.世界报刊史——报刊的起源、发展与作用[M].康志洪,王梅,译.北京:科学出版社,2018.

[145] 秦绪军.国外出版商发展数字出版的特点及给我们的启示[J].科技与出版,2007(12).

[146] 邱均平,王宏鑫.20世纪文献计量学发展的层次分析[J].高校图书馆工作,2000(4).

[147] 邱均平,叶晓峰,熊尊妍.国外索引工具发展趋势研究——以Scopus为例[J].情报科学,2009(6).

[148] 邱均平,余厚强.论推动替代计量学发展的若干基本问题[J].中国图书馆学报,2015(1).

[149] 邱均平,余厚强.替代计量学的提出过程与研究进展[J].图书情报工作,2013(19).

[150] 邱均平.试论文献计量学的产生和发展[J].情报学刊,1985(4).

[151] 邱均平.文献计量学(第二版)[M].北京:科学出版社,2019.

[152] 邱均平.信息计量学(二):第二讲文献信息增长规律与应用[J].情报理论与实践,2000(2).

[153] 邱均平.信息计量学(三):第三讲文献信息老化规律与应用[J].情报理论与实践,2000(3).

[154] 邱均平.信息计量学(四):第四讲文献信息离散分布规律——布拉德福定律[J].情报理论与实践,2000(4).

[155] 邱均平.信息计量学(九):第九讲文献信息引证规律和引文分析法[J].情报理论与实践,2001(3).

[156] 邱丽.冯春明,陈曦.学术期刊评价的特点[J].中国科技期刊研究,2004(4).

[157] 屈宝强,王凯.数据论文的出现与发展[J].图书与情报,2015(5).

[158] 任胜利,等.应慎重使用期刊的影响因子评价科研成果[J].科学通报,2000(2).

[159] 任胜利.特征因子(Eigenfactor):基于引证网络分析期刊和论文的重要性[J].中国科技期刊研究,2009(3).

[160] 任毅军.国外检索期刊出版的历史演进与发展趋势[J].国家图书馆学刊,2001(1).

[161] 沈丹,张福颖.学术期刊与学术社交平台的融合发展——以学术传播产业链优化整合为视角[J].科技与出版,2018(5).

[162] 盛丽娜.CiteScore与影响因子及其相关指标的对比分析[J].现代情报,2018(6).

[163] 师曾志,王建杭.纯电子期刊及大学图书馆读者对它的态度和利用[J].中国图书馆学报,2002(3).

[164] 史继红,李志平.尤金·加菲尔德与SCI述论[J].医学与哲学,2014(6A).

[165] 史庆华.科技学术期刊的社会功能及其变异[J].现代情报,2007(1).

[166] 史元春,徐光祐,高原.中国多媒体技术研究:2011[J].中国图象图形学报,2012(7).

[167] 宋轶文,姚远.《哲学汇刊》的创办及其前期出版状况[J].中国科技期刊研究,2014(5).

[168] 田艳玲,梁丽华,李彦丽.基于层次分析法的高校图书馆电子资源综合评价体系的构建及分析[J].图书情报导刊,2019(6).

[169] 图书馆学通讯资料组.抗日史料征辑工作拾零[J].图书馆学通讯,1982(3).

[170] 万安伦,王剑飞,杜建君.中国造纸术在"一带一路"上的传播节点、路径及逻辑探源[J].现代出版,2018(6).

[171] 王国庆.走向整合,实现互联,面向知识服务的二次文献数据库[J].现代情报,2008(4).

[172] 王汉熙,等.面向科学发现优先权竞争的科学期刊发蒙之考略[J].华中农业大学学报(社会科学版),2009(2).

[173] 王敬福.高校图书馆期刊订购的模糊数学方法[J].山东图书馆学刊,1988(2).

[174] 王先林.文摘索引服务的历史发展与展望[J].图书情报工作,1983(5).

[175] 王彦祥.索引概说——术语、特性、功能[J].上海高校图书情报工作研究,2018(3).

[176] 王引斌.测定核心期刊的新方法—主成分分析法[J].情报学报,1998(5).

[177] 王英雪,陈月婷.荷兰科技期刊运行机制和发展环境[J].图书情报工作,2006(3).

[178] 王余光.索引运动的发生[J].出版发行研究,2003(6).

[179] 王云娣.全球在线学术期刊的出版现状及发展趋势[J].浙江师范大学学报(社会科学版),2011(1).

[180] 王云娣.全球在线学术期刊分布状态[EB/OL].[2020-01-27].http://www.paper.edu.cn/releasepaper/content/200902-350.

[181] 吴家桂.SCI 功能评析[D].合肥:合肥工业大学,2007.

[182] 吴明智等.基于引文分析的博士学位论文参考文献调查与分析[J].情报探索,2018(1).

[183] 吴慰慈,蔡箐.国家图书馆发展战略研究[J].国家图书馆学刊,2008(2).

[184] 向飒.国外学术出版集团数字化和智能化发展现状及我国对策建议[J].中国科技期刊研究,2019(7).

[185] 谢友宁.国外连续出版物发展态势与国内对策研究[J].情报科学,2002(8).

[186] 徐荣生.文摘新议[J].江苏图书馆学报,2000(5).

[187] 徐瑞洁.林语堂索引思想述评[J].江苏图书馆学报,1997(2).

[188] 许清.交叉应用,尽显数学魅力——著名数学家华罗庚、王元侧记[J].科学新闻,2015(12).

[189] 颜帅.学术期刊的社会作用刍议[J].北京林业大学学报,1995(S4).

[190] 杨华青.《每日纪闻》文化史述略[J].新闻研究导刊,2015(11).

[191] 杨良选.技术成熟度多维评估模型研究[J].国防科技,2017(3).

[192] 杨庆余.萨尔茨堡会议——爱因斯坦进入物理学家核心层的开端[J].大学物理,2009(1).

[193] 杨庆余.西芒托学院——欧洲近代科学建制的开端[J].自然辩证法研究,2007(12).

[194] 杨思洛,等.替代计量学:理论、方法与应用[M].北京:科学出版社,2019.

[195] 杨思洛.引文分析存在的问题及其原因探究[J].中国图书馆学报,2011(3).

[196] 杨威理.西方图书馆史[M].北京:国家图书馆出版社,2013.

[197] 杨艳宏,马加佳.期刊综合评价方法的实证比较[J].中国科技期刊研究,2011(1).

[198] 杨鹰.《水科学和渔业文摘》(ASFA)对国内馆藏西文期刊文献的报道率统计——兼论我馆馆藏外文海洋文献数据库的建设[J].海洋通报,1992(4).

[199] 杨玉林,孙德玉.英语的世界性的由来与发展[J].山东外语教学,1993(1).

[200] 姚福申.最古老的报纸[J].新闻大学,1985(10).

[201] 姚远.标准书号和标准刊号的国际组织[J].西北大学学报(自然科学版),1997(1).

[202] 姚远,陈浩元.泛期刊学的概念与定义[J].编辑学报,2005(1):1-3.

[203] 姚长青,田瑞强.新科学研究范式下的学术期刊出版趋势研究[J].科技与出版,2018(5).

[204] 姚志礼.文摘的历史发展[J].陕西情报工作,1982(3).

[205] 叶继元,袁水仙.国外科学技术核心期刊总览(2003版)[M].北京:世界图书出版公司,2003.

[206] 叶继元.核心期刊概论[M].南京:南京大学出版社,1995.

[207] 叶继元.引文法既是定量又是定性的评价法[J].图书馆,2005(1).

[208] 叶鹰."睡美人"释义[J].中国图书馆学报,2014(2).

[209] 尹玉吉.西方学术期刊出版机制启示录[J].编辑之友,2016(10).

[210] 应笑妍,安珊珊.Science Online:学术期刊的数字化先行者[J].新闻知识,2016(1).

[211] 尤金·加菲尔德.引文索引法的理论及应用[M].侯汉青,译.北京:北京图书馆出版社,2004.

[212] 余厚强.替代计量学:概念、指标与应用[M].北京:科学技术文献出版社,2019.

[213] 喻跃良.文摘的编写及其质量评价——兼论 Mathis 评价法的缺陷[J].图书馆,1987(4).

[214] 袁满.关于构建国内学术期刊集成化网络出版平台的思考[J].中国科学院院刊,2008(1).

[215] 袁阳,肖洪.学术期刊二次数字化转型出版新模式分析——以"协创场"为例[J].科技与出版,2019(7).

[216] (英)约翰·费瑟.英国出版业的创立 Ⅲ[M].编辑之友,1990(3).

[217] 翟莉莉.基于替代计量学的学术期刊影响力评价研究[D].武汉:武汉大学,2017.

[218] 张爱霞,王娜,潘晓蓉,等.NSTL 收藏期刊被七大二次文献数据库收录的实证研究[J].图书馆论坛,2012(1).

[219] 张翠霞.谈索引的产生、发展及社会功能[J].昭乌达蒙族师专学报(汉文哲学社会科学版),2001(3).

[220] 张厚生,吉士云.报刊管理与利用[M].北京:国家图书馆出版社,2013.

[221] 张慧玲,董坤,许海云.学术期刊影响力评价方法研究进展[J].图书情报工作,2018(16).

[222] 张积玉.学术期刊影响力及其评价指标体系的构建[J].陕西师范大学学报(哲学社会科学版),2010(5).

[223] 张美红.中韩学术期刊评价比较研究[M].北京:中国人民大学出版社,2019.

[224] 张新玲,谢永生.国外顶级学术期刊《Nature》新媒体应用研究[J].中国传媒科技,2017(4).

[225] 张秀梅,曹勇刚.国家科技图书文献中心的西文期刊馆藏与国外著名索引系统的收录交叉分析[J].大学图书馆学报,2008(3).

[226] 张秀民.中国印刷术的发明及其影响[M].上海:上海人民出版社,2009.

[227] 张勇刚.中西科学期刊比较研究[D].合肥:中国科学技术大学,2018.

[228] 张玉亮.造纸术的发明——源流、外传、影响[M].贵阳:贵州科技出版社,2008.

[229] 赵基明,邱均平,黄凯,等.一种新的科学计量指标——h 指数及其应用述评[J].中国科学基金,2008(1).

[230] 赵蓉英,等.Altmetrics 理论与实践[M].北京:科学出版社,2019.

[231] 赵蓉英,王旭.多维信息计量视角下学术期刊影响力评价研究——以国际 LIS 期刊为例[J].中国科技期刊研究,2019(7).

[232] 赵星,高小强,唐宇.SJR 与影响因子、h 指数的比较及 SJR 的扩展设想[J].大学图书馆学报,2009(2).

[233] 赵星.JCR 五年期影响因子探析[J].中国图书馆学报,2010(3).

[234] 郑永田,莫振轩.美国图书馆学家普尔思想探析[J].图书馆建设,2010(3).

[235] 中国新闻出版报.牛津大学出版社所有期刊实现开放获取[J].青年记者, 2013(16).

[236] 周汝忠,杨小玲.科技期刊在西方科学技术发展中的作用[J].编辑学刊,1988(4).

[237] 周汝忠.科技期刊发展的四个历史时期[J].编辑学报,1992(2).

[238] 庄云强,曾庆霞,鲍健梅.帕累托法则与图书馆管理[J].情报探索,2011(6).